JN171297

いかにして思考するべきか？

言葉と確率の思想史

船木 亨

勁草書房

いかにして思考するべきか？——言葉と確率の思想史

二〇四五年、ＡＩ（人工知能）が人間知性にとって代わるという噂が流れている。チェスや将棋はすでにであるが、ＩｏＴに接続されはじめた家電製品や生産機械、自動車運転も医学的診断も、小説の執筆はおろか、経営や監査行政や、そして学問ですらコンピュータが判断し、人間はただそれを享受するだけの世界が待っているという——自由なのか隷属なのか、それは「人類文明の勝利」なのだろうか。

目次

第二章 なぜひとは間違えるのか……59

——誤謬は知識の不足によるだけでなく、もっと積極的な、言葉が関与する要因があるのではないだろうか。

第三章　言語論の歴史

第四章　思考に先立つ言葉 …… 135

――「言葉とは何か」についての答えが出ないのは、言葉についての思考、また言葉自身が政治的なものを巻き込んでいるからではないか。

第五章　言葉に先立つ思考 …… 185

――言語表現にそのまま表わされる思考はないとすれば、思考を言葉以前の経験に求めるほかはないのではないか。

第六章　蓋然性と言語 237

——言葉以前の経験がどのようにして言語に出会い、言語のもとでしか思考できなくなるのか、言語のもとでどのような経験をすべきなのか。

はじめに

「考えろ！」とひとはいう。今日、思考することの価値を否定するひとはいない。思考するのはよいことであり、よく考えるひとは立派なひとであり、そのようなひとに名誉や地位や財産が与えられるのは当然である……。何ごともマニュアル化され、情報化によって簡単に知識が検索できるこの時代ですら、自分で考え、情報に惑わされずその真偽を正しく判断することが重要であると、ひとびとは語りあっている。

パスカルのあまりに有名な言葉、「人間は考える葦である」（『パンセ』二〇〇-三四七）――人間は生物としては葦のようにか弱いが、思考することによって偉大である。もし思考しないでいるとすれば、ちょっとした嵐によってなぎ倒され、ちょっとした毒ガスによって枯れ果ててしまうだろう。かつてロダンの「考えるひと」を見たとき、そうした考える人間の崇高さが表現されているように感じたものだった。

とはいえ、「考える」ということで思い浮かんでくるイメージは、そこからすぐにあらぬかたへと反転する。よくいわれるように、有名大学を出たひとが「よく考えるひと」なのか。小中高とたえずテストを受けさせられ、それによい点を取れたひとが入試偏差値の高い大学に行けるのだが、そのようなひとたちが世間で出会う諸問題、とりわけ考えなければ決して解けないような難問に直面して、はたしてそれを解くことができるのか。

テストとは、正解があってそれを求めるものである。だがテストには出しにくい、正解がひとつに定まらない問題がある。世間で出会う大多数の問題は、まさにこの、テストには出しにくいタイプの問題なのではないだろうか。

企業が有名大学の卒業生を採用するのは、――あたかも温度計が室内の暑さ寒さを教えるように――、偏差値が思考する能力の指標になると信じてられているからなのであろう。はたしてそれは本当か。正解を出すことのできる技能は、思考する能力とおなじものなのであろうか。かえって思考することと対立する技能かもしれないということはないのか。

文部科学省もいわゆる「考える教育」をさせようとするわけだが、そんなプログラムはことごとく失敗する。そのわけは、自発性が強制できないからである。思考することは、「逆らって進む」ことである。世間の常識やおとなたちの説明にあえて逆らって、自分で判断しようとすることである。しかし子どもたちは、考える能力をではなく、教育現場での、考えているかどうかの指標を表現する能力の方を身につける。子どもたちは発見するよりも発見するふりを学び、自分の意見をいうよりも意見をいうふりを学ぶ。思考は自発的でなければならないのに、子どもたちは考えているふりをするだけなのだ。

文部科学省が望む真に思考する子どもたち――それは思考を余儀なくされるような状況のなか、まさに教育の失敗や、あるいは家庭の不和や社会の問題といった状況のなかから育ってくるものではないだろうか。そしてまた、真に思考する子どもたちは、真に思考するおとなとの出会いによって、思考するやり方を身につけていくものなのではないだろうか――思考するおとなと出会えなかった子どもたちは不幸である。

だからもし、啓発セミナーのようなところで「みずから考えよう」などといわれたならば、分かったふりをしたりはせずに、「考えるとはどのようなことか」と、本当に考えてみてほしい。われわれがしている思考は、随分と曖昧な、怪しげなものである。「考えよう」といわれても、思考を意志することは困難であり、「考えろ！」といわれてひとがすることは、しばしば思考とは呼び難いものだったりする。

「考える」という行為に対して、ひとは、記憶を呼び起こすことや、想像することや、リストや表や図を作ることや、手段を見出だしたり対策を講じたり手順を決めたりすることや、あるいは言葉を秩序づけて作文することや、あえていえば伝聞を自分の言葉にすりかえることや、紋切り型の口調を唱えること、さらには「想う」という表記までを含めると、反復して意識するだけのことをも含めてきた。何をもって「思考する」というのか、国語辞典でどう説明されていようと、まったく曖昧で怪しげである。

アリストテレスが人間を「思考する動物」と定義しているが、人間の本質を「思考すること」とする理由は、進化論的に説明するなら、思考によって他の生物たちに喰われたり、他の生物に食糧を横取りされたりすることがなかったという意味になるであろう。他の生物たちが鋭い牙や強い顎をもっていたり、敏感な嗅覚や視覚をもっていたりするのに対して、相対的には無能であるにもかかわらず生き残ってきた理由であるとされるだろう。

なるほど危険を回避すること、食物を確保することに関しては、よく思考するひとの提案を聞くことで、より安全になったり空腹を癒すことができたとは、いかにもありそうなことである。今日でも災難に備え、生活条件を整えるためには、いろいろと思考しておかなければならないが、そのような準備をすることをもって「思考する」というとしたら、簡単にいって、お金もしくは収入源を確保することに長けたひとが、よく思考するひとであるということになるであろう。だが、それは他の生物たちとどのように異なることなのか。骨を庭陰に埋めるイヌや、蜜を貯めて人間に搾取されるハチと、どのように異なることなのか。

よく考えてみると、われわれは、「考えろ！」といわれながら育ってきたのだが、何をもって考えるとするかは教えられてはこなかった。個人差があるようにも見えるし、評価する基準も曖昧である。それをどのようなこととするかによって、評価が正反対になってしまうことだってあるだろう。

それにもかかわらず、ひとびとは「考えろ！」と、互いに声かけあっている。いたるところ――サラリーマンであれ、子どもたちであれ、年金生活者であれ、主婦であれ、だれもどこかで「考えろ！」といわれている。女性に対しては、前近代の名残りのあるところではしばしば「思考してはならない」とされたものだったが、いまはもはやそれはない。いつでもどこでも「考えろ！」――そのようにいうひとがつねにあなたの傍らにいる。

あなたは本当に思考しているか？――「考えろ！」とひとにはいいながら、その実、たいして考えてはいないのではないか。こちらが問いを発しただけで、激昂したり、無視して忽然とどこかへ消えてしまったりはしていないか？――「考えろ！」という社会的圧力はあまりに強い。それほどひとは考えていないということか。

わが国には、知的障害のひと、認知症のひと、精神病のひとが八百万人、未成年者を含めると三〇〇〇万人もの「考えないひと」がいるという――これは法制や行政の見解である。援助交際が禁じられるのも、措置入院や医療保護が認められるのも、成年後見人がつけられるのも、みなそのひとが「考えないひと」とされているからである。国民の四分の一である。われわれは何も考えることなく、それらの「考えないひと」の列に加えられることにならないかとひそかに怯(おび)えながら、その裏返しとして、それらの考えないひとびとの生の価値を、すっかりと見くびってしまっているということはないだろうか。

事故やトラブルが起こったとき、考えていなかったからといって直近の担当者たちが吊しあげにあったりする。かれらは、なぜ考えなかったのか。怠け者だったのか、あるいは思考はしていたが間違っていたのか、あるいは、――あり得ないことではないが――、そもそも「考える」とはどのようなことかを知らなかったのではないか。

その一方で、そのような事故やトラブルが起こらないように思考しておくのが仕事のひとたち、経営者たちや官僚たちがそ知らぬ顔をしているように見えるのはどうしてか。

思考する仕事のひと、科学者をはじめとして、弁護士や大学教員、議員や経営者たち――かくいうわたしもそのひとりなのであるが、といってわたしは「思考する」と称して何をしているだろう。

海外の動向や他人の研究を紹介しているだけの大学教員たち、勉強や論争はせずに他党の政策のあげ足取りばかりしている議員たち、損失やリスクや調査結果を隠すだけしかしない経営者たち、裁判に勝つためだけに常識や論理を捻じ曲げる弁護士たち、公式発表と噂話を蒐集するばかりで自分で調べようとしない記者たち、病気の微かな徴候を指摘しては普通の生活を忘れさせてしまおうとする医師たち、あるいは大地震をまったく予知できなかったのにさらに別の大地震が起こる危険性を喧伝する地震学者たち――かれらは本当に思考しているのだろうか？

たとえ「考えた」と称していても、他人の思考を身近な事象に適用してみせただけのもの、他人の思考を組みあわせただけのようなものでしかないならば、そのようなものに用はない。それに自分の言葉を少しかみ合わせてみせたにしても、それでも、それが抽象的な思考の世界でしか成りたたないようなことでしかないならば、やはりそのようなものには用はない。経験を積みあげながらする思考にしか価値はないと思うからである。

　とすれば、ひとびとは無駄に思考をしているのか、それとも思考することは、ひとが期待するほどの価値がないのか。職業思考者たちがまじめに仕事をしていることをあてにして生活しながら、年金問題であれ、国際紛争であれ、それによって自分の未来があらぬかたへと、すっかりと放り投げられてしまう大勢のひとびと——やはり自分で考えていなければ大変なことになりそうな世のなかである。

　いや、そうでもない。ひとは考えていないわけではない。TVや新聞や雑誌やネットのなかの、世のなかに蔓延する膨大な量の臆見。臆見（ドクサ）とは、ひとびとが自分は思考したとみなしてはいるが、根拠に乏しい思い込み、「直感（サンチマン）」のことである。誤謬の一種ともいえるが、誤謬があからさまな錯誤を含んでいるのに対し、錯誤とまではいえない仮説や想像、いまだ証明されていないことを含んでいる思考である——ウィキペディアもそのひとつである。

　臆見は、十分に思考されていないという意味では、愚かな思考のことである。しかも、そのことに気づかれないまま、真なる知識とみなされる。何か事件が起こるたびに、こうした臆見に満ちた根拠の乏しい言説が方々から一斉に流布されるので、それを読み聞きしたひとびとは、ただ右往左往するばかりである。

　しかも臆見は、ウィルスのようにしてそれ自身を伝染させようとする本性をもつかのようである。伝聞の目立ちたがりの曖昧な記憶の言説、発想の利害に偏った想像の言説として、ちまたでは臆見が、テレビやネットで飛び交わされる。とりわけネットは、ルサンチマン（怨念）の暗渠である。真理でなくてもいい、事実の裏づけがなくてもいい、ひとびとは信念を共有するという価値の方を選ぶ。

怨念に満ちた匿名の声の粗雑な思考がいたるところで響きあい、かつて形成されてきたさまざまの繊細な文化的産物を、ことごとく廃墟のようなものにしてしまいつつある。今日、臆見は高度に発展した多様なメディアを通して世論形成を促し、ある種の狂信を巻き込みながら、われわれの社会の未来に暗雲を漂わせている。国民投票の意外な結末や、国家主義的政治家の頻出は、そうしたメディアに由来する臆見の効果によるものではないだろうか。

しかしその他方では、——意外に重要な観点であると思うが——、たとえば血液型の性格判断のように、ひとびとが信じている臆見を自分も信じているように振舞う方がずっと生きやすいということがあったりする。とりわけ、ＳＮＳのなかではひたすら「いいね」を送ることで、ひとびとの多数側につくことがそこでの居場所を保障するということであるのならば、みずから考えて自分の趣味や意見を述べようとすることには、かえって不都合が生じるであろう。

古代アテネの五百人民会での衆愚政治（ポピュリズム）が、その何十万倍の規模で展開されるようになったということであろうか。とはいえ、無尽蔵に湧いてくる臆見を一掃することのできる言説は、たとえばヒトラーのレイシズムのような、さらに毒々しい臆見でしかないだろうし、あるいはそれを沈黙へと押しとどめられるほどの強大な権力は、少なくともいまのわが国にはない——言説を禁じ、ないしはそれらを操って自分たちの政策を推進する権力が聳え建っているよりも、それはずっとましなことではあるけれども。

ともかくも、ネットの広大な樹海のなかで傷つくのも、それに参加するおなじひとびとであるのだし、匿名の声といえども、もともとあったものが、新しいメディアによって威力を授けられるようになっただけである。そうした臆見の世界が人間本来の棲家（すみか）であるのだとしたら、それをことさら非難することもむずかしい。

むしろ、確かな思考を望みながら、臆見に小突き回されて途方に暮れてしまっているひとたちのことを想像してみよう。少ししか知らないひとたちがあまり知らないひとびとを、利害や宣伝や虚栄心、ないし「自己承認欲求?」のために、レトリックに満ちた讒言（ざんげん）で欺いている。「考えろ!」といわれながら、思考すべきではないもののまえで呆然と立ち尽くし、気力を失っているひとびと……。そうしたひとびとに対しては、むしろ、思考しないことを選ぼうと呼びかけるべきなのかもしれない。

もし思考することの目的が、ただ事故やトラブルを未然に防ぐようなことにすぎないのであるのなら、あるいは仕事や人間関係において与えられた課題解決といったことにすぎないのであるのなら、ひとが思考するよりも、優れた深層学習（ディープラーニング）プログラムをもっていて、ビッグデータを扱うことのできるコンピュータから指示を出してもらった方がいい——そのような時代が迫っている。

表題のエピグラムで、二〇四五年には人工知能が人間知性にとって代わるといわれていることを紹介したが、それが事実になるようなことかどうかは、すでに別の書物（『デジタルメディア時代の《方法序説》』）で論じている。しばしばその反対者たちが、「人間の思考には機械にない創造性がある」という紋切り型のキャッチコピーを唱えるのであるが、問題は、機械に超えられないとされる思考とは何のことなのかということである。

確かに、安全確保や課題解決に成功し、コンピュータとおなじ答えを出すことができるということが、どんな意味でそのひとの誇りになるかは疑問である。しかし、内容空疎に人間の思考の創造性を唱えるとすれば、「思考する」とは、自分が人間であるための、どんなアリバイ工作なのであろうか。

そもそも西欧の文化では、論理的な対話が重視され、論争が実践的に推進されるのに、――それを宣長が「漢意（からごころ）」といって批判したように――、わが国の文化では、論理よりも情が重視され、言挙げ（ことあげ）すること一般が嫌われてきた。ひとびとは、徳を思考には求めていなかった。たとえば大岡裁きの例のように、情に求めていた。「三方一両損」――それは一体どんな計算だったのか。それで明治になって、西欧の自我を概念として知って、それを自分のものにしようとしたとき、ひとびとは大きな葛藤を抱くことになる。それが「近代的自我」という名で呼ばれたものの正体である。

漱石が、『草枕』の冒頭で、「智に働けば角が立つ」と述べ、続けて「情に棹差せば流される、意志を通せば窮屈だ」とするのだが、それは明治の近代人の苦悩を簡潔に記していた。透谷が『人生に相渉るとは何の謂か』などで主題とした「近代的自我」とは、社会が成りゆきで構成されるのではなく、西欧的モデルに従って形成されなければならないと考えた明治のエリートたちの孤独感、寂寥感のことでもあったろう。

いまでもわが国では、「考えろ」というのは建前であって、ひとびとは、だれかがあえて思考してしまいまい、その結果として仲間うちの情をないがしろにするのではないかと、相互に監視しあっている、そんなことはないだろうか。問題を指摘する以前に、「それをいってはいけない」と一人ひとりに思わせる情の論理、「いわずもがな」のことをいいだすのは、だれであれ「外人」や「変人」であるとするようなムラのロゴスが幅をきかせる。

むしろ、あるときある場面では、思考しない方がいいのかもしれない。とりわけだれかの思いつきの、配慮に乏しいへらず口など、思い出してこころのなかで反駁したりしているようなときには、それは時間の無駄というものであろう。そのようなことが、世のなかにはいっぱいある。

だから、すべて思考はよいものではなく、――禅を挙げるまでもなく――、思考しないことが大切な場合がある。真に思考することは、その都度解答するようなことではなく、偶然に訪れる巡りあわせによるものであり、もう少しいえば窮まって、それでもやはり生きようとするときにのみ訪れる。それならばむしろ、「考えるな、感じよ！」というべきではないか――わたしはその、ブルース・リーの意見に反対ではない。武闘やスポーツにおいて、また芸術や文学において、そして発明や発見においては、「考えるな、感じよ！」であっていい。

としても、「考えるな、感じよ！」も、ひとつの思考であることを忘れないようにしよう。そして、考えないようにしようと考えることが、感じることへのどのような通路をもっているのか、「感じる」ということで何を意味しており、どのようにしてその通路を見出だすことができるかについても考えてみよう。思考はいたるところにある。思考もひとつの経験なのであって、思考しないでいることができるわけでもないのである。

とはいえ、思考が臆見となるような場合には、それは思考されなかった方がよかったのである。しっかりと思考すべき場合と、思考しないでおく方がよい場合とがある。その区別をすることが重要である。ときにはよい思考も生まれてくるのであるからには、ずっと思考しないでいるわけにもいかないが、重要なのはその機会を摑(つか)むこと、そしてそのうえで正しく思考することである。そうした、よい思考に立ち会うために、われわれはいかにすべきなのか、それが本書の問いである。

わたしはそのことを、体験談やノウハウとして、ましてや訓示（道徳的主張）として述べようとしているのではない。体験談やノウハウや訓示もまた思考ではない。本書で試みようとすることは、思考するとはどのようなことかについて思考しながら、そのことを論証し、そのよいものと悪いものとの差異をあきらかにすることである。そこには、機械にも可能かどうかということよりも、もっと切実な主題がある。

というのも、すべての人間が思考するのでも、どの人間も思考しないのでもないからである。どんな時代でも、あるひとびとは思考する。思考するなと命じても、思考する。それだからこそ、驚くべきことに、どのように思考すればそれが思考となり得るのかという古来の問いが、かえって今日的な課題となってきているように思われるのである。

ところで、本書のタイトルは、「いかに思考すべきか」ではなく、「いかにして思考するべきか？」である。思考することがどんなことかは分かっていると思っているひとが、どんな姿勢や態度やきっかけでそれができるかということについて、あるいは今日どんな主題でどのような方向でそれをすればいいかということについて書こうとしたものではない。まして、思考することは義務であるとか、正しい思考法はこれこれだというようなことを主張しているのではない。

そうではなくて、「思考するということはどのようなことをすることなのか」という問いについて書いたのである。「思考する」とは意外に内容不明なことであって、記憶を呼び出すことやパズルを解くことなど、それに近い他のこととときわめて紛らわしいものなのであるが、近代の哲学者たちが、それらを厳しく批判しつつ、それがどのようなことであると論じてきたかについて書いた——それをふまえておくならば、今日において思考するときに、より深く徹底的に思考することができるのではないか。

なお、前著『差異とは何か——〈分かること〉の哲学』（世界思想社）との連関についてであるが、そこにおいて、わたしは思考と言葉のあいだにある切っても切れない関係について論じておいた。言葉は思考そのものではないが、思考は言葉抜きには成りたたない。とはいえ、思考とは、必ずしも論理的に述べられた言葉のことではない。筋道の通って見えるその言葉が、ひとびとを熱狂的に「分かった」と思い込ませるだけの、音楽と変わりないものであったり、論理の伴わない曖昧ないいまわしのひとことが、ある文脈、ある場面において、ひとの人生に深遠な動揺や決定的な確信を与える思考であったりする。

一番やってはならないことは、理路整然と述べられた書き言葉（エクリチュール）をもって思考とみなしてしまうことである。それは、近代社会の倫理、近代的思考の規範ではあったのだが、思考は言葉の形式に宿るのではなく、言葉を語ることを含むそのひとの行為と、それを聞くひとびとにとって起こる「出来事」においてある——それがその書物で述べたわたしの主張であった。

そこまでは論じたのだが、書いたあとになって、ある言葉がどのようにして思考と呼べるものとなり得るのか、ある言葉はなぜ思考と呼ぶべきではないのか、それを考察する仕事が残っているように思われた。

考える技のようなもの。学問的思考はもちろん、生活の知恵においても、「真の思考」ないし「深い思考」と呼び得ることをなすために自覚しておくべきことは何か。これまで思考を価値あるものとみなしてきた哲学者たちは、思考をどのような営みと解し、どのような理由から価値あるものとみなしてきたか——そのことについて考えてみたい。

本書で扱った哲学者たちは、高校「倫理」を学んだひとならば知っている著名な哲学者たちばかりである。ただしその要約をしたようなものと少し違うのは、かれらと対話し、近代をふり返りながら、現代における問題を論じようとしている点においてである。

とはいえ、それで何が分かるのか、と尋ねられるかもしれない。哲学は、ときどき、「答えのない学問だ」といわれる。それは誤解を招きやすいいい方である。何かを問う以上、答えがないなどと前提するわけがない。だからその言葉の意味は、クイズのようには正解がないということである。正解があるのは、試験だけである。われわれが遭遇する生活上のさまざまな問いにもみな正解はない。

哲学的問題を探究することは、クイズに答えるようなこととはまったく違う。思考することは、単に全体像を描くことでないように、目的に対する最も有効な手段を思いつくことでもなく、――それらはコンピュータによって代替可能なことであって――、どんな応用問題でもない、だれもまだ答えを出せないでいる問いに向かうことである。自分の個人的問題を解決してくれるのではない、それをも一般性のなかに包み込む哲学独自の問いがある。哲学がめざしているのは、答えではなくて発見である。問いを巡り、何らかの発見をすること、それが哲学のしようとしていることなのだから、ただ答えがないというわけではない。

新しい思考法、簡単な思考法を説こうとしているわけではない。思考は、パズルの解法や、将棋の戦略や、ゲームの攻略法のようなものではない。それらは、――熱中するひとはするであろうが――、思考ではない。それらは心理学実験室で迷路をたどるネズミの学習と同様のものであり、あるいはＡＩのプログラムがすでに人間を打ち負かせるようになったものであり、「知性」の働きではあるが、思考ではない。くり返すことで慣れてしまうようなものは、思考ではない。

とはいえ、哲学だからといってむずかしく考える必要はない。哲学とは、単に思考するだけではなく、自分がどのように思考しているかということについて同時に思考することであり、そして自分がその思考によって分かったとすることが、どのような意味で真理なのかと自問することである。

過去の哲学者たちの書いたものにはみな、こうした要素が必ず備わっている。この条件を満たしている思考は哲学と呼んでいいが、逆に哲学を自称して、どんなに深遠そうな言語表現を使用していようと、この条件を満たしていない思考を哲学と呼ぶべきではない。

ときに哲学者を神のごときものとして「完全な」解釈を探求し続けるひともいるし、ときに自分の思考したことをただ粉飾するためだけに名言を探しだそうとするひともいるが、それは哲学を寓話にすることにほかならない。哲学は寓話ではなく、対話である。問いかけて、自分の知らなかった答えを得る。新たな問いを得る。自分より優れた知性をもっていたひとびとと書物を通じて対話して、その時代その文化という枠組においてかれらが思考したそのやり方を、現代のこの文化の枠組のなかで理解しなおし、あるいは現代のこの文化の形成へと投げかけられてきたかれらの発想を整理して、あわよくば現代のこの文化とその行く末を、みずから理解しようとする試みである。

したがって、読者が本書で見出だすことのできるものは、知識ではなく思考である。それが思考であるかぎり、思考はそのつどかぎりである。だれかが思考した結果の言説を、ただ記憶するということとは異なる。知識は記憶されればすぐにでも使えるが、思考は、本人自身が思考しなければ理解され得ない。すぐには使えないかもしれないが、思考するということが喜びであるという風であったらいい。

思考すること——それでは普通の哲学書ではないかと思われるかもしれないが、本書では「思考すること」について思考する。さきに述べたように、それこそが哲学のことなのであるからには、本書は、僭越ながら、哲学それ自身であるといってもいいのである。

序論

わたしはいま、これから書こうとしていることについて思考している。「思考している」とはいえ、まえがきを読みなおし、そのさきにあるべき文章と、読者がそれを読むときに感じるであろうものを想像しているにすぎない。なぜかいろいろな文章が思いつかれる——とはいえ、ただそれだけのことである。

しかし、そうしたことが起こるのはどのような仕組でか、とは問わないようにしよう。そうした問いの習慣は、まるで独創的でないばかりか、思考するとはそうした問いの向きで進むことだという、だれもがこの社会で子どものころから課されてきた訓育の結果にほかならないものなのだからである。われわれの大脳のウェルニッケ野が、ＡＩのようにして反応している。われわれは、「お手」といわれれば、なぜか前足を差し出してしまうイヌのようなものなのである。

他方、思いつく言葉について、国語辞典を引きはじめたりもしないようにしよう。国語辞典は、ひとびとがどんな意味でその語を使っているかをしか教えてくれないし、それが正しいという理由はない。あるいはまた、思いついたもののリストや一覧表や系統樹を作りはじめないようにも用心しよう。それらの作業は、思考する材料とはなるが、決して思考そのものではない。とりわけ思考そのものについて思考する材料にはなりそうもない。

それらの作業は、場合によってはだれもができる思考のふり、思考しないですませられる怠惰な方法でもある。思考することはとても疲れるものなのであるが、疲れるのは、疲れが思考に本性的なものだからではない。訓育によって身につけさせられた傾性や惰性に反して、あえて何ごとかをなさなければならないのだから、思考することは疲れるのである。

思考の訓練を受けたことのあるひとなら、いきなり思考について思考したりはせずに、思考することについて思考するということは実際には何をどのようにすることなのか、という問いがまず思いつかれることであろう。というのも、自分が思考しているというのは直感にすぎず、真に思考しているかどうかの指標ですらないのだからである。

つれづれに生じる言語表現は思考の効果ではあるにしても、そうした言語表現の産出には、しばしば自動装置によるような、手馴れた感覚がつき纏う。しかし、思考はそれに尽きるものではない。われわれのめざす「思考とは何か」という問いの解答が確かなものとなるためには、その解答を出そうとする思考自身が確かなものでなければならないし、かつ、その解答として提示された「思考」とはたがうことのない思考でなければならない。その解答によって、逆にその思考の確かさがいよいよ確証されるような思考でなければならないであろう。

逆に、もし「思考とは何か」という問いにただ答えようとする文章を書くのであるならば、そのことは、——それは読者が想像するよりもずっとたやすいことなのだが——、思考にはそもそもそうしたことが可能であり、しかも、少なくともその文章表現が思考という経験ないし営みを表象することが可能であるということを、ドグマ（教義）として前提することである。とりわけ思考についての思考はしばしばしば尊大であり、あるいは虚勢を張る。思考はみずからが価値あるものであることを立証しようとして、思考にはできないことをもできるように見せかけたり、できるにしてもたいしたことのないものを価値あるものであるかのように見せかけたりする。

だが、思考について語られたものの正しさは、決して証明され得るようなものではない。いいかえると、われわれは「思考する」と称して言語表現を産出しつつあるわけであるが、産出されつつある言語表現が、いましているはずの自分の思考に対応しているかどうか、それを少しでも含むものなのかどうか、さらにはそれをひとに伝えることができるものなのかどうかは、自分で立証する手立てがない。「ああ」といったわたしは「ああ」といっている、ということほどの単純なことではないのである。

とはいえ、——大急ぎでつけ加えておくが——、思考することと思考についての言語表現が、ただ食い違っているばかりではなく、水と油のような関係であるにしても、産出された言語表現が、ただちに間違っているということにならないことには留意した方がよい。言語表現の正しさが、思考の正しさにのみ由来するとはかぎらないからである。そのことが心配なひとは、それはそれで「存在と思考は合致する」（パルメニデス）という、思考の古代的ドグマに陥っている。

つまり、言語表現の正しさをもたらすものが思考ではない場合があり、それゆえ思考と存在とは対立することもある。だが、とすれば、思考以外の何がそうした言語表現の正しさを産出することができるのかということが問題になる。もしそのような何かがあるとすれば、それなら思考をしなくてもかまわないということか——とはいえそれを表現する言葉は、思考のむなしさについて述べるようなものにならざるを得ないであろう。たとえば「考えるな、感じよ！」というようにである。われわれは訴訟をするわけではないし、勝負するわけではないし、とりわけ弁論においてぜひとも成功したいというわけではないのだから、それでいい。

思考が何かを真にあきらかにしたいなら、むしろそうした場合に活用されるある種の整合性が、思考について思考する場合にもあり得るのか、どうしてそれが必要なのかについても思考しなければならないだろう。というのも、整合性とはある種の合意、いいかえると大向こうに受けることを狙っているにすぎないものかもしれないのである。思考の道徳的側面や政治的側面というものがある――わたしは誉められたいのか、このおしゃべりが権力や金力をもたらすようにと社会に働きかけたいのか。そう問われるならば、わたしはそうではないと答えよう。わたしは思考（ロゴス）擁護論のイデオローグではない。ましてわたしは、――それをするひとたちはなぜか相手を睨みつけながら語るのだが――、否応ない論理（ロゴス）によって、ひとに自分とおなじ思考を要求したりするような連中のひとりではない。

それゆえ、思考それ自身を巡って思考することは、――謙虚に思考するとすれば――、さしあたってはその思考が正しく思考の本質について述べることができる条件について思考することでなければならないだろう。どんな場合に、思考は思考の本質を述べることができるのか。

少なくともいえることは、思考とはどのようなものかをいおうとするときには、そう述べられる言葉がそこで述べられる思考のひとつの表現となるように言葉が選ばれなければならないということである。そう語ることが同時に思考であるように、思考とそう語られる思考についての言葉とのあいだに、何らかの調和が保たれていなければならない。そしてさらに、その調和が何に由来するか、言葉と思考の調和ということが何を意味するかも、同時に語られなければならない、ということである。

というのも、思考の本質を述べるということは、言語表現によって思考についてのイメージを産出することでもあるからである。思考することについて思考することは、――思考をあたかもそれ自身ではないかのようにして――、いままさになしていることとは別様のイメージを産出することでもある。

　言語表現がそのまま思考内容であるのならずっと簡単なのだが、すべての言語表現が思考であるはずがない。それゆえ、思考について思考するときにはなおさら、思考によってなされる言語表現が、思考内容とされるそのイメージとのあいだにもつ関係について、およびそのイメージである思考がどのようにしてその言語表現の行為と関わるのかについてこそ、思考してみなければならない。そうした思考の結果として生まれた言語表現が、思考の最初の言語表現とどのような差異をもつかをもあきらかにしなければならない。

　むしろ、いまわたしのしていることが思考であるなら、そのことについての言語表現の産出するイメージが、思考のことであるわけがないというべきかもしれない。というのも、「していること」が、どうやって「していることのイメージ」にとって代わられることができようか――それらはまったく異なることである。たとえば、イコノロジー（図像学）が教えるように、尻尾を咥えたヘビのイメージが、「永遠」とどのようにおなじなのか、それにはとてつもなく長い説明が必要なのである。

　具象画の意義が、光景と絵画とを同一視させようとするミメーシス（模倣）にあって、ルネサンス期のだまし絵ばかりではなく、現代の３ＤＶＲがどんなに現実と紛らわしいものとなろうとも、区別できないことと差異がないこととは別のことである。まして、音声であるものが、思考の一体どのようなだまし絵になり得るのか。音声と思考には、感覚的な類似性すらない。それらを照合するコードについて語ることは、マグリッドがキャンバスのうえに背景と連続する絵画作品を描いてみせたように、見たことのない光景を描いた絵画に対して、その光景と照合される絵を描くような、無駄に無際限に背進する試みのようなものなのである。

だから、あるいはそちらから、つまり「思考とは何か」よりも、どのようにして言語表現によってイメージが産出されるかということの方から考えはじめるべきなのかもしれない。そして、そのなかで「わたしがしていること」についての自己言及的言語表現の産出するイメージが、その行為とどのような関係にあるかを論じるといいかもしれない。

とはいえ、そうした行為にはいつも思考が伴うのであり、またそうした行為の典型が思考することでもあるのだから、このようなことをおこなおうとするときですら、「わたしは考える」ということに含まれている有名な哲学的問題へと引きずり込まれてしまわざるを得ないのである。読者にもつきあっていただきたいが、西欧哲学になじんでしまった者にとっては、「思考する」ということで、——パブロフのイヌのように——、デカルト的コギト（「わたしは考える」）をまっ先に思い出してしまうものなのである。もちろん、思考することは思い出すことではない。その呪縛から解き放たれることから、はじめなければならないであろう。

思考することについて思考することがいかに複雑なことについての思考であるかは、以上のとおりである。哲学史をなぞることは、過去の哲学者たちの徹底した思考の恩恵によって、その効率的作業となる。本書では、まずデカルトのいう「思考」をモンテーニュの議論と対比しながら解明し、ついでロックによるデカルト批判を検討するというオーソドックスな哲学史をたどっていく。しかし、ロックの批判として、いわゆる生得観念批判をではなく、言語批判の系譜を見出だすことになるだろう。それが、二十世紀の、いわゆる「言語論的転回」にまで繋がるのであるが、われわれの関心はそれ以降の議論に潜り込むことではなく、一七世紀末から一九世紀初頭にかけての「言語起源論」にある。

ホッブズからフンボルトまで、言語の起源という、実証し難いものを論じようとした哲学者たちがいたが、かれらは「語られるもの」と「語ること」の関係をあきらかにすることによって、科学理論や社会理論の新たな展開を模索すると同時に、哲学それ自身が成立する条件について検討していた。

その結果として、デカルト主義的な機械論的思考には限界があることが示されることになるのだが、哲学史の常識では、そうした指摘のさきがけとして、ヒュームの懐疑論が取りあげられる。だが、われわれはヒュームの懐疑に対して、単なるデカルト的理性の否定ではなく、デカルト的理性に代替されるべき新たな知性の素描を見出だすことにしたい。おなじくデカルト的理性を批判していたパスカルの「賭け」の議論とともに、それは、二十世紀には常識となる確率論的思考に意義を与えようとしていたものなのであった。

以上のようにして言葉と確率の思想史を通覧したあとで、われわれは思考が何をすることなのかについて、言葉とは何かをふまえた新たな定義を、現代のメルロ＝ポンティの哲学に見出だすだろう。かれのいう思考は、今日の、活字媒体が衰退して映像にすべてを物語らせるようになりつつある社会的コミュニケーション状況において、——人文学の意義が政府からも見捨てられつつあるときに——、読者にはどのように受けとめられることであろうか。

第一章　デカルト的思考

――「わたしは思考する、それゆえにわたしは存在する」という言葉は有名であるが、正確にはどのようなことを意味するのだろうか。

1　わたしは存在する

デカルトが、『方法序説』第四部において「わたしは思考する、それゆえにわたしは存在する」と述べたとき、この命題は「思考するものは存在する」という大前提が省略された三段論法と解されてはならないものであった。すなわち、「思考するものは存在する、ところでわたしは思考する、それゆえにわたしは存在する」というわけでは決してなかった。

そのように誤解されることを怖れて、デカルトは、第二省察（『省察』第二）において、端的に「わたしは存在する、わたしは実存する（Ego sum, ego existo.）」といいかえ、――この「実存する」という表現の意味についてはあとまわしにするが――、さらにその第二答弁において、わたしは思考することを通じて〈わたし〉が存在することを知るのであって、「わたしは存在する」ということを演繹しているのではないと述べている。

どういうことか。もし三段論法であるとすれば、「思考する」の代わりに「歩く」と措いて、「歩くものは存在する、ところでわたしは歩く、それゆえにわたしは存在する」と論じることもできる。あるいはまた、「存在する」の代わりに「物体である」として、「思考するものは物体である、ところでわたしは思考する、それゆえにわたしは物体である」と論じることもできる。これらの反論は、『省察』の第三反論においてホッブズによってなされたものであるが、それはまったく、デカルトのいわんとするところではなかった。

　では、デカルトは、「方法的懐疑」によって一切を疑おうとしていたにもかかわらず、どのようにして「わたしは存在する」と断言することができたのか。

「わたしの存在」は、第二省察の記述によると、わたしが悪霊に欺かれることを想定しても、欺かれれば欺かれるほど、欺かれるものとして確証されるとされている。

　これに類似した論証が、――パスカルも指摘したように――、アウグスティヌスの議論に見出だされる。しかし、デカルトの場合、「欺かれる（対象としての）わたしが存在しなければならない」ということだけを主張していたわけではない。それに加えてかれは、欺かれまいとして疑っており、真偽を判断しようとする「何ものか」が存在するからこそ、欺かれ得ると主張している。欺かれるためには、単に存在するだけではなく、欺かれないように疑い、真理を見出だそうとする思考の姿勢のようなものが必要だというのである。それが「思考する〈わたし〉の存在」なのであろうか、みずからを説得し、判断する〈わたし〉が存在しなければならないというのである。

　とはいえ、疑えば疑うほど、すべては欺かれているかもしれないと考えてしまうのが普通であろう。「わたしの存在」が確かになるどころか、むしろ「確かなものは何ひとつない」ということになるのではないか――そう、デカルト自身問う（『省察』第二）。

　しかし、そうではないのである。そのような判断は、その「確かなものは何ひとつない」ということを確かなこととしているから、矛盾している。「確かなものは何ひとつない」ということも確かではない。それゆえ、モンテーニュなど、ピュロン哲学の懐疑主義者たちは、そうした判断を避けて、一切の判断を留保すべきであるとしたのであった。モンテーニュは、ピュロン主義者の口を借りて、「わたしは疑うということで、少なくとも自分が疑っているということを確信しているのであり、それでも疑うというのなら、この命題は疑う自分自身を、疑う対象としての物体とともに運び去ってしまうだろう」（『エセー』二の十二）と述べている。

つまり、徹底的に疑うとすれば、疑っていることそれ自身をも疑うことになるのであるが、もし疑っていること自体を疑うならば、疑っているのかいないのか、疑う自分が何をしているのか、わけが分からなくなってしまう。〈わたし〉というものがなくなってしまう。疑うことを徹底しようとすればするほど、疑う〈わたし〉も確かなものではなくなってしまうのである。

ところで、「疑うことそれ自身を疑うならわたしは存在しない」の対偶（結論の否定を「仮定」とし仮定の否定を「結論」とした命題で真）は、「わたしが存在するなら疑うことそれ自身は疑い得ない」である。とすれば、わたしがしっかりと疑うことができるならば、その分だけ〈わたし〉が存在することは確からしいものになるであろう。モンテーニュは、そのようにして、「疑うということ自体を疑う」という思考の限界から引き返して、「クセジュ（わたしは何を知っているか）」というかれのモットーを導きだしたのであった。

すなわち、――カントがあとで別様に展開した論理であるが――、思考には限界があるということ、その限界にまで到達した思考こそが最も深い思考であるということ、そこから出発して、しっかりと疑い、自分が根拠なく知っていると思い込んでいるものを暴露していく、その足取りの確かさこそが心の平安をもたらす。そうした懐疑の実践を通じて、――状況証拠でしかないにせよ――、「わたしの存在」を確証していくことができるのである。理論的には証明不可能な〈わたし〉は、実践においては、モンテーニュのようにして生きられることができるのである。

それに対し、デカルトはどうか。第二省察のかれの論調は、つぎのようなものであった。すなわち、「確かなものは何ひとつない」という判断をするとしたら、その判断をしたのは自分自身である。〈わたし〉が「何ものか」であって懐疑していたのだからである。その判断を、神や悪魔がわたしに吹き込んだと仮定して、わたしが「わたしは存在しない」といって、存在しないはずのわたしに説得しようとしても、そうすることはできない。そこにはすでに「何ものかであるわたし」が前提されており、「わたしは存在しない」とは疑うことができない。それは、ひとつの「確かなこと」である——確かなものが少なくともひとつはあるのだから「確かなものは何ひとつない」とはいえない、と論じるのである。

かれもモンテーニュのいう「疑うことそれ自身は疑い得ない」ということには同意していたに違いない。「わたしは存在する」が推論の帰結ではなく、思考の確実さによって知られると主張するときには特にそうである。それにしても、デカルトのいう、疑っている「何ものかがある」というのは本当であろうか。「何ものか」とは、どんな意味であろうか。そして、その「何ものか」が「思考する〈わたし〉の存在」であるとの根拠は何であろうか。ホッブズが第三反論のなかで示唆していたように、むしろ「疑うことだけがあって、わたしは存在しない」ということはないだろうか。

デカルトは、「疑っていることが確かであるなら、わたしは存在する」としたわけであるが、それはモンテーニュの指摘した「疑うことそれ自身を疑うならわたしは存在しない」ということからは、論理的には引きだし得ない。若きライプニッツの「なぜ何ものかがあって、むしろ無ではないのか」という問いがあるが、——この文脈においてであるかは定かではないにせよ——、それがその後も哲学者たちのあいだでこだまし続けるわけも、そこにある。

結局、デカルトのいう「わたしは存在する」ということには、何らかのア・プリオリな（経験を超えた）断定が含まれており、完全な証明にはなっていない。かれの口調からすると、最初から「わたしは存在する」ということを示すのが目的だったのかもしれないとすら思えてくる。かれにとって、神がわたしに魂を与えて存在させているのだから、——それはアウグスティヌスの場合と同様に認識の問題ではなく信仰の問題なのではあるが——、間違いないということだったのだろうか。

2　論理的帰結ではない

しかし、以上からただちに、デカルトが論理の飛躍によって、「わたしは存在する」という独断的主張をしたと解するべきではない。デカルトの議論の文脈を丁寧に追っていく必要がある。

デカルトは、最も確実なものを見出だすことをめざして懐疑を開始したが、そのとき、かれは確実なものが存在して、それを前提して推論すれば正しい結論が得られるということを前提にしていた。デカルトは、不確かな前提からでは、どんなに正しく推論してもその結論は真ではないという意味のことを述べている（『精神指導の規則』第二規則）。誤謬が生じるのは、誤った前提から、あるいは不確かな証拠によって推論するからである。とすれば、決して間違っていない確かな前提から出発して、確かな証拠によって推論していけば、正しい結論を得ることができるのであり、推論の出発点（大前提）に確かな命題を準備することができさえすれば、あとは思考は真理に向かうほかはない——デカルトはそう考えていたように見える。

とすれば、デカルトは、少なくとも「論理」そのものの正しさは疑ってはいなかったわけである。それで確かな命題、一切の推論の出発点となる命題を発見するためにすべてを疑うこととし、それを「方法的懐疑」と呼んだのであった。

それは自分が知っていると思っているあらゆる通念が、子ども時代に検討することもなく受けいれてしまったものなのであるから、それらを「真らしいもの」にすぎないとして一旦は誤謬とみなし、そのうえで疑い得ない確かな命題を発見するという方法であった。デカルトは、もしその一切の推論の出発点を発見したなら、「アルキメデスの支点」のようにして、それからあとのすべての推論が正しいものになると考えたのであった。

その結果として、かれが見出だしたのが「わたしは存在する」という命題であった。かれがそれを「論理的帰結」ではないと主張したのは、まずは、そうとすればその推論の前提が間違っていないかどうかという問いがさらに生まれてしまうからであったろう。かれはあくまでも、疑い得るものを全般的に検討して、疑い得ないものとして「わたしの存在」が見出だされたと主張するのである。

とはいえ、それ以前の問題であるが、確かな命題を発見しさえすればよいとするデカルトの主張は、それだけでは、正しいとはいい難い。

第一に、すべての推論の前提になり得る決して間違いのない確かな命題とはどのようなものであろうか。一般に、そのようなものがあり得るのか。論理学の最大の欠陥なのであるが、推論の出発点（大前提）においては、ひとは常識や通念に依拠せざるを得ない。「わたしの存在」は常識や通念以上のものなのであろうか。

第二には、「不確かな前提からどんなに正しく推論しても、その結論は真ではない」ということが正しいにしても、そこから論理的には「裏」は真ならずであって、「確かな前提から推論しさえすれば、その結論は真である」ということにはならない。確かな前提からであっても、必ずしも真なる結論は生じないのである。

デカルトが提示したいくつかの自然法則がのちに否定されたことを思い起こすならば、「わたしは存在する」が確かな前提であったとしても、事実上、真ではない結論が導かれていたわけである。そして、デカルト自然学に誤謬が含まれるならば、その原理も不確かなものであったのかもしれない。のちにカントが「理性の越権」に対する警告を発することになるが、デカルト的理性には、何らかの越権が含まれていたのかもしれない。すなわち、「わたしが存在するか否か」は、理性には答えられないことだったのかもしれない。

それにしても、デカルトの主張は、「わたしは存在する」を発見したあとはただ論理に従えばよいとすることであるともいえないように思う。むしろつぎのように解釈すべきではないか。すなわち、デカルトは、懐疑するところで生じている思考の営みを検討し、その懐疑を*終焉させて肯定的な判断を生じさせる条件*について主張していたと。

どういうことか。デカルトは、懐疑主義者のように、ただありとあらゆる判断に対して懐疑を差し向けたのではなかった。否定のための否定は、反例をひとつ挙げて否定辞を付ければすむことであるし、懐疑のための懐疑も、それに疑問符を付けさえすればすむ。それに対し、思考における否定や懐疑の条件を思考することは、*思考が「疑うこと」を疑うという思考の限界を含む思考自身について検討するというアクロバティックな作業をしている*ことになる。「わたしは存在する」が論理的帰結ではないとされたのは、単にそれがすべての命題の出発点だからというだけではなく、思考という、まさに推論することも含めた活動そのものについて吟味した結果の「信念」だったのだからではないだろうか。

そうとすれば、「わたしは存在する」は、論理的飛躍によるものではないのと同様に、「存在」という概念さえ知っておきさえすれば直観できるような真理でもない。それは、論証によって導かれるようなものではない超越論的断定、すなわち「経験を超えたものがそのかぎりで経験において規定される特別のやり方での断定」であったのかもしれない。

たとえば矛盾律は、それ自身論理学的帰結ではないし、同一性という概念さえ知っていれば直観できるようなものでもない。それは、アリストテレスが述べているように、おのずから知られるものであり、一切の論理が構成される否応ない条件である。それと同様にして、「わたしは存在する」は、思考が自らを自覚する際に知られ得るものとして、普遍的法則が構成される否応ない条件だったのではないだろうか。それは、「思考」という概念に新たな意味をつけ加えた「方法」、かれのいう（自然科学的）真理を見出だすための方法の、縮約された表現だったのではないだろうか。

とはいえ、そのようなことがなぜいえるのか。デカルトが、「わたしは存在する」を引きだしてくるのは、夢のなか、そして悪霊の仮説からである。以下にデカルトの議論を再構成し、超越論的前提としての「わたしは存在する」の内実と身分とをあきらかにしていくことにしよう。

3 世界夢幻論

デカルトが、「方法的懐疑」と称して最初に疑ったのは、感覚であった。それは、モンテーニュが『エセー』において委細を尽くして議論した主題でもあった。モンテーニュは、感覚の種類やそれぞれの強度、その内的矛盾や相互矛盾や欠如と不足について、動物の感覚と対比しながら、総じて感覚はわれわれを欺く、したがってわれわれの知識は、感覚に依拠せざるを得ない以上、蓋然的にとどまると主張した。

デカルトもそれに倣い、たとえば水の中に入れた棒が曲がって見えることや、黄疸のひとにとって世界が黄色く見えることや、幽霊が見えることなどを挙げ、感覚を信頼してはならない、特に遠いものや小さいものの判断は欺かれやすいと述べる。

そのうえで、かれは、いまの自分の身体や衣服や、座っている椅子などのきわめて現実的なものについてすらも疑うべきであるとつけ加える。というのも、狂人であれば「自分の身体がガラスでできている」とみなしたりするが、それらが疑わしいものであることは、睡眠中に見る夢を検討すれば、狂人でなくとも分かるはずであるというのである（『省察』第二）。

なぜ夢なのか。デカルトが、狂人の場合は脳の障害によって、睡眠中の場合は、——理由は今日でもはっきりしないが——、脳の機能によって幻覚を見させられているとみなしているからである。

しかしながら、これは古来、夢を真実在の知覚や神のお告げとした思考もあったのだから、ひとつの立場であるといわざるを得ない。脳によって知覚と行動が制御されるとする発想は、現代の脳科学に繋がる、かれの説いた自然科学的理論の論点先取であるといわれても仕方ないであろう。

夢はそれほど明確に規定できるようなものではない。ちなみに、モンテーニュは、デカルトのように論を進めることはなく、つぎのように述べている。

「われわれは眠りながら覚め、覚めながら眠っている。わたしは夢のなかでそう判明に見ることはないが、覚めているとき、十分純粋に曇りなく覚醒を得ることは決してない。」（『エセー』二の十二）

われわれは、目覚めていると思っているときも何かの夢を見ている、小さな夢を見ては小さな覚醒をするということをくり返している、というのがモンテーニュの理解である。覚醒しているという夢を見ている可能性もあり、覚醒もそれなりに小さな眠りのなかにあるかもしれないとすれば、この覚醒は、絶対的な明断さを保証するものはない。意識には睡眠と覚醒の二つの極しかないわけではないのであり、夢は、睡眠にも覚醒にも伴い得る第三の、本性的にぼんやりとした意識のことなのである。ライプニッツのいうように、鉱物の眠りから、植物や動物の意識、人間の明晰な精神状態まで、意識は無数の強度の段階のもとにある。

だからこそ、明晰であるということを真理の指標にするわけにはいかないであろう。人間が目覚めているとき、つねに最強に明晰であるとはかぎらない。明晰さは、自分でその度合いを測ることができないし、明晰さは、薬物によっても可能なように、覚めているというその経験だけで確証できるものでもないからである。

つまり、覚醒といえども、明晰さの必要条件にすぎず、明晰さの経験自体のもつ冥さがある。自分は明晰だと信じ込んでいる意識が、「明晰に判断した」と百万回述べたとしても、何も明晰にはなっていない。夢は現実の一種として、ぼんやりとした意識のなかに生息し、少しでも明晰に意識しようとすると、ただちに眠りの冥みのなかへと逃げ込んでしまうといった類のものなのだからである。

「夢はうつつかうつつは夢か」（古代のうた）——そうした夢とうつつの世界は、つねに漠然としており、どれが欺かれた幻覚で、どれが真に存在するものの現われかが知られないまま、真のもの（存在するもの）と偽のもの（存在しないもの）が入り混じってしまっている。そのようなところでは一つひとつの錯覚と、その錯覚訂正としての知覚とは、相対的にとどまるであろう。モンテーニュは、『エセー』

（二の十二）において、絶対的なものさしがない以上、あるいは絶対的なモデルがない以上、こうした漠然さを経験から取り除くことはできないと断言していた。

モンテーニュの影響を受けたパスカルも、「人生は定めなさがいくらか少ない夢である」（『パンセ』八〇三―三八六）ということを述べている。夢から覚めてもまだ夢のなかだったという経験、覚めるということすら錯覚であって、すべては夢のなかでしかなかったということは、あり得ないことではない。とすれば、世界そのものが、そもそもまるごと幻想なのではないのか――そう、一生が夢のように感じられたというのは、「下天のうちに較べれば夢幻のごとくなり」という信長の辞世の舞もそうであるし、「なにわの夢のまた夢」という秀吉の辞世の句もそうである。すべては夢のようなものかもしれない。われわれの経験は、いわば神（ないし宇宙そのもの）の見る夢のようなものなのであるかもしれないであろう。

この問いは、個々の対象が幻覚であるかどうかという問いとは根本的に異なった問いであった。プラトン以来ハイデガーまで、哲学者たちは、しばしばこのような、世界そのものが幻想ではないかという思いに襲われてきたのであった。

「邯鄲の夢」という逸話がよく知られているが、ある男が、ご飯が炊けるちょっとしたあいだの居眠りで、一生に匹敵する長い夢をありありと見て、目覚めて驚く話である。それは荘子が、胡蝶になった夢を見て、現実を荘子の夢を見ている胡蝶かもしれないと述べたのとおなじように、夢と現実のあいだにある強い親近性を表現している。そこから、現実もまた夢である、という可能性が語られるようになる。

4　夢のなかの〈わたし〉

とはいえ、夢のなかの〈わたし〉はどうであろう、ありえない自然現象や、あまりに急激な場面転換や、すでに亡くなったひととの再会など、疑うべきことを妙にすなおに受けいれてしまうし、驚くべきことを当然のようにして受けとってしまうではないか。夢のなかでは、事実を確定するために必要とされる、現在の知覚に見出だされる状況証拠や他人たちの回想との調和がなくてもさしつかえないのはどうしてであろうか。

そもそも夢のなかの〈わたし〉は、いまここで覚めて思考している〈わたし〉と、はたしておなじ〈わたし〉なのであろうか。そこでは、思考しない〈わたし〉が幻想のなかを戯れているだけ、ということはないのか。「わたしは存在はするが懐疑はしていない」といってもいいような状態なのではないか。

回想における〈わたし〉と比較してみよう。それは夢のなかの〈わたし〉と同様に漠然としたものであるが、その〈わたし〉に関しては、そのどの行動や言葉も、夢と同様、今後のわたしの出会う出来事に影響を与えられないにしても、それを思い返すいまの〈わたし〉にとって懐かしく、ないしは情けなく回顧される。それは、これからは違うように振舞おうなどと考えることができる〈わたし〉である。ところが、夢のなかには、それは〈わたし〉ではあったとは思うのだが、——精神分析にでもかからないかぎり——、どこか正しく回顧したり、まじめに反省したりできない〈わたし〉がいる。夢のなかの〈わたし〉と回想のなかの〈わたし〉は、どう異なっているのだろうか。

わたし（著者）自身、夢のなかで「これは夢ではないか」と疑って、その夢から覚めたという経験がある。そのときは、覚めたと思った場所もまたつぎの夢のなかだった。とすれば、たとえほっぺたをつねって痛いと感じたとしても、——所詮その感覚も幻覚であり得るのだから——、夢ではない証拠とはならないわけである。他人に尋ねて反応を見てみるのもいいと思うが、夢のなかは他人が見あたらないたそがれ（誰そかれ）の世界であり、他人が本当に存在するわけでもなく、それは偽ものの他人たちである。

したがって、夢のなかで何か疑いをもったとしても、それは決して晴らすことができないように思われる。夢はいわば「何でもあり」であり、というのも、疑っていることにわざと反するような現象が起こったり、少し思いついただけでそれに調和する現象が実現してしまったりして、「やっぱりそうか」と簡単に納得してしまうことが、しばしば起こるものなのだからである。

とすれば、夢のなかでは、デカルトのいうようには、方法的懐疑を続けることは困難である。〈わたし〉は存在しないのではないかという疑いが生じても、それを晴らすことはできないであろう。〈わたし〉が存在しないのならば、疑っているということも疑わしい。それは、まさにモンテーニュが指摘していたような、「疑うこと自体への疑いによって〈わたし〉は幻覚のようなものとなってしまう」という事態である。

なるほど夢のなかで、わたしは疑ったり、不安になっていたりはする。思考しているかのような経験もする。何かひらめいたり、発見したりしたまでするのであるが、しかし、それが本当に価値あるものであるかどうかは、目覚めて思い出すことを通じてしか、確認することはできない。あたかも狂人が自分の身体はガラスでできていると信じ込んでしまったりするのと同様に、夢のなかでは何ひとつ確実なことはない。そこでわたしが何かを思考するにしても、思考されたものは幻覚であり、思考しているということも幻覚である。

ひとは、夢のなかでは離人症的、ないし緩やかな連帯のもとにある多重人格者なのではないだろうか。実際、自分が第三者となって自分を見ているように感じられることも多い。〈わたし〉の経験はしているが、その〈わたし〉は、〈わたし〉の幻覚にすぎないように思われる。夢のなかのすべての経験が幻覚であるとすれば、夢のなかの時間も場所も対象も、そしてまた、夢のなかに出てくる〈わたし〉も、それは実存（現実存在）はしておらず、だから幻覚なのである。

とすれば、夢のなかの〈わたし〉が何かを疑っているということが、逆に、はたしてどのようにして可能なのであろうか。疑っている〈わたし〉が幻覚であるとすれば、疑っている「感じ」が湧いてくるだけということであろうか。とはいえ、それは現実において疑っているときの経験をなぞっているにすぎないのであろう。

夢のなかでは、得てして「わたしは存在するが懐疑していない」とみなしてしまいがちであるが、それは不正確である。ホッブズも指摘していたように、「わたしは存在する」ということもそこでは確かではないのだから、「疑うということのみがあってわたしは存在しない」ということなのではないだろうか。だれのものでもない疑いの情念——となれば、逆に、現実においては〈わたし〉は存在するとしても、「わたしの存在」とは何のことか、どのようにしてそれを知ることが可能なのかが問題となってくるのである。

5　夢か現実か

〈わたし〉が存在しないでなされるような懐疑が、現実においてもないわけではない。どこでだれがしているか分からないような、そうした情念（パトス）として、懐疑が生じることがある。

たとえば事故や災害の場合、ひとびとは不安になり、どんなことも確かではないと感じている。そうした瞬間が、ひとびとに共通して到来する。あるいはまた、映画を見ている観客は、おなじシーンに驚かされ、はらはらし、息を呑む。そこではひとびとは、そのストーリーの続きに対して何の影響力ももち得ないのだから、右往左往するばかりである。

実際、わたしもときどき、眠っているわけでもないのにあたかも夢のなかにいるかのようだと思うときがある。とりわけ事故や訃報や、重大な事実を知らされたときにはそうである。足取りは勝手にさ迷い、吐く息はガソリンのごとく、精神は天井に貼りついてこちらを見ているかのよう……。自分がこの世のものとも思えなかった。戦場では、おそらくそうしたことが、ほとんど想像を絶するほどに、くり返し生起するのであろう。

われわれが生きる世界は夢のようなものであり、そこでの〈わたし〉も幻覚であり、映画のようにつぎつぎと生じる諸感覚の幻影のさなか、純然たる疑いのみが出現する。

これについてはデカルトも、第一省察において、夢と現実は、夢を見ている本人には区別ができないと述べていた。しかし、区別できないということと、差異がないということは別である。かれは、第六省察になると、モンテーニュの「感覚はあてにならないから知識は獲得できない」という主張に反対して、方法的懐疑を徹底的におこなったあとの日常生活においては、大多数の感覚は信用できると主張したあと、つぎのように述べている。

「夢は、目覚めている人において起こるように、記憶によって生涯の他のすべての行為と結合されているのではけっしてない、という点において相違している。というのも、もしだれかが、私が目覚めているときに、夢においてそうであるように、突然私の前に現われ、その後、忽然と消えてしまい、かくして、かれがどこから来てどこへ行くのかが私には分からないというふうであるとするなら、それは本物の人間であるよりはむしろ幽霊、あるいは、私の脳のなかに生じた幻想であると判断したとしても不当ではないであろう。」（『省察』第六　山田弘明訳）

デカルトのいいたいことは、過去や未来に関わらないものは幻想であり、そうしたものが夢だということである。現実においては、さきの「回想されたわたし」は存在していたのであって、〈いま〉相互の関係、回想された過去や予見される未来との出来事の確かな系譜がある。目覚めているならば、そのときの行為は夢とは区別がつかなくても、そのあとに〈わたし〉の他の行為と結合されることになる。

とはいえ、そのときどきにおいては夢か現実かを判別できないのであるから、幻覚を見ているかもしれないにしても、その判断にためらい、困惑することはある。映画『トータルリコール』の主人公は、敵のいう「これは夢のなかなのだから、夢から覚める注射をうってやろう」というウソを看破ってその敵を倒すのだが、かれはそうしていい何の証拠ももってはいなかったのである。

ということは、ひとには、「夢か現実か」ということを知る手前において、つまりたとえそれが夢であったとしても、なさなければならないことがあるということなのではないか。

たとえば、交通事故でひとをはねてしまった瞬間に、車を停止させ、相手を介抱しつつ警察を呼ぶという判断は、そのまま走って行ってしまえば事故がなかったかのような気がしてくるという思いと拮抗することがあるかもしれない。それは、引き逃げをしても捕まらない可能性を考慮しつつ立ち去るという現実的な判断とは、――犯罪統計学的にはあまり「現実的」とはいえないが――、別の種類の「思い

〈想い〉」である。
あるいは、宝くじに当たるような予期せぬ幸運に出会ったとき、ひとはほっぺたをつまんでみるということをするというが、それで夢ではないことを確認しようとしているのである。そのとき「これは夢ではないか」と疑っているのだが、それというのも、——ほっぺたの痛みも夢かもしれないのであるにしても——、もしそれが夢であるならば、宝くじの懸賞金はいつまでたっても手に入れることができないからである。

したがって、「夢か現実か」という問いは、文学的には、——文学作品自体が夢のようなものなのであるし——、世界や現実や決断や自己について思索をさせる重大な問いであるが、哲学的においては偽問題である。その問いは、文字通りいまのこの経験の実在性を疑っているのではなくて、むしろ実践における判断のむずかしさを表現しているにほかならないのだからである。

なるほど〈わたし〉の経験以外には夢と現実を区別づけるような基準はないのだから、夢であってもかまわない。それにしても、悪夢を見て、「夢であったか」という覚醒時の発見が、何というほどの解放感を与えてくれることか——われわれは夢のなかですら試されているのであり、真剣なのである。

それでもなお、夢であると知りながら夢を見続けるような振舞をするひとがいるとしたら、——「逃避」と呼ばれるであろうが——、それはそれで、不合理ではあるが、ひとつの現実的な方策であるのかもしれない。デカルトにいわせれば、こうである。

「たまたま眠りのなかで想像上の自由を楽しんでいた囚人が、その後自分は眠っているのではないかと疑いはじめるとき、呼び覚まされるのを恐れて、心地よい幻想とともにゆっくりと瞼を閉じるよ

うなものである。」（『省察』第一　山田弘明訳）

それはプラトンの「洞窟の比喩」の、太陽の方へと顔を向けようとしない囚人たちのようでもある。なるほど、どんな出来事もそこから覚めて別の夢に目覚めるということにすぎないという、そうした信念をもつこともできなくもないが、そのときは夢と同様に、事物や他人を前提としない振舞をしているはずであり、それでは今度は病院に入れられかねないことであり、鍵のつけられた病室のベッドのうえで自分を見出だすことが、やはり「現実」となるに違いない。それが気に入らない結末であるということならば、そのようなひとは、また眠りについてリセットすればいいと考えるのであろうか。それでまたベッドのうえで目覚めるのなら、この世はなるほど牢獄のようである。

モンテーニュは、「なぜわれわれは懐疑に陥らないのか、われわれの思考とわれわれの振舞がもうひとつの夢なのではないかと、そして、われわれの覚醒がどんな種類の眠りなのかと。」（『エセー』二の十二）と述べていた。

しかし、それは逆であろう。夢という概念自体には、そこから覚めるということが必然的に含まれている。なるほど覚醒が眠りの一種であったとしても、「これは夢ではないか」という疑いだけは別格である。それによって「現実」を思い知らされることになるということに気づいているのだからである。

夢か現実かを、その瞬間には区別できないのであるからには、お望みならば「共同幻想」――世界は夢だといってもいいが、そもそもわれわれは「夢」という概念をどこから手に入れたのか。現実も夢の一種ならば、逆に、夢とは何のことかが分からなくなってしまうはずであろう。

重要なことは、「われ（わたし）に返る」という表現もあるように、むしろ「覚める」という経験である。夢を見たという経験が一度でもありさえすれば、世界は夢ではあり得ない。世界がまるごと夢であるとする議論は、――死をまえにして世界が夢であったと思われるのは死がある種の覚醒であるとされるからかもしれないが――、夢と現実という差異を、夢のなかの夢と夢自体の差異へと、言葉のうえでだけずらしてみせた詐弁にほかならない。本当に世界が夢であるならば、「夢か現実か」という問いは、思いつかれさえしないだろう。

とすれば、デカルトが口走ったように脳の機能を持ちだすまでもなく、経験のなかには幻覚が起こり得るし、それがたて続けに起こることすらあって、ひとはそれを夢と呼んでいて、経験的には眠ったときに起こりやすい、とするだけで十分である。そしてまた、ひとは目をつぶって横たわり、眠っているふりをするとそのうち眠りに入って夢を見るということを経験的に知っている、とするだけで十分なのである。

たとえすべてが夢であったとしても、そのなかにはいずれにせよ「現実」と呼ばれる区画があって、サラ金であれ覚醒剤であれ不倫であれ、あるいは天国など、もっと別の夢に覚めたいと願うほどに、身体の強烈な快楽と苦痛を伴って、いやおうなく連鎖していく一連の経験がある。

そして、知性を使うならその出来事の展開の予期もある程度は可能であり、「決断」することでその連鎖の変更も、多少なりとも可能である。そういう区画でまた、われわれは真の他人たちとも出会うのであるからには、それは決して無視していいほどの、とるに足らない区画ではないわけである。

6 〈わたし〉の意識

それでは、夢における〈わたし〉と、それから覚めた現実における〈わたし〉とに、どのような違いがあるのだろうか。

デカルトは、自分の身体や知覚された物体が、夢のなかでは現実存在していないにしても、その存在自体は真であると述べている（『省察』第一）。夢は画像のようなものであり、そのなかの一般的なもの、単純で普遍的なものは真であり、覚めているときの事物の像とおなじものによって作られているという。「夢か現実か」ということは、対象が現実存在（実存）しないかどうかということを規定はするが、対象の「存在」についての判断には影響を及ぼさないのである。

ここで日本語でいう「存在」は、むしろ「実存（現実存在）」、「何ものかが（いまここに）ある」という意味であるのに対し、西欧語での「存在」とは、もとより「何ものかが（永遠不滅に）〜である」という意味であることをふまえておいていただきたい。

その意味で、幻覚とされ得る対象は、たとえ眼のまえのものが幻覚であったとしても、それであるようなもの（存在者）が「存在している」と判断され得る。存在はしてはいるが、眼のまえのその現われが、現実存在（実存）しておらず、幻覚であるとみなされるわけである。

そのことは、〈わたし〉についても同様である。〈わたし〉が幻覚であるということはあり得るが、だからといって、〈わたし〉は存在しないということにはならない。逆にいえば、〈わたし〉は存在するにしても、いまのこの〈わたし〉の経験が、夢のなかでのように幻覚であるということもあり得る。それゆえ、デカルトは「わたしは存在する、わたしは実存する」と重ねて述べてる必要があったのである。

では、「夢か現実か」ではなく、いまのこの〈わたし〉が幻覚なのか実存なのかということは区別できるのであろうか。とすれば、問いは変更されなければならない——どのようにして疑いつつ、疑っている〈わたし〉が幻覚ではないと証明することができるのか。

当時の西欧の知識人たちにとって、こうした〈わたし〉の実存の不確かさへの問いについては、おのずと回想される逸話があった。それは、デカルトよりも一〇〇年まえ、宗教改革を遂行したルターが、エラスムスの自由意志論を批判しながら、自由意志があると思い込むのも自由であるが、悪魔はそのひとが自由であると思わせるほどの幻想の世界を作りだすことができると述べていたというものである。

「聖書は、ただに、縛られて、みじめで、とらわれ、病み、死んでいるばかりでなく、自分の主人であるサタンの働きによって、これらの不幸にさらに盲目という不幸を加えて、自分が自由で、幸福で、解放されており、力があり、健康で、生きている、としんじてさえいるものとして、人間を示している。」(『奴隷的意志』 山内宣訳)

デカルトの有名な悪霊の仮説は、まさにこのルターの「幻想論」を否定しようとするものであったといえなくもない。

デカルトは、知識とされてきたものが、いずれも絶対的とはいえないことを知って、それらを誤謬であるとみなすように自分の掟をたてた。そして最後に残ったのが世界の存在そのものであった。悪霊がいて、わたしにどんなことをも思い込ませる幻想世界を作っていると仮定してみる。

しかし、とデカルトは考える。世界がまるごと幻想であるためにも、やはり〈わたし〉の存在は確実でなければならない。なぜなら、もし〈わたし〉の存在も幻想の一部であるということになれば、幻想であるということ自体が意味をなさなくなる。たとえ世界の全体が幻想であって存在しないとしても、それを思考している〈わたし〉が存在しないならば、世界が幻想であるかもしれないと仮定することすらできない。〈わたし〉が存在しないならば、世界が幻想であるかどうかは、懐疑されすらしない。だからこそ、〈わたし〉の存在は、わたしの経験すべてが悪霊によって与えられた幻覚や錯覚でしかないとしても確実なのである。むしろ、世界がまるごと幻想であるかもしれないという可能性ゆえにこそ、〈わたし〉が存在することは確実であるといっていいほどである。〈わたし〉の存在のこの確実性は、わたしが疑っているというそのことによって保証されるが、それというのも、わたしの思考が、わたしが欺かれているかもしれないという自己否定の吟味に耐え続けることができる、わたしが疑っていることをすら疑い得るからなのである。

ところで、デカルトが、「わたしは思考する」ということが疑うことよりも先立っていると考えるのは、わたしが思考していなければ、疑うということが成りたたなくなるのだし、欺かれる相手としてのわたしも存在しないからである。疑いは幻覚としても生じるが、その場合には疑いに対応する幻覚によって、その疑いは容易に消え去る。しかし、もし思考していれば、疑いは連鎖して、そうした疑いは容易に消し去れるものではない。そうした抵抗に耐えて一貫しているのが「現実」のもっている特徴であるし、その抵抗を通じてなす判断の過程を思考と呼ぶのだからである。何かを知覚するとき、夢のなかでは結局は与えられるがままであるのに対し、現実においては、それが何であるかと振り返り、疑いを解明するさまざまな手立てを試みるといったように、探索へと開かれているのである。

いいかえると、思考することは、疑うだけではなく、判断することを含んでいる。デカルトが指摘したように、現実においては、行為の一つひとつが生涯に結びつきをもっている。ひとが、知覚している対象が幻覚かどうか疑うのは、その対象に対する行為が未来にどう関わるかが重要だからであり、それに対して判断しなければならないからである。

判断するためには、主題を追いかけ、どの方向（サンス）があきらかであり、どの方向があきらかでないかを見極めなければならない。夢の顕著な特性は、たえざる主題の転換である。それに対し、もし眼のまえの主題（サブジェクト）の同一性を追究し続けることができるとすれば、それが可能になるのは、わたしという「何ものか」、すなわち主体（サブジェクト）の存在が同一性をもっているからである。もし〈わたし〉が幻覚であって、多様な現われのなかで変遷してしまうものであったとしたら、どのようにしてわたしは、その〈わたし〉が何らかの対象について疑い続けていけるのか、自分が疑い続けていると知ることができるのか。

それゆえ、コギト（「わたしは思考する」）とは、単に思考するばかりでなく、思考するわたしについて思考することなのである。当時は「意識」という語はまだ存在しなかったが、コギトとは、思考しているという意識をもつということである。自分が何を疑っているか知っていて、その答えを得ようとしている自分がいる、それが「わたしは存在する」ということである。だから、「わたしが何ものかであると考えているあいだは、かれは（悪霊）は、わたしを何ものでもないようにすることは、決してできないであろう」（『省察』第二）と、デカルトは述べることができたのである。

対象が幻覚であったとしても、わたしの意識は「存在」する。たとえ夢のなかでさえ、「これは夢ではないか」と疑い、夢である証拠を探し続けるならば、それもやはり思考である。その思考がみずからが思考であることを知っていて、ひとつの方向を追い続ける場合には、それが夢であるならば、ひとは夢から覚めることになるであろう。そのことをもって、一般にも、――「これが現実だ！」という決まり文句のように――、覚めた夢が現実と呼ばれているのである。

夢のなかでもなすべきこと、それは夢から覚めることである。それは、問いをおなじ主題に対してくり返し投げかけて、――「判断停止（エポケー）」を推奨したピュロン派モンテーニュとは反対に――、ついには判断しようとすることである。

いかがであろう、以上のような論証によって、デカルトは、エラスムスの側に立ってルターに反論したといえるのではないか。神の意志に従っていれば幻想を見ることはないはずだが、幻想を見るのは、ほかでもない〈わたし〉である。そこにこそ「自由意志（善も悪をもなし得る気ままな意志）」なるものがある。

それゆえ、くり返すことになるが、世界をまるごと夢であるかどうかと問うことは、すでにナンセンスなのである。人間には、夢のなかにとどまるか、現実に向かうかの自由がある。夢のなかですら懐疑がはじまり、やがてその懐疑は悪霊の誘惑とともに眠りのなかに再び失われることもあり得るが、〈わたし〉の思考が開始されて、真の知識を獲得する方向へと向かうこともある。

思考とは、いまの知覚が錯覚や幻覚ではないのか、回想と知覚と推論の繋がりが妄想ではないのかと疑うところにある。そうした疑いが可能なのも、逆に、ひとが夢を見ることができるからである。覚めたばかりの急速に忘却していく夢を回想するとき、それが夢だったことはあきらかである。そのことこそ、現在の知覚も疑うことによって怪しくなることがあるのであって、それで錯覚や幻覚だったと知られ得ることを教えてくれる。

いまの知覚が錯覚や幻覚ではないかと、あたかもほっぺたをつねるように、夢なら覚めよと疑うことが必要である。とはいえ、夢なら覚めるであろうにしても、ほっぺたをつねっても、ルターのいうような「妄想」からは覚めることはできないであろう。意識は生まれながらにして能動的なものなのではなく、意識が劇場の観客のようになってしまい、生が、物語ることもできない平凡なもの、あるいは支離滅裂なものになってしまうこともあるからである。したがって、白日夢や妄想の世界に迷い込むことなく、意識をしていかにして能動的なものにするかが、われわれの実践的な課題となるであろう。デカルトは、——あとで論じるが——、それを「強い心」（『情念論』第一部第四十八節）という概念で表現していたのであった。

7　存在と思考

夢から覚めるとはどのようなことか。デカルトは、夢のなかでの〈わたし〉の経験から、〈わたし〉の存在を区別することを要求する。夢のなかの〈わたし〉は、——それが概して思考していないひとの「弱い心」（『情念論』第一部四十八節）のことでもあろうが——、幻覚の〈わたし〉であり、疑いだけが存在するような「疑いの経験」にすぎない。しかし、そうした夢のなかの〈わたし〉とは決定的に異なった「思考するわたし」が存在する。

というのも、もし〈わたし〉自身が幻覚であるかどうかを疑うとすれば、その疑っている方の〈わたし〉は、たとえ夢のなかであったとしても、決して幻覚にはとどまり得ない。〈わたし〉自身を幻覚かどうかと疑っている〈わたし〉こそが、デカルトのいう「思考するわたし」である。そのとき、〈わたし〉はもはや幻覚ではなく、——夢のなかなのかどうかはおかまいなく——、「思考するわたし」として実存している。その〈わたし〉は自分が疑っているというそのことと、疑うとはどういうことかということを前提において知っており、その懐疑でもって他のあらゆるものを、確信をもって判断しようとする実存である。

二〇世紀の実存主義者たちは、意識そのもの、ないし意識に与えられる〈わたし〉の実存から出発して、それを与えるものとしての「存在」を問いに付そうとしていた。だが、デカルトは実存主義者ではなかった。神の存在証明をしようとするくらいであって、存在という概念自体を主題にはしなかった。デカルトにとって、実存（現実存在）とは、——その語源からしてもいえることだが——、ただちに存在へと差し向けられる概念なのである。そのようなわけで、デカルトは、この章の冒頭で引用したように、「わたしは存在する、わたしは実存する」と述べたのであった。そのとき、「わたしは存在する」は、思考の対象でもなければ、思考の経験でもなく、思考そのものを可能にする「超越論的前提」、疑うことのできない、むしろ疑っても意味のない特別な命題なのであった。

むしろデカルトにとって重要なことは、「思考する」という営みが他の動詞で表現される営みとは異なった特別なものであるということであり、「わたしは存在する」ということと切り離し得ないということであった。デカルトは、「わたしは思考しているあいだだけ存在する」、すなわち思考するものとしてしかわたしは存在しないと述べている（『省察』第二）。思考とは、自分があえて夢のなかにあるかのように疑い、そこから抜け出すために、反復し連鎖する出来事の秩序を見出だそうとする営為である。もし思考が行為であるとすれば、わたしは思考したり思考しなかったりするはずなのであるが、デカルトは、思考している最中の経験のみがあり、それがわたしの存在の実存（現実存在）であるとするのである。

〈わたし〉においては、実存するとは思考することである。古代のパルメニデスが述べていたように、そこにおいて存在と思考は合致する。しかし、のちにハイデガーが主張するように、〈わたし〉が思考を本質としてもつということではない。「本質」という存在者の性質ではなく、といって「実存」、いまここにあるということでもなく、思考は「実存すること」そのものなのである。

したがって、〈わたし〉が存在するということは、おなじように「存在する」といわれるにしても、物体が存在するのとは根本的に異なっている。物体は、幻覚であったとも知られ得るような曖昧な存在者であるが、その物体に対して幻覚をもち得るのが〈わたし〉である。幻覚かどうかが問題になるのは、〈わたし〉にとってである。疑っている〈わたし〉についてではない。〈わたし〉とは、——デカルトの主張していた「何ものか」とはこうであろうが——、幻覚の手前にあって、対象となる物体を思考するというあり方をするかぎりで存在するような特別な存在者なのである。夢のなかでさえ、なすべきことがある「何ものか」なのである。

たとえば、わたしは眼のまえの蜜蠟を思考する。蜜蠟が眼のまえに実存(現実存在)しており、それが蜜蠟の本質をもつ存在者(存在するもの)の実存(現出)したものであると判断する。その判断は、わたしが実存していることによって成立する。わたしは自分が幻覚ではないかと疑っているのだから〈わたし〉という「何ものか」が幻覚であるわけがないのであって、つまり実存しているのであって、その裏返しとして、蜜蠟という存在者の存在は確かなのである(『省察』第二)。

存在とは、——唯物論者のいう「物質」のようなものであるどころか——、思考する対象が幻覚ではなく「存在するもの(存在者)」であるとの認識がもたらされる「超越性」の別称である。〈わたし〉は、万能の悪霊の魔術がもたらす幻覚の一対象であることがあり得ない「何ものか」であるかぎりで存在する。それどころか他の一切の存在者の現われの真偽(存在と非存在)を判定するための場(法廷)なのであって、〈わたし〉とは、それが他の諸存在者が存在する基準になるという意味では、存在の零度なのである。だからこそ、〈わたし〉に対して現われるすべての物体が明晰判明であるかどうか、すなわちわたしが存在する確実さのもとでわたしの経験に現われ続けているかどうかで、〈わたし〉は、その物体の存在について判断することができるのだし、そうやって幻想かもしれない世界の一隅からはじめてそのすべてを現実的なものとして捉えなおしていくことができるということになるのである。

とすれば、デカルトが最も革新的であったのは、物体と〈わたし〉とを、思考の対象として区別したという点においてである。物体（延長実体）と〈わたし〉（思考実体）との差異は、夢のなかの「わたし」の幻覚と思考する〈わたし〉の差異でもある。論証によってでも、存在、ないしスピノザのいう実体の同一性によってでもなく、物体という実在と〈わたし〉という実存の差異によってこそ、かれは、ゆるぎないものとして「わたしは存在する」を確証することができたのであり、この特異な差異こそ、——のちに「精神と物質とを区別した」と批判されることになるのだが——、まさにデカルトが発見したものなのであった。

われわれは、その後、マルブランシュやスピノザやライプニッツという、いわゆるデカルト派の哲学者たちが、神の同一性によってその差異を何とか覆い隠そうとする反動を見ることになるのだが、それはデカルトの本意ではなかった。そしてまた、それは二〇世紀に入ってから盛んに批判されることになる主客分離、「主観‐客観図式」ではあったが、それを超えると称して、今日なぜ、新プラトン主義的一元論の復権をもって、なお一部のひとが真理、ないし幸福としようとするのかは、謎としかいいようがないのである。

8　形と数

以上のようにして、デカルト的思考の内実と身分とが与えられたと思う。それでは、デカルト的思考によって見出だされる「真理」とは、一体どのようなものなのであろうか。〈わたし〉の存在が、物体の認識、すなわちその存在の判断の場であり、その零度であるということから獲得される知識はどのようなものであろうか。通説によってよく知られていることではあるが、ここで確認しておくことにしよう。

デカルトによると、知識を獲得するためには、眼のまえの知覚が幻覚や錯覚であるかどうかを判断することよりも、もっと重要な判断がある。それは、その知覚対象がどのようなものとして存在するかという判断である。いましがた紹介した「蜜蠟の比喩」においては、眼のまえにある蜜蠟も、少し暖めるだけでみるみる変化してしまうのだから錯覚と幻覚を含んでいるが、それが蜜蠟であるという、存在についての判断を間違わずになし得るならば認識となるとされていた。

つまり、物体の存在は知覚によって確証されるのではなく、さらにまた知覚対象として眼のまえに現われているかどうかが問題なのではなく、——「見ることの思考」や「触れることの思考」といういい方がされるように——、感覚に対してなす「判断」によって確証される。確証されるとは、観念として明晰判明であるということである。明晰判明とは、わたしの思考の確実性、ひいては思考するわたしの存在に依拠した経験であるということである。

では、そうやって捉えられる観念とは、どのようなものか。デカルトは、第三省察において、観念（イデー）は事物の姿（表象）とは似ていないということを強調する。かれのいう思考は、プラトンのいうイデアのように、見える形態からその認識の原型（個々の物体の「真の姿」）を想起させ、知覚と幻覚とを識別させるようなものではない。デカルトのいう思考は、観念の由来を検討して、その真偽を判断することである。その真偽こそが「知識」なのである。

デカルトが求めた知識は、「確実なもの」としての知識であった。永遠なものとして存在する原型との類比（ロゴス）ではなく、古代では非存在とみなされた生成消滅する出来事の、運動や変化の予測の「確実性」である。そのようなものを主題とすることが当時の西欧知識人たちの思潮ではあったが、それをデカルトが緻密な論証によって正統化したのであった。近代西欧の精神は、そうした確実性によって、従来の知識を臆見として退けようとしたのであった。

デカルトによると、事物の色や音といった表象は、——それ自身は虚偽ではないが——、身体において生じている感覚的経験にすぎない。それに対してする蜜蠟についての判断は、諸感覚の経験を組みあわせておこなう想像によって得られるものではない。想像は誤謬の道であって、判断の根拠にはならない。物体の感覚的表象を離れて、物体の存在を数学的に規定しなければならない。物体は、精神のうちにある数の観念によって判断されなければならないのである。

たとえば水のなかに入れた棒が、視覚という感覚にとって曲がって見えても、光の屈折率の計算から、それが直線状のものであることが判断されなければならない。同様に、感覚において見える太陽は天空にあって小さな光り輝く物体であっても、太陽と地球の距離から計算されて、観念としての太陽は巨大な燃える星であると判断されなければならない。

太陽の場合には、想像によってそうした巨大な物体の表象をもつこともできようが、さらに千角形のような場合もある。それは、表象においては円と区別できないが、そのような対象には、表象が伴わなくてもさしつかえないとデカルトはいう。かれは、光を見るときに何が起こるかを説明するに際して、「われわれの思考を刺激するものは、たとえば記号や言葉のように形象以外にもたくさんあるのであって、これらはその意味するものとはなんら似ていないのだということを考えるべきである」（『屈折光学』第三講）と述べている。ここに「言葉」が挙げられていることについてはあとで注目するが、物体とは、形や色として表象されたものとは異なって、延長、大きさ、形、位置、運動といった数学的な諸要素から構成される存在者だというのである。

そのようにして、デカルトは、知覚される物体が存在する論理として数学を見出だしたのであった。数学は、神ならばこれを任意に変更することもできるが、デカルトは、神は善良であるという理由で、それはないと断言する（『省察』第一）。数によって解明される自然法則が普遍的であるということは、「神は善良である」というドグマの裏返しにほかならない――神の創った宇宙なのだから、どうしてそれが気紛れなものであり得ようか、というわけである。

西欧人にとって、ガリレイが自然を数で書かれた書物とみなして以来、数は建築技術の単なる道具（アリストテレス）でもなければ、まして中世魔術師たちにとってのような単なるパズルでもなく、――リーマン予想に期待されているように――、ほぼ実体であり、実体ではないにしても、実体の人間的表象であるとされてきた。少なくとも、数学的に表現されたものは、自然的実体と相互に転換され得るとされてきた。

ガリレイにとっても、モンテーニュにとっても、デカルトにとっても、「世界という名の書物」は、宗教戦争の種となる解釈の分かれる聖書に比して、神の意志をまるごと表現した「第二の聖書」であった（ポプキン『懐疑』）。デカルトの自然科学は、神の言葉を数学的記号で解読することにほかならなかった。だからこそ、そこには必然性や斉一性がないはずはなく、法則的なものとして、神が人間に与えた理性にとって理解可能なものでないわけがないのである――「合理的」は「理性的」とおなじ語なのである。

たとえば、物体の衝突に対して、「運動量保存」の公式によって計算の可能性をはじめて与えたのはデカルトである。古来、投石器等の設計において、それはつねに主題とされてきたはずなのであるが、重さや硬さや速度の諸関係についての知識が、破壊や移動など、結果に大きな影響をもつにもかかわらず、あまりに現象が多様であるために技術知の範囲にとどまっていたのであった。このような日常生活でのありふれた現象を、たとえば完全に硬いものや完全な弾性をもつものなど、地上ではあり得ない極端で純粋な現象を含めて、数を使用して一般的に捉える視点をもつことは、経験を超越した視点、神の視点に立つことであった。

神学として神について直接思考する代わりに、自然についての超越的知識（有限な経験を超えて成りたつ知識）、すなわち神の全知全能が保証する普遍的な自然法則を探究すること、これが近代西欧以外では起こることのなかった新しい学問、「自然科学」なのであった。

9　機械仕掛の宇宙

パスカルは、デカルトが運動量の保存に関して「力」を認めなかったことに対し、神を宇宙創造の最初のひと弾じき以外には必要としなかったといって批判したが（『パンセ』一〇〇一）、デカルトは、表象の永遠の原型を探究する古代の学問から、表象の時間的変化を数によって表現される公式で与えようとする近代の学問、自然科学への学問の巨大な地殻変動の「ひと弾じき」を与えたのであった。

古代ギリシア人たちが問題にしていたのは、言葉が思考や存在に対してどのような関係にあるかということであった。思考とは存在という語による語句相互の結合であると考え、思考が存在とどのように合致し得るかを問題にしたのであった。「存在」という語でかれらが発見したものは、言葉と事物が交差する経験であり、存在とは、言葉について語りながら、それがそのまま事物について思考することになる特別な言葉なのであった。

ところが、存在という概念を引き継ぎはしたが、デカルトは、「わたしは存在する」という命題によって、まったく違う宇宙を開くことになった。たとえば「速度」であるが、古代ギリシア人は、速さと遅さの差異は知っていたが、その度合いを測定する基準を知らなかった。そこに生じるアキレスのパラドックスにおいて、ゼノンは論理学的問題を提示したというよりは、運動を否定して存在の意義を証明しようとしていたのである。近代人ならば苦もなく運動を説明することができるが、それは質量と速度を項とする関数によってである。

デカルトの発明した解析幾何学は、まさに存在するものの形象を関数によって表現し、さらには物理学的に延長や大きさや位置や運動を表現する方法であった。解析幾何学は幾何学を関数で説明したというだけではなく、のちに微分と積分のような次元の推移についての思考を可能にした。つまり、位置と質量ばかりでなく、位置の変化の比率を加速度として示すことができるようになったのである。それはもはや形象ではなく、そこに描かれる線の傾きは物体の姿ではなく、運動の速度を表示する。そうやって、近代自然科学は、古代ギリシア人たちが遠ざけた生成消滅するものもの条件である時間を、形象のうちに盛りあわせることができたのであった。

そこでは、物体の観念は、機械ないしシステムの個々の部品のことにほかならなかった。物体がどのような姿であってもかまわないし、知覚されたものと何ら似ていなくてもさしつかえない。認識とは、真の姿を看破るようなことではなく、それら物体相互の関係を数学的公式によって規定し、世界の諸現象を機械仕掛の因果性によって捉えることなのである。それによって、――われわれが生きる親密な知覚における人間的経験を理解するのには失敗しているにしても――、多様な機械を制作するのに成功を納めたのであった。

デカルトにとっては、たとえ世界の全体が幻想であろうとなかろうと、個々の真偽は、それを判断しようとする〈わたし〉に現われるものにおける主題である。真偽は自然的事物の延長（広がり）の世界の出来事ではなく、思考の世界の出来事なのだからである。物体の存在とは混同され得ない「わたしの存在」は、世界の全体が幻想であっても成りたち得る思考の場であって、そこで経験される世界では、永遠の数学的対象が緊密な体系を形成している。感覚を通じてわれわれが思考し、解明すべきなのは、そうした体系として、すべてが機械仕掛になっている宇宙の個々の現象なのである。

かくして、デカルトは、すべてを以上のようなかれの哲学において捉えなおす「方法」を開始した。「どんな仕組でか？」——これこそが、それ以来、デカルト的方法として、われわれの思考するときに問うべき正しい問いとなった。かれのいう「新科学」とは、神が宇宙を創造したその過程を、思考において機械論的に再構成することであった。混沌から出発して、神の規定した自然法則に従って、天体、地球、光や物質、生物、人間身体といった順に、秩序が形成されていく仕組を、数学によって捉えなおしていくことであった。

今日、理論物理学において、天体を数学的対象とみなして、人間の経験したことのない宇宙のはじまりから、その延長実体のはるか未来までもが描きだされようとしている。デカルトの拓いた、その表象を想像によってもつ必要すらないこの宇宙なるもの、しかし多くのひとびとが今日でも、——デカルト主義には反するのであるが——、宇宙進化であれ生物進化であれ、ＣＧという「想像」を通じて、近代自然科学的言説の託宣をことほいでいるというのが、われわれの時代なのである。

【この章のまとめ】

デカルトが「思考する」とはどういうことかをあきらかにしてくれた。漠然と思考するままであれば、夢のなかとおなじようなことになり、世界は幻のように見えてくる。「わたしが存在している」といえるのは、疑い続けているかぎりにおいてである。おなじ主題を追いかけている主体であることを意識していることが、「わたしが存在している」ということである。それによって、わたしと世界とは分離され、世界についての首尾一貫した認識が生まれてくる。そうやって見えてくる世界は、機械仕掛の宇宙である。

第二章　なぜひとは間違えるのか

――誤謬は知識の不足によるだけでなく、もっと積極的な、言葉の関与する要因があるのではないだろうか。

10　感覚と想像

デカルト的方法に依拠するならば、われわれはもはや誤謬に陥るはずはない。だが、デカルト自身を含めてなお、ひとはしばしば誤る。その原因は何であろうか。

デカルトによると、日常的判断は誤った原理に出発し、想像によって紛らわされた臆見である。それは、夢のなかのようにして妄想が入り込んだ真偽の直感的判定である。「直観」ではなくあえて直感と表記するが、前者が「明晰に与えられるもの」という意味であるのに対し、ここでは「サンチマン」の訳語として、「理由なき判断」という意味である。ひとが何かを知覚するとき、そこには一般に直感として、対象が現実存在（実存）するという判断が含まれる。ひとは、しばしばそれが幻覚や錯覚であったことを、あとになって知る。それゆえ、それぞれの瞬間に知覚しているものを「存在する」とただちに判断するべきではないのだが、大多数の場合、知覚されたものの存在をそのまま前提して行動しても問題が生じないために、――「素朴実在論」と呼ばれるが――、ひとびとはそうした不確実な判断に頼るのである。

しかし、不確実な判断にのっとって推論を重ねていくと、そのうち「あり得ない」ことがらについて

「あり得る」と判断してしまう。狂人の妄想はその極端な例であるが、一般にも、事故やトラブルを引き起こしかねない行動をとってしまうであろう。

デカルトは、ひとがこうした誤謬に陥る原因として、まずは感覚を挙げた。だが、「感覚によって欺かれる」とは、どのような意味であろうか。感覚は身体（肉体）の機能である。もし肉体がパウロの述べたように原罪を意味しているのであるならば、それは人間を欺くことによって人間を罰しているのであろうか。

そうではない。デカルトは、感覚が誤謬の原因となるのは、ひとが有限な知性のもち得る知識の範囲を超えて判断しようとするからであると考える。すなわち、モンテーニュのいうように感覚それ自体に問題があるのではなくて、認識としては成立し得ない感覚を知性が判断の根拠として取りあげるからである。

「私が誤るという事態は、神から得ているところの、真を判断する能力が私においては無限でないことに起因するのだということを、私は確かに理解するのである。……それでは、私の誤謬はいったいどこから生じるのであろうか。この一つのことから、すなわち、意志は悟性よりも広い範囲に広がるものであるゆえ、私が意志を、悟性と同じ限界内にとどめおかずに、私の理解していない事がらにまでおよぼす、ということの一つのことから生じるのである。」（『省察』第四　山田弘明訳）

したがって、――これが主知主義というものだが――、誤謬を退けるためには、理性によって知識をなお一層増やしていくべきだとされるのである。人間の不完全な知性に真に知識が獲得できるのか、獲得できるにしてもある程度まででしかないのではないか、という疑問は残るにしてもである。

デカルトによると、人間のなす誤謬の根本的原因は、人間知性の不完全性にある。神は人間を自分たちの姿に似せて創造したが、そのとき神は、意志は神と同様に無限なものとして人間に与えたのに対し、知性は有限なものとしてしか与えなかった。その理由は、おそらくは、創造する神が全知であって任意に創造し得るのに対し、創造されたものとしての人間はそれを受けいれるほかはないという点で、限定されたものでしかないからなのであろう。

そこから逆に、人間は、神の知性に近づいていくべきであるということが、デカルトのみならず当時の多くの西欧知識人にとって、神によって授けられた使命であるとされた（ラブジョイ『存在の大いなる連鎖』）。人間は完全性、すなわち神の全知をめざして知性の階段を一歩一歩昇っていくべく宿命づけられた存在者なのである。

なぜか。物体は神が創造した自然の、創造の意志を推量し得る素材でもある。とすれば、人間は感覚によって「欺かれる」というよりは、感覚はむしろそこから神の意志を解読すべく与えられた「課題」でもある。感覚に振りまわされ、日々の欲望に身を任せるのではなく、――新プラトン主義的にいえば――、感覚を超えて一なる神のもとに回帰すること、そのうえで神が人間に与えるべく創造した自然を最大限に享受する、そうした課題なのである。

とすれば、「感覚が欺く」のは、――神は善良なのであるから――、われわれが実践において欲望に身を任せるという間違いを訂正するための警鐘であるとも理解できる。デカルトによると、われわれが誤るのは、モンテーニュのいうように感覚の曖昧さのせいであるというよりは、思考の実践の曖昧さにおいてなのである。

11　心の強弱

それでは、どのような思考の実践が誤りなのであろうか。デカルトは、蜜蠟の比喩において、蜜蠟を認識するために想像を用いるべきではないとして、つぎのように述べている。

「私は目覚めていて若干の真理をすでに見ているが、まだ十分明証的には見ていないので、それを夢がもっと本当らしく明証的に私に示してくれるように、努力して眠りに入ろうと言うに劣らず、バカげたことと思われる。」（『省察』第二　山田弘明訳）

ここでデカルトが問題にしているのは「想像」である。想像も思考の一部であるとされていたが、しかし想像に身を委ねることは真理から遠ざかることである。

想像とは、像（イメージ）を思い描くことである。ペガサスなど想像上の動物が「キマイラ」と呼ばれるが、想像とは記憶の断片を恣意的に合成することであって、それは夢のなかに入っていくようなものだとされている。かれは、夢の経験を脳が引き起こす幻覚、実存しない物体の表象を身体が精神に与えることとしていたが、想像とは覚醒しているときに、身体が物体のイメージを、対象が実存していないところで与えること――いわば自発的な夢なのである。

人生はなかば夢であるとして、「想像は誤謬の原理である」（四四‐八二）と断言したパスカルも、それには同意見であろう。ところが、夢と現実を区別しようとするデカルトにあっては、これは奇妙な議論なのである。デカルトは、思考とは、「疑い、肯定ないし否定し、意志し、想像し、感覚することである」（『省察』第二）と述べている。想像を思考の一部としておきながら、誤謬をもたらすものとして説明している。いっそ想像を引き起こすのは思考する精神ではなく、悪霊であるとか肉体であるとした方が分かりやすいのではないか。

これについては、モンテーニュは、感覚が精神を欺くのとおなじように、精神が感覚を欺くことがあると説明している。その例として、かれは、憤りによって見たものが事実とは異なること、愛する相手を事実よりも美しく見ること、何かにこころを奪われているときには眼のまえのものが見えないことなどを挙げている（『エセー』二の十二）。

しかしデカルトは、そうは捉えない。想像を引き起こす情念は、もとより相互にちぐはぐなものであり、それらを調整して状況を判断し、正しい行動に導くかどうかが重要なのだからである。いいかえると、感覚が欺かないかどうかは、情念に対して心（精神）が強いか弱いかということによって説明されるべきなのである。

「（一旦なした判断に対して）大なり小なり心がその判断に従うことができ、その判断に反している現在の情念に抵抗することができる比率に応じて、心がより強いか、より弱いかと考えることができる。」（『情念論』第一部第四十九節）

思考することとは「わたしの存在」とは切り離されないが、〈わたし〉は思考するだけでなく、情念をもつ。デカルトは、情念（パッション）を「心の受動」として、身体に由来するものと捉えながらも、「情念によって動かされるひとびとは、情念を最もよく認識するひとびとではない」（同箇所）と述べる。情念が勝り、あたかも夢のなかにいるかのようにあまり思考しないひとびと、その結果、推論よりも想像に頼るひとびとがいる。そのようなひとは、通例いわれるように、情念を抑えるべき意志が弱いのではない。デカルトによると、意志の強さはだれしも神と同等である。判断を変えない意志もあれば、その場の情念に基づくちぐはぐな判断に従う意志もある。デカルトは、推論するのも思考であれば、想像するのも思考であり、想像を選ぶか推論を選ぶかは、――アリストテレスのいう「アクラシア（無抑制）」のように性格上の問題ですらなく――、意志の「自由」によってであると考えるのである。

とすれば、心の強さや弱さを与えるものは、何であろうか。デカルトは最終的には、――ストア派的ともいえようが――、誤謬の原因を感覚にでも、想像にでも、その想像を惹き起こす情念にでもなく、もちろん意志の弱さにでもなく、知識の欠如に帰している。つまり、情念によって欺かれるといわれるような場合には、実は判断が誤っているのであり、それはその情念についてよく知っておらず、その意味で知識が不足し、臆見を抱いているからにほかならない。もっと思考して知識を獲得し、情念に惑わされない強い心へとみずからを導かなければならないのである。

12　誤謬の原理

『方法序説』というタイトルの「方法」とは、副題にあるように、「自分の理性を正しく導くための、そしていろいろな学問において真理を探究するための方法」であった。デカルトは、「方法」によって、欺かれる可能性のすべてをのり超えようとしていた。しかし、それは間違える可能性をではなかった。

デカルトは不可謬のひとである。つまり、欺かれることはあっても、間違えることはない。サルトルのいう「自己欺瞞」（『存在と無』）のようにして、自分が自分自身を欺くということすらないのであろう、それは、デカルトには思いもよらぬことであった。かれは、もし悪霊のようなものによって欺かれさえしなければ、われわれは、――ハイデガーが理想としたように――、そのまま真理としての存在のもとにあることができると前提していたように思われる。

だが、ここで「間違える」という表現を使ったのは、――フロイトのいう無意識の抑圧によって意識と食い違う言動をとる「仕組」があるというような意味ではなく――、デカルトが論じたのとは異なった理由、いわば「誤謬の原理」に基づいて臆見が生じるのではないかと考えるからである。

デカルトも正しい思考法について主張した以上は、間違った思考法があることは認めていたはずである。しかし、デカルト的方法では、誤謬をただ真なる知識で埋めさえすればよいとされる。デカルトは、ひとが臆見にとどまることに対して、その理由を欠如や弱さや不完全さにしか求めない。だが、われわれとしては、何がそうさせるのかを問わないではいられない。むしろ、ひとの思考の方に積極的な誤謬の可能性があるとしたらどうであろうか。すなわち、思考の歩み自体に、避け難いつまづき、足の縺れ、落とし穴があるのではないだろうか。もし誤謬が思考の過程で積極的に構成されるとすれば、デカルトは臆見を追放する手段を、何らもちあわせてはいないことにはならないか。

さきに、「疑うことが疑わしければ〈わたし〉が存在しなくなる」というモンテーニュの議論を紹介した。デカルトは、その対偶をとって、「〈わたし〉が存在するとすれば、疑うことは確実である」と考えていたようであった。徹底的懐疑によって疑うことを疑うのは、デカルトにとっては、〈わたし〉を見失うどころか、悪霊に対する挑戦の機会にほかならず、それによって、いよいよ〈わたし〉を確証するプロセスにほかならないのであった。

ところが、その箇所でモンテーニュは、――そこがデカルトと観点の違っていたところなのだが――、疑うことを疑おうとするのは言葉の曖昧さのせいであると指摘する。かれは、言葉と判断の関係について、つぎのように述べる。

「自分の書いたものにすら、わたしは以前に想像していた気持が見出だせない。わたしが何をいわんとしていたかが分からない。わたしは訂正し、新たな意味をそこに置くことで、より価値のあった当初のものを失うという火傷をする。わたしは行ったり来たりするしかない。わたしの判断はつねにまえには進まない。それは揺れさまよう。」『エセー』二の十二)

モンテーニュは、言葉には、何か思考を妨げる困った点があると感じている。とはいえ、こうした言葉のもつ危険性について、デカルトもまったく知らないわけではない。かれも、つぎのような指摘をしている。

「私の精神がいかに誤りやすいかに驚かされるのである。というのも、これらのことを、たとえ私のうちで黙って声に出さずに考察しても、やはり言葉そのものにとらわれ、たいていの場合、日常的な話し方そのものによって欺かれるのである。」(『省察』第二　山田弘明訳)

言葉の日常的用法が正しく思考することを妨げる——そうしたことはあらゆる推論の場面において生じることであろう。とはいえ、ここでも「欺く decipior」という語が使用される。デカルトにとっては、〈わたし〉には間違える理由はなく、誤謬が生じるのは知識の不足によってである。その意味で、デカルトは、ひとは言葉の正しい意味を知らないから言葉に欺かれるといいたかったに違いない——とはいえ言葉の「正しい意味」は、一体だれが与え得るのか。

ところで、デカルトは『方法序説』を、当時まだ十分に確立されていなかったフランス語で書いている。そのようにした理由を、かれはつぎのように書き記しているが、さきの引用箇所とは調和しないように思われる。

「もしわたしの教師たちの言語ではなく、わたしの国語であるフランス語で書くならば、そのわけは、純粋でしかない生まれながらの理性を使用するひとびとの方が、古代の書物しか信じないひとびとよりもわたしの意見をよりよく判断してくれるであろうと期待するからである。」（『方法序説』第六部）

教師たちの言語とはラテン語である。「生まれながらの理性を使用するひとびと」とは、フランス語によって日常的な話し方をするひとびとである。しかし、それはむしろ、日常的な話し方によってしばしば欺かれるひとびとなのではないのだろうか。『哲学原理』第一部によると、誤謬の原因は、第一に子どものころからの先入見であり、第二にその先入見を忘れないことであり、第三に先人の意見に従うことである。その考えからすると、フランス語で書くことで、読者がなお一層そうした先入見に欺かれやすいということにはならないだろうか。

デカルトはその後、『方法序説』の増補改訂版でもある『省察』を、今度はラテン語で書き、「読者への序言」において、心の弱いひとには立ち入ったことは話せないとまで述べ、しかもさらに、そのあとに書かれた『哲学原理』で誤謬の原因を列挙するなかで、末尾に、つぎのように、唐突に言葉の問題を投げかけた――「生まれながらの理性」に対する期待が、デカルトのなかで年齢とともにしぼんでいったと見るのは穿ちすぎであろうか。

「すべての人間は事物よりもむしろ言葉に注意を払う。非常にしばしば、人間は理解していない用語に同意を与え、それを十分に理解していないことを気にかけないのは、かつて理解したことがあると思うからであり、あるいはその用語をかれらに教えたひとびとがその意味を知っていて、おなじ手段でそれを学んだような気がするからである。」（『哲学原理』第一部七十四）

なぜ、そのようなことが起こり得るというのか。言葉はいかにして思考を誤らせ得るのか。かれは、それでもなお、ただ心の弱いひとが言葉の記憶において混乱するだけと考えているようであるが、わたしには、ベーコンのつぎの指摘の方が的を射ているように思われる。

「われわれは、自分の言葉（語）を支配しており、大衆のように話して賢いひとのように感じるというように、それをうまく処方していると思っているが、言葉は確実に、タタール人の弓のように、最も賢いひとの理解力に対して射返すということをして、強力に判断を縺れさせ、誤らせる。」（『学問の発達』第一四章第十一節）

言葉による誤謬は、「生まれながらの理性」のひとばかりか、まさにデカルトのいう「強い心」のひとにも起こる。ここに「射返す」とあるが、それは語られた言葉が、語ろうとしていた思考に反作用を及ぼし、思考を混乱させたり、そらさせたり、否定させたりするという意味であろう。

13　知覚と言葉の観念

デカルトは、『屈折光学』第四講において、――すでに引用した箇所であるが――、光と形象の関係を、音声と意味の関係と対比していた。網膜に光があたって与えられる形象は、光をもたらした事物とは何ら似ていないが、それはちょうど、言葉の意味がそれをもたらした音声と何ら似ていないのとおなじであるというのである。

ということは、かれの考えによると、「見ることの思考」と同様に、「言葉を聞くことの思考」があるはずである。「見ることの思考」とは、感覚された蜜蠟を超えて知性によってそれを蜜蠟と判断することである。とすれば、「言葉を聞くことの思考」とは、感覚された音声を超えて知性によってその意味を判断することということになるであろう。

蜜蠟の判断とは、蜜蠟を知覚してその観念をもつことであるが、それではデカルトは、ミツロウ（フランス語では「シール」）という言葉を聞くときに得る観念を、蜜蠟の観念とおなじものと考えているのだろうか。しかし、知覚対象としての事物の観念と、聴覚的に知覚された言葉としての意味の観念の二つの観念がそこにあるはずである。かれは、ミツロウと発声された言葉の意味である観念と、知覚された蜜蠟の観念の対応関係を、一体どうやって得ることができるのであろうか。これこそが、「理解していない用語に同意を与える」ということ、そのものではないのだろうか。

デカルトの指摘した言葉の問題は、むしろ言葉一般について、大なり小なりあてはまることである。そこでは、知覚対象の観念がいつのまにか見失われ、言葉の意味である観念がとって代わってしまっている。デカルトだけでなく、だれもがその自在の交替、――マルクス兄弟の一方が鏡像のふりをするコメディのシーンのような――、双子の戯れに気づいていないように思われる。

ベーコンの指摘こそ、まさに言葉を聞いて得た意味によって、言葉で表現しようとしていた観念が変化する、ないし消え去ってしまうことは避けられないという意味であったと思うのである。言葉は、形式からだけで否定文や疑問文を生成させることができ、意味不明の大量の文を産みだすことができる。ひとびとはそうしてできた意味不明のもろもろの文に対して、想像を駆使して何らかの意味を与えようとするが、その結果、ひとは生成した文によって、素朴実在論的に、あり得ないことをあり得るかのように思い込んでしまうのである。

われわれは、だからベーコンとともに、言葉こそ臆見を産みだす「誤謬の原理」ではないかと考えるが、デカルトはといえば、「わたしは存在する」という命題ないし用語が確立されたあとは、――「存在」という用語にもさらに嫌疑はかかると思うが――、そのままつぎつぎと真なる知識を発見していくことができると考えていた。

デカルトがかれの原理を確立することができたのは、モンテーニュやベーコンほどには、言葉の働きに疑いを抱かなかったから、言葉のもつ危険性を深刻に捉えていなかったからではないだろうか。数学も言葉の一種なのであるが、かれは、数学の公式を使用することは、「よく理解していない用語に同意を与える」のとおなじことではないかとは疑わず、五十年もあれば自然のすべてを解明できると考えていた。だが、実際五〇年では、自然のすべては解明はされなかった――そしていまもなお、完全に解明されてはいないのである。

14　言葉と理性

デカルトは、悪霊の存在を仮定して方法的懐疑を進めていったが、言葉の意味を自在に取り替えてしまうような悪霊までは想定しなかった。かれは、言葉が何をすることかと疑問に付することなく、人間理性の最もはっきりとした事例が言葉をしゃべることであって、それは人間にしか可能ではないと述べていた。

「どんなにぼんやりした愚かなひとでも、狂人すら例外なく、さまざまな言葉をまとめて配列し、それでもって自分の思考を人に理解させる言説を組みたてることができない人間はいない。逆に、他の動物は、どんなに完全で可能なかぎり恵まれて生まれついていても、似たようなことをするものはまったくいない。」（『方法序説』第五部）

この箇所で、デカルトは、知的障害者や狂人（精神病者）も言葉をしゃべることが可能であるとする一方で、自動機械やオウムがいかに巧みに語を配列しようとも、それは理性によるものではないと断言している――チューリング・テスト（対話によって人格とみなすことができたら人格と認めていいとするテスト）の可能性をあらかじめ否定していたともいえる。

「ある機械が言葉を発するように、さらにはその器官に何らかの変化を起こす物体的作用に応じて、何らかの言葉を発するようにすら作製されていると考えてみることはできる。どこかに触れたら用を尋ねるとか、ほかのところに触れたら痛いと叫ぶとかのようにである。しかし、その機械が、自分のまえでいわれるすべてのことの意味に答えるために、言葉をさまざまに配列していると考えることはできない。」(『方法序説』同箇所)

オウムの言葉については、モンテーニュが、オウムが言葉をしゃべるのはオウムに理性があるからだと述べていた。だが、それは動物と人間の区別を否定しようとしてである(『エセー』二の十二)。ガッサンディは、動物にも動物なりの理性があるという立場から、動物は人間のものとは違うが、音声を使用すると考えていた(『省察』第五反論)。

また、ロックは、身体はオウムであっても、理路整然と語り、問いかけに応答できる存在者ならば「人格」と認めていいと述べていた(『人間知性論』第二巻第二十七章)。余談ながら、感覚に与えられる単純観念を思考の基盤とみなしているロックが、オウムにも人格を認め得るとするのは奇妙である。オウムの感覚は人類の感覚とはまったく異なるであろうから、オウムにはどんな複雑観念の混合様相も理解することはできないはずなのである――それはペッパーなど、言葉をしゃべる現代のロボットについても同様であるが。

このように意見の分かれているオウムの言葉の真正性であるが、それに対し、デカルトは、動物は自動機械であって、人工知能と同様に、言葉のようなものをしゃべっても動物自身には意味が分かってはいないと断言したのであった。

かれは、人間だけが理性によって語を配列して言葉をしゃべることができるとする根拠については述べないままに、ひとが思考しているかどうかは言葉を通じて伝わる、理性のある人間には、理性の介入していない言葉はすぐにそれと見抜くことができると考えていたふしがある。

人間の言葉は、動物の声とは異なって、いわゆる分節言語である。要素の組みあわせと配列から成りたっている。言葉の諸要素を、その配置によって意味が生じるように継起的に発声し、それをもって思考を表現することは、なるほど精密機械を組みたてるほどに複雑な作業である。言葉をそのようなものとして捉えるなら、それは人間理性にしか可能ではないであろう——ビーバーやハチやクモにも可能性はあるかもしれないが。

そのような複雑な作業によってしゃべられた言葉が、みずからの思考を表現するだけならば、理性が言葉によって間違いを犯す理由はない。理性を使用すればするほど正しく言葉を使うことができるということになる。そして、理性が不足する場合には狂人の言葉のようになってしまい、さらに理性がまったくなければオウムのようなものまねになってしまうということなのであろう。

15　狂人と言葉

それにしても、である。「良識が公平に分有されている」(『方法序説』第一部)というときにデカルトの念頭にあったことかもしれないが、狂人が言葉をしゃべることができるとされているのは、一体どういうわけであろうか。

狂人のしゃべる言葉の内容は非理性的(非合理的)である——それによって狂人として判別される。その一方で、言葉をしゃべること自体は理性的であるとされている。理性的であるかどうかということと、言葉をしゃべれるかどうかということの基準にこうしたずれ、ないし矛盾があることをどう理解したらいいのか。

デカルトは、第一省察で、感覚は欺いたことがあるから信用しないようにしようと述べたあと、ただしわたしがいま暖炉のまえにいて座っていることは確かであり、それを疑うのは、狂人が、裸であるのに「衣服をまとっている」とか、「身体がガラスでできている」と語るようなものであると述べている。

かれは、狂人は理性を失っており、覚醒時に夢を見ているようなものであると捉えているのであるが、そのような捉え方はプラトン以来の伝統による。プラトンは、夢は覚醒時の想像よりも強い想像であって、理性が失われて欲望が解放されている状態であるとした。しかも、夢の内容には覚醒時のひとがらの反映があって、賢いひと、尊いひとは真理や美が与えられる夢を見るが、愚かなひと、卑しいひとは性的対象や食物の夢を見るとされた。夢では情念が解放されて、現実のそのひとの思考や行動が表現されるというわけである。

それはともかくも、デカルトは、その箇所では狂人についてはそれ以上ふれることなく、われわれの経験も夢のなかでは似たようなものであるとだけ述べて、夢と現実の区別に関する懐疑へと進んでいく。そして、その懐疑のなかで、かれ自身がいま夢を見ているとしてもすら、真偽の区別はできるとし、そこから「わたしは存在する」が確実であると結論するのである。

そのときかれは、狂人とされているひとについては、――夢を見ているような状態であるという点で懐疑するデカルトと同様であるとしながらも――、真偽の区別ができるかどうかを問題にしていない。「身体がガラスでできている」ということが、もしかすると何らかの懐疑のうえで生じた真の知識であるかもしれないとは、考えようともしないのである。かれは夢と現実を判別する指標がないということには言及するが、狂人とそうでないひとの区別については、当然にあきらかなこととして、まったく気にはしていないように見受けられる。

そのようなところから、フーコーは、『狂気の歴史』第二章において、デカルトにあっては、狂気が夢よりも極端に理解不能なものとして哲学的懐疑から除外されていると指摘し、コギト（「わたしは思考する」）とは、「哲学する理性」が、みずからを無条件に狂気から切り離したという、そうした歴史的事例なのであると論じている。

つまり、デカルトの「わたしは存在する」ということの確実性は、「わたしは狂人ではない」ということの裏返しなのであり、デカルトのしたことは、狂気を「非理性」として、理性から断絶したものとするエピステーメー（思考の枠組）の開始だったというのである。なるほど、デカルトは、狂人ではないが似たようなものとして、「動物は理性をまったくもっていない」（『方法序説』第六部）と、根拠を示さずに断定している。

そのフーコーの指摘に対して、デリダが、デカルトは夢を狂気の極端な事例として位置づけていただけだと反論している（『エクリチュールと差異』「コギトと狂気の歴史」）。デリダによると、コギトとは、夢のなかに現われる沈黙した狂気のなかから、「わたしの存在」によってはじめて明断に語りはじめる行為であるという。つまり、デカルトの思考においては、狂気のある種の延長において、「哲学する理性」が姿を現わすというのである。

夢は、デカルトにいわせれば、想像力の奔放な飛翔、存在しない対象を感覚する経験である。夢は狂気に似ていい
るとはされたが、はたして、デリダのいうように狂気の極端なものなのであろうか。なるほどわれわれも、「夢の話だ」と断りさえすればどんなに狂気じみた（クレイジーな）話もしていいし、逆に、覚めていても夢のなかでのように思考をするひとびとは狂人である（クレイジーである）といってもいい。

とはいえ、どうもデリダは、沈黙して語らぬ緊張型の狂気をもっぱら想定し、狂人は沈黙し、哲学者

は語りだすとしているようであるが、しかし妄想型の狂人であれば多くを語る。デカルトの述べているように、たとえば「身体はガラスでできている」などと断言するのであって、周囲のひとから聞き届けられないだけなのである。

もしデリダが正しいとすれば、そうした狂人の言葉も、デカルトの「わたしは存在する」という言葉と同様に、その思考を表現していると聞き届けられるべきなのであろうか。確かにデカルト自身、『省察』の序文に付せられた書簡では、自分の議論の確実性と明証性が、「多くの人によっては十分に認識され得ない」と心配している。言葉をしゃべり、そこに思考を表現しているという点だけを取りあげれば、デカルトも狂人もおなじということにされ得るのだろうか。

しかし、デカルトはそこまでは心配しておらず、「わたしは存在する」が確実であると断言する。すでに論じてきたように、デカルトは、〈わたし〉の存在によって現実的なものの確実性を得るのであって、たとえ夢が狂気に似ているとしても、夢か現実かとは無関係に、ひとつの主題を追いかけていける条件として〈わたし〉が存在するとしたのであった。だからその反対に、狂人には〈わたし〉が存在せず、想像力の奔放な飛翔のままに夢を表現するだけであって、いわば夢のなかに居続けていると想定されているように思われる。そのことは、かれの読者がどう読み取ろうと、かれにとって正しい。

したがって、「わたしの存在」が見出だされるのは、デリダのいうように狂気の極限としてでなく、狂気に対するものとして、あるいは自分が狂人である可能性を排除するものとしてであるように思われる。デカルトは、すべてを疑うといいながら、自分が狂人であるかもしれないとは疑わず、他方では論理や数学をただちに肯定し、それらが「ガラスでできた身体」といったタイプの議論と同等かもしれないとは検討しなかったのだから、そのことがまた、フーコーのいうように、狂気を、議論することなく排除したということでもあったろう。

結局、フーコーのいうとおり、狂人の言葉は非理性的だからということで、はなから論外とされていたように見える。デリダの反論には、――あとで論じることになるが――、狂気（異常）と正常は相対的か絶対的かといった、一九世紀以降の統計学的思考をふまえた現代の議論が持ち込まれているように思われる。

むしろ問題は、デカルトが、狂人に言葉をしゃべるという点で理性を認め、その意味では、動物とは異なるとしていたところにある。そこから、デリダが考えたように、デカルトにおいては、あたかも狂人と哲学者が思考においておなじ資格をもっているとされているかのように受けとれなくもなかったのである。その結果、近代哲学への批判としての、思考における合理性への疑いと、もっと本源的な、――デリダはそれをソクラテスの「ダイモーンの声」にまで結びつけてしまうのだが――、言葉をしゃべることに含まれる非合理性の認識とが、混同されてしまったように思われる。

言葉が思考を正しく表現するように語を配列する合理性と、そこに表現される思考の合理性とは異なる。狂人の言語表現も言葉の一種であることは確かであるが、すべての言語表現が理性的（合理的）であるわけではない。言葉を語ることと思考すること、正しく語ることと真理を知ることとのあいだには、本性的な差異がある。デカルトが、言葉は理性が構成し、その意味は思考の表現であると前提したとき、かれは二つの「合理性」の本性的差異を混同していたのであるに違いない。

デカルトはむしろ、狂人はオウムと同様、言葉をしゃべっていない、だからその表現の真偽を検討する必要はないというべきだったのではないか。それには無理があるとすれば、むしろ言葉をしゃべることは、――ソシュール言語学ならばそういうことになるのであるが――、理性的であることとは関係ない、合理性の問題ではないとすべきだったのではないか。

たとえデカルトのいうように、言葉の諸要素を組みあわせるのが理性であるとしても、言葉には意味があるからこそ、そうすることができる。意味は、言葉を聞くと知られるものである。それを聞いてまさにそれが自分の表現しようとした観念のことであるとひとは判断するのだが、それは一体どのようにしてなのか？——だれもよく知らないのである。

言語表現によってもたらされる意味が、それを語るひとの思考における合理性に反して、さらには合理的に語を配列しようとする意図にも反して出現し、——「タタール人の弓」のように——、そのひとの思考を混乱させ、誤らせる。デカルト自身は、「強い心」のもち主であったから、言葉がかれの思考に跳ね返ってかれの思考を混乱させることは少なかったであろう。それでもかれは、「わたしは存在する」ということの確認に続けて、「言葉が理性的思考を妨げるのをいかに克服して真理を語ることができるのか」というテーマを立てるべきであったと思う。

とはいえ、もしそれをしたとしても、デカルトは、「神は善良なのだから言葉の意味を取り替えない」とは決していえなかったはずなのである。というのも、アダムから伝えられた唯一の神的言語を、神が人間の傲慢への罰として多言語化したとする、旧約聖書のあの「バベルの塔」の逸話があるのだからである。

16　言語の否定

デカルトは、言葉をしゃべることが理性の営みであると述べてはいたが、その趣旨としては、言葉を、思考をよく表現するように理性的に整えるべきだとしていたのであろう。言葉は思考をよく表現しないばかりでなく、日常的用法において思考を混乱させるということは知っていたのだからである。言葉をしゃべることに含まれる非合理性については、それは古今東西に見出だされるありふれた知見ではないかと思われるかもしれない。しかしながら、そうした知見が意義をなしていたのは、思考が言語表現と密接に絡んでいるということに注意深くあった思想においてのみである。

たとえば、禅宗派が禅問答をして言葉への囚われを解放し、「不立文字（言葉ではなく修行による）」と称して座禅して、言葉なき真理の思考を実践しようとするときはそれである。禅問答のひとつに、「曲がった道をまっすぐに行くにはどうしたらよいか」という問いがある。論理的には不可能なことだが、その問いによって、曲線と直線という相対立する概念の抽象性を理解させようとしているのであろう。古代ギリシア人たちが前提したように、幾何学のような、宇宙を構成する超越的な原理が存在するとは必ずしもいえないのである。

言語否定の発想は、禅宗派が影響を受けたとされる老子の「大道廃れて仁義あり」という儒教批判にも現われている。道がおこなわれなくなったからこそ「仁義」など、真理が言葉で説かれるようになったという意味である。とはいえ、儒教を創始した孔子にも「巧言令色鮮なし仁」という文言があって、そこにも言語に対する不信が表明されている。

その意味では、論理的表現によって詭弁や誤謬を排除し、そのような論証を通じて知識が確立されるとしたアリストテレスも、思考と言葉の深い関わりを知っていたといえなくもない。かれは、どんな文章やいいまわしでも真理が探求できるとか、真理はある特定のいい方によって可能になるとも考えてはいなかった。論理的に正しく語ることは、少なくとも真理から離れることを避ける手段であった。非論理的な表現は、思考を表現してはいない――はずなのである。とはいえ、忘れてはならないが、論理を語る言葉も言葉であり、論理学は言葉の真理を捉えているわけではない。論理的な語り口が、かえってわれわれの思考を真理から遠ざけることもある。

本居宣長が論理を先立てる漢意（からごころ）を批判し、「やまとごころ」を知るためには自分で和歌を詠んでみるほかはないとしたのが、その例である（『初山踏』）。かれは、「やまとごころ」をもてるようになるためには、古代の書物を読めばいいのだが、それを正しく理解するためにはやまとごころをもって読むほかはないと述べている。これは循環論というべきであろうか、しかしそう判断するのも漢意なのである。かれにとっては、言葉と思考は切り離しがたく、むしろ言葉のうえでのみ思考をとらえなければならず、そうとすれば和歌を詠むよりほかはない、ということであった。そこでこそ、「言（言葉）と事（出来事）と意（こころ）はその相においておなじ」（『直比霊』）という学識に到達することができるのである。

禅宗派や老荘思想のように言葉を廃すること、古代ギリシア哲学のように言葉の一定の語り口を尊重すること、あるいは宣長のように言葉についての論理的解釈を排除すること、これら言葉についての諸思考はまったく相異なった思考ではあるが、それぞれに言葉と思考の困難な関係を自覚していたといえよう。

それに対して、そのことに無自覚な思想が、人類の歴史には何と多かったことであろうか。真理を説くと称して百万言を費やし、論理をひとの疑問を覆い隠す技法として使い、レトリックを自在に混ぜあわせて言葉で出来事を紛らわせようとする、深慮に欠いた議論があまりに多かった。あたかも、多少の誤解が生じても、数多く語ることで真理に近づけるとでも考えていたかのようである。その結果として、思想を学ぼうとするときに遭遇する書物の膨大な量に、多くのひとが断念したくなるほど絶望的な気分に陥ることになるのである。

言葉を語ること、思考すること、真理を知ることの三つは、おなじことではない。われわれは、思考しているつもりでただ言葉のおしゃべりしていることもあれば、言葉の一定の語り方を機械的に並べるだけで思考しているつもりになることもある。真理を知ったと思って一定の言葉をくり返しているだけのこともあるし、言葉を語った瞬間に、捉えたと思った真理がすぐにどこかへと逃げ去ってしまって、途方に暮れてしまうこともある。

もしこの三つのことがまったく独立しているならば、そのようなことは起こらないであろう。なにより、真理を知ろうとして思考しているときに、その歩みを間違えることはないであろう。しかし、われわれの経験は、概してそのようになってはいないのである。

17 市場のイドラ

ところで、言葉が思考を誤らせるという捉え方は、西欧においては古代にはなく、近代からはじまる。プラトンにとっては、思考と対立する言葉とは、不完全な思考による言葉にすぎないし、アリストテレスにとっては、論理的でない思考による言葉にすぎない。

古代ギリシア人たちにとって、言葉それ自体は自明であって、名づけ方と使い方さえしっかりしていれば、思考にたいした問題をひき起こすものではなかった。ホフマンによると、修辞学（レトリック）や文法学によって、語ることの弁舌の徳として、あるいは敵対者をののしるために、いかようにも表現を変えていいのが言葉であった（『言語とアルカイック論理学』）。

それに対して、われわれは、モンテーニュが、「ギリシア・ローマの昔にはなかったこと」として、「可能なら、どんな時代に、正確に言葉を措定して評価し、名誉を賭けるという習慣が開始されたのかを知りたい」(『エセー』二の十八)と述べている箇所を見出だすことができる。西欧では中世以降、モンテーニュ以前のいつか、言葉においてウソか本当か、約束を守るか守らないかということが重大な意義をもつようになったというのである。

このことの背景として考えられるのは、ゲルマン民族の移動によるローマ帝国の崩壊ののち、文書に記載されることを第一義とするローマ法に対し、言葉の約束が法的効力をもち、裁判など公開された場における口頭での主張や説得を基本とするゲルマン法の伝統が入り込んだということがあるかもしれない。オングによると、概して文字のない社会では、それだけ言葉の重みが大きく、正確な言葉を発すること、発した言葉の意味を守るといったことが重視されるというからである(『声の文化と文字の文化』)。

表音文字は、古代ギリシア・ローマにおいて、はじめて母音も含めて表記されるようになり、それを通じて意味を知らない言葉を発音することができるようになったという。その分、語られる言葉(パロール)の意義が減り、思考も書かれた文字(エクリチュール)に依拠するようになっていった。このことに、ソクラテスが『パイドロス』において異議を唱えているのは、よく知られている。とはいえ、一六世紀の西欧では、フランス語やドイツ語といった各国語がまだ成立しておらず、表記法としてはラテン語しかなかったので、文字を読めない一般のひとびとのあいだでは、言葉に対する感覚が、古代ギリシア・ローマとは異なっていたことであろう。

さらに、当時、ルルスの記憶術など、観念を示す言葉の組みあわせを機械的に作りだすことによって真理が認識できるとする考え方があった。言葉の意味の明晰さは、思考する観念の明晰さによるとしていたのである。また、スコラ哲学の普遍論争においては、類や種を示す言葉が実在に対応しているのか単に抽象されたものにすぎないのかということが争われていた。存在するものについても、論証しようとするものについても、それを指し示す言葉の身分が問題とされていたのである。あるいは、スコラ哲学の論証を重視する思考を批判し、レトリックの意義を捉えなおして、認識へと向かう思考を強調したペトルス・ラムスのような人物もいた。中世のこれらの議論が、どこで言葉の批判へと向かうかは定かではないが、古代とは異なって、言葉の使い方が思考に影響を与える仕方が強く意識されていたということはいえるのではないだろうか。

そしてまた、ポプキンが教えているように、宗教戦争における信仰基準論争の影響もある。かれによると、とりわけ宗教改革における聖書の解釈を巡って、言葉の意味が一義的ではないことが自覚されるようになり、その使用法が主題とされるようになったという。プロテスタンティズムの出現によって、聖書に書かれてある言葉の意味が解釈によって異なるということが現実的な問題となったとき、近代初頭の哲学者たちが真の知識を獲得する「方法」を説いたのは、「人間はいかにして神の意志を知り得るか」という、宗教戦争をも引き起こした思想的闘争を眼のあたりにして陥った、それまでの深い懐疑主義的伝統のなかからであった（『懐疑』）。

そのようにして確立されようとしていた認識論（知識がいかにして獲得され得るかについての議論）に対して、言語批判が投げかけられたのであった。それを代表する有名な表現が、ベーコンの「市場のイドラ」である。

「ひとびとは言語手段によって会話するが、言葉（語）は一般性の意志のもとで形成されており、悪しき不適切な言葉の形成によって、心には驚くほどの混迷が生じる。学問したひとびとがそれを防ぎ自分を守るためにかねてする定義や釈義によっても、それを完全に矯正することは不可能であり、なお理解力は言葉によって無理強いされ、すべては混乱に投げ込まれ、人類は、虚無および無数の論争と誤謬へと導かれる。」（『ノヴム・オルガヌム』第一巻四十三）。

すでにモンテーニュも似たような指摘をしていたのは紹介したが、われわれはその後、いたるところでこのような指摘がなされるのを見ることになるだろう。言葉が思考を誤らせることに警戒することこそ、思考を思考として成立させるとする伝統が開始されたのである。そこでつぎに、この伝統のもとでの、ロックのデカルト批判を見ていくことにしよう。

18 思考されないもの

デカルトによると、誤謬の原因は、第一には神と同等である意志に対する知性の不完全性、第二には理性に対する感覚や想像の過剰性、第三に言語の日常的用法であった。ロックはもっぱらこの第三の誤謬原因から出発する。

ロックは、『人間知性論』の書きだしにおいて、「人類を困惑させる疑問や論争の大部分は、疑わしく不確実な語の使用に、あるいは（同じことであるが）語が表わす確定されていない諸観念に依拠している」（『人間知性論』「読者への手紙」）と述べる。デカルトのいう「確実な」思考による明晰な観念といえども、言葉にゆるぎなく結びつけられていなければ、「確定的な」観念とはいえないというのである。

ロックは、デカルトのいう生得観念（経験に先立って精神が備えている観念）はありえず、観念は経験からのみ形成されると主張した。すなわち、感覚に与えられるような単純な観念が思考のなかで寄り集まってできる混合様相が確定されて複雑観念になるが、それは言葉に結びつけられることによってであって、そこで事物の具体的で特殊な経験が一般化されて抽象観念になるというのである。かれは、「自由」であれ「個人」であれ、とりわけ人間相互の関わりにおいて主題になる大多数の観念は、言葉によらずには成立しないとまで考えた。

したがって、観念を対象とする思考が正しいものとなるためには、観念の認識ばかりでなく、言葉の使用法も正しくなければならないとされる。

「心のなかに精密な確定された観念を見るまでは、その記号としてよいひとつの語も使用しないというほどに、言語に注意深いひとはだれも、おそらくひとりもいない。この欠点が、ひとびとの思考と言説における不明瞭さと混乱の少なからざる原因である。」(『人間知性論』「読者への手紙」)

とすれば、ロックは、デカルトのように、まず思考してから、それが言葉に表現されるとは考えてはおらず、正しく定義された言葉を語ることが、思考することと切り離せないと考えていたわけである。

かれは言葉の使用法に繊細でないひとびとを、つぎのように列挙している。すなわち、第一には、他のひとびとによる慣用的用法を学ぶだけで、自分の観念と照合するという骨折りをしないままに哲学や宗教の語句を使用しているので、意味を問われれば立ち往生するであろうひとびと。第二には、まやかしであり不誠実であるが、同一の語句を文脈に応じて多様な観念を示すために使用するひとびと。第三には、きっぱりと定義せずに、旧い語を新しい意味で使用したり、通常の意味と混同するようにして使用するひとびとである。

このようなひとびとに対し、ロックは、「勝利は自分の側に真理をもつひとではなく、討議で最後の言葉をもつひとに授けられている」という皮肉を述べてから、つぎのように厳しく断罪した。

「人為的な無知と学識あるおしゃべりが、権利と支配の頂点に達したひとびとの利害と技巧によって強力に広まった。かれらは、実業家で無知なひとたちをむずかしい語で暇つぶしさせ、才能ある無職のひとたちを難解な用語の入り組んだ議論に従事させて、かれらを出口のない迷宮に永遠にさ迷わせておくよりもよい方法はないことを見出だしたのだった。」(『人間知性論』第三巻第十章)

デカルトの「日常的な話し方に欺かれる」という程度の穏やかな指摘に比べて、ロックの口調は辛辣である。しかし、実はデカルトも、このような感じ方はしていたらしい。かれも『省察』の序言において、「私の推論の連鎖と結合とを理解することに意を用いずに、多くの人が普通そうであるように、ただ個々の語句についておしゃべりすることに熱心な人たち」がいることを指摘している。ただし、かれはそこに言葉のもつ重大な問題を見出だすまではせず、そのようなひとは『省察』を読んでも無駄であるという実践的な助言をするにとどめていた。

このようないい方で、わたしがデカルトの言葉尻を捉えているだけではないかと思う読者もいるかもしれないが、言葉には確かに尻のようなものがあって、われわれの知りたいことは、こうした「言葉のうえだけで語る」仕方がいかにして可能なのか、そしてまた、逆に、「思考したことを語る」仕方はどのようにしたら可能なのかということなのである。ロックによって、単に思考に対する言葉の欠如や歪みとしてではない、考察されるべき「思考されないもの」の言語表現の領域が発見されたわけであるが、しかしロックはそれを指摘するにとどまった。その分析が見出だされるのは、かれに続く世代の哲学者たちにおいてであった。

19　臆見と真理

「思考されないもの」とは、文字通り思考していないのではなく、本人は思考をしているつもりなのだが、言葉のうえでのみ語られていて、真なる知識には向かっていない疑似思考ないし似非思考による「臆見」のことである。いまわたしは、それが言語に由来すると述べたが、それはむしろ心理や性格の問題ではないかと考えるひともいるかもしれない。わたしはなぜ臆見が、たとえば嫉妬心や虚栄心から生じるといわないのか。

確かに、そのような心理学的ないい方をすれば分かりやすいであろう。だが、そう説明したからといって、――そのひとたちの言葉の内容の薄さを攻撃するのには役立つが――、臆見がどのようにして形成されるかは分からない。臆見は嫉妬心や虚栄心に由来する何らかの意図から生まれるのか。むしろ、そのような意図から生まれるものは言説の変形、矮小化や誇張であって、それらの虚言が臆見を利用しているにすぎないのではないだろうか。

臆見は、たとえそうした情念がなくても、知識と誤解されて捉えられ、使用される。それを心理や性格の問題に帰するのは、デカルトと同様に言葉を思考の表現とみなし、その思考に情念がバイアスをかけると想定しているからである。とはいえ、デカルトなら情念によって思考が左右されると考えるはずはなく、心の弱さ、単に知識の不足とみなすであろう。

真に思考するにはどのようにすべきかということは、心理学的問題ではないのと同様に、単なる哲学的前提でもなく、ひとつの哲学的問題であり、われわれはそのデカルトの回答について検討をすませたところである。それは、少なくとも、臆見に対抗して思考するということを含んでいる。デカルトなら、臆見は夢のなかに戻るようにして想像で結論を得ようとすることであると説明するであろうが、われわれはいま、ロックとともに、それは言葉が産出するものではないかと提起したわけである。

哲学の歴史をひもとくと、プラトンが、知恵を愛する哲学者は、知恵のあるふりをするソフィストとどのように異なるかと問うて以来（『ソピステース』）、哲学者たちはたえず知識（エピステーメー）と臆見（ドクサ）の違いを論じてきた。その意味で、哲学の歴史は、哲学がいかにして臆見から身をもぎ放ち得るかをあきらかにしようとしてきた歴史でもあった。

哲学者たちは、それぞれの自身の哲学的な問いに並行して、自分の思考がどんな意味で哲学であるのかを問いにしてきたが、それが哲学の伝統であった。逆に、その問いに関心のなかったひとがソフィストであったといってもいい。真摯に思考しようとするひとならば、知識と臆見とが区別し難いことに、いよいよ気づかされないではいないであろうからである。

哲学の歴史において、知識と臆見の違いに関してさまざまな回答が与えられてきたが、その紹介は省かせていただく。たいていは、それは「思考とはどのようなものであるか」についての考察のなかで与えられたが、しかし、思考についてではなく、言葉について問うことを通じてこそ、それに回答すべきなのではないかと思うからである。

というのは、臆見は、デカルトのいうように知識の不足によるものではあるが、さらに積極的に、言葉の本来もっている特性から生じてくるのではないか。思考しているつもりで、言葉の意味の誤解に振りまわされているだけということはいかにもありそうなことであるし、真なる知識（真理）であるというつもりで、言葉でできた呪文を唱えているだけということも、いかにもありそうなことである。言葉には、思考しようとするひとの思考を停止させ、ひとに虚構の結論を確かなものと確信させるだけの威力がある。

そのことをふまえるなら、デカルトの「方法的懐疑」にも、少し異なった解釈が可能になるかもしれない。疑わしいものを疑うのはだれしもであるが、ひとは概してだれかから信じ込まされたものについては疑わない。疑わないことをもって「信じ込まされている」という。現代風にいえば、暗示や洗脳である。ひとに暗示や洗脳を施すには、状況を設定したり、薬物を使用したりする必要があるだろうが、最終的には言葉によって吹き込まれたにすぎないものを「自分の思考」であるかのように捉えさせることであろう。すなわち、〈わたし〉の外部から、根拠なき確信が〈わたし〉に到来するようにさせるのである。とすれば、デカルトの「真らしいにしてもあえて疑うべきである」とする方法的懐疑とは、暗示や洗脳を受けているかもしれないと想定して、それに抵抗するという意味にとることもできなくはない。

暗示や洗脳は、布教者や詐欺師が意図的に活用するものであるが、そうでない社会の多くの場面でも、はっきりとは意識されずに広範におこなわれている。広い意味で、臆見とは、暗示や洗脳によって吹き込まれた言葉であり、意図的になされているわけではないときには、みずから参加してする疑似思考の効果である。儀式や祭りやイベントやブームといわれるものは、得てしてそうしたものなのだから、それらが与えてくれる臆見で生きることの、何が悪いだろうと思うひともいるかもしれない。みずから思考して確信するようなものとしての「真理」が、あらゆる場合に本当に必要なのだろうか……。

そこから真理は、逆に、――臆見が言葉に由来するとすれば――、言葉を必要とせずに体得されるような、言葉を捨てて獲得できるようなものであると考えるひとも出てくるかもしれない。それにしても、真理が、――しばしば想定されているように――、言葉のそとにあって、言葉とは関わりのない体験であるのなら、「真理」という言葉も必要なく、それを真理と呼ばなくてもよいはずであろう。「真理」もひとつの言葉であり、真理が問題であるかぎり、言葉抜きに真理はない。それは言葉で語られるもののなかで意味をもち、ひとはその言葉の意味を介して「真理」に向かおうとするのである。

したがって、臆見と同様に、真理（知識）も言葉のなかに潜んでいる。すべての言葉は、なにがしかの真理を語ろうとするからこそ成りたつ。ウソをつくことができるのも、相手がそれを真理だと思い込むからであり、そのウソからも、ウソがどのような状況で成りたつかという真理を読みとることができる。そしてまた、相手のウソをつく必要についてまで推理を巡らすならば、紋切り型の心情表現よりも、ずっと深い感情の真相を汲みとることもできるであろう。

してみると、思考することと言葉を語ることとの関係を明確にし、真理とその言語表現との関係を明確にしたうえで、そのことを考慮に入れて思考し、言葉を慎重に選ぶようにすべきなのである。そうした思考に到達して成立した言語表現において、ひとは真理であるとの確信、少なくとも自分が真理に向かっているとの確信をもつことができるのである。それがソクラテスからデカルトを経て、「哲学の伝統」と呼ばれてきたもののことではないかとわたしは思う。

20　言葉の謎

ところで、ウィトゲンシュタイン『論理哲学論考』の末尾には、「語り得ないことについては沈黙しなければならない」という有名な一句がある。かれが「語り得る」としていたのが真理のことであるとすれば、その裏返しとして、実際には真理のない言葉が語られていることが前提されている――さもないと「不可能なことはしてはならない」というただのナンセンスになってしまうはずなのだからである。とすれば、「言葉とは何か」と問い、そして言葉で問われ、言葉で表現される答えが、どのようにして臆見ではなく、真理であり得るかをあきらかにしなければならないであろう。そのうえでこそ、「真理とは何か」と言葉で問われたことへの答え、すなわち「真理とは〜である」という言葉が真理そのものとどのような関係にあるかをあきらかにすることができる——そう考えられてきた。

言葉へのそうした哲学的問いが、英米系の論理実証主義や分析哲学における「言語論的転回」（ローティ）でもあり、フランスにおける構造主義とその後の思想でもあり、この一〇〇年のあいだ、現代思想の主要なテーマであり続けてきた。

そして実際、この一〇〇年のあいだに、言語に関して決定版ではないかと思われた思考が何度か現われた。それらは、言語の本質を問うことで、一挙に哲学の基本的立場を基礎づけなおし、世界の謎を解きあかしたという「雰囲気」をもっていた。だが、それらもまだ不十分であったばかりでなく、哲学の抱え込んでいる問題をうまくあきらかにすることができなかったのではないかと思う。というのも、それら自身もまた言葉の営みなのである。哲学という言葉の営みに、どうしてそうしたことが可能だと思えたのか。

拙著『差異とは何か——〈分かること〉の哲学』で論じたように、言葉とは何かという問いは、その問いもまた言葉によるのだから、原理的に真正の答えを得ることができない。言葉には、そうした根源的に解明し難いもの——謎がある。真理は言葉のなかに潜んでいるのだが、言葉とは何かを問えないとしたなら、真理とは何かという問いにも、答えることはできないであろう。

いいかえると、真理とは「真理とは何か」という言葉でなされた問いの答えに相当するものではないが、そのわけは、答えもまた言葉であって、真理そのものになってしまうことができないからである。同様に、真理は、言葉を真理にするような条件によって規定されるものでもないが、そのわけは、その条件もまた、言葉で表現されるのだからである。

真理であるものを言葉で語ることはできるのだが、真理にはなり得ない言葉もあり、言葉の真理についての言葉も、そのひとつである。その、ものいえぬ言葉のなかの真理を言葉の実践のなかで言葉の真理に対応させ得たとしてもなお、それをもって真理の言葉とすることはできないであろう。

哲学は、何でも問うことができるというものではなく、いうなれば、真理に向かって問い方を工夫しようとする言葉のことである。偽の問題と真の問題を区別し、問いの真の限界へと向かって問うことである。もし偽問題と気がつかず、それへと徹底して論理的に思考しようとしたりするなら、それが偽の問題であるがゆえにつじつまがあわず、つじつまがあわないから難解になり、ところがその難解さによって余計に深遠に感じられてありがたがられたりもするというあきれたことが起こる——それも臆見である。

そのようなわけで、「言葉とは何か」という問い自身もまた、偽問題なのであった。これを素朴に問うてきたひとは、言葉の謎に気づいてはいなかった。言葉の、「〜とは何か」として本質を問えること自体が謎なのである。ひとびとがその謎に気づかず素通りしてしまうところにこそ、臆見といわれるものが生まれてくる。言葉の謎は、臆見の故郷(ふるさと)である。臆見は、そのひとの心理や性格の問題からではなく、言葉の捉えどころのなさから生まれてくる。臆見は、言葉を謎と思っていないひとのもとへと生まれてくるのである。

臆見とは、その言葉において真理が語られているとの錯覚のことである。言葉でどのようにして真理が与えられるか分からない、その謎に関心をもっていないからこそ、ひとは臆見に陥る。それが謎であると知っているならば、真理と考えたものを言葉にする直前の、一瞬のためらいが生じないはずはないであろう。それを語った瞬間のめまいのようなものを感じないはずはないであろうし、そのあとには思い遺しの気分が漂っているのに気づかないはずはないのである。

ところが通常は、——デカルトが述べたように言葉の日常的用法に欺かれるというよりは——、言葉の日常的権能によって言葉の謎が隠蔽されていることによって、発話するたびに、そうしたためらいやめまいや思い遺しが生じることが、あまりない。そのままに臆見であれ、むしろ臆見であるからこそ、それがその言葉を聞いたひとびとの思考と実践の手がかりとされ、人間の生き方や社会のあり方が、それによって規制されていく。そこに、粗雑な思考者たちが作りだす悪夢の世界が広がるのである。

21　哲学と言葉

真に何ごとかを語ろうとするならば、言葉を選び、言葉のひとつひとつを吟味して、聞き手にこちらのいわんとすることを発見させるような工夫が必要であろう。それは、新聞記事のように事象を正確に想像できるように描きだそうとすることとはかぎらないが、かといってそうした言葉の営みが、ウィトゲンシュタインのいっていたようにゲームでしかないとしたら、そのゴールは何であり、よりよい言葉とそうでない言葉、思考に満ちた言語表現とそうでない表現とを区別するものは何なのであろうか。

哲学においては、思考して真理を発見すること、思考を言葉に表現すること、言葉において真理が示されること——この三つのことが調和していると前提される。しかし、実際は、この三つはちぐはぐであり、議論のあり方は、どんな言語観のもとにあるかに、すなわち「言葉とは何であるかの真理についてどんな信念をもっているか」に影響されている。

それゆえ、「言葉とは何か」を問うにしても、自分の信念を表現するしかしない言葉の本質への問いはやめて、みずからがそれを解明する言葉になるように努めなければならない。言語に超越しているふりをやめて、その問いに言葉で答えようとしていることを意識しなければならない。「言葉とは何か」ではなく、むしろ言葉の意味から離れられないかぎりにおいて、「言葉」という言葉の意味がどのようなものかと問うべきなのである。

言語について哲学的に問うのは、それによって哲学を基礎づけるためではない。日常の生において往還する、――それを思考と呼ぶのだと思うが――、はかない時間の経験と、事物や思考の経験に対して、理論的にその懸架を試みるためである。

それゆえ、日常的な言い方の多様な用例として、「言葉」という言葉の哲学的意味を問うべきなのである。しかしその際も、言葉について思考したことを、それをも言葉で表現しなければならないわけで、それでもその答えが何かの写しではないというように、言葉の効果をはぐらかしつつ、あるいは裏切りつつ、そうしなければならないであろう。

言葉は隠しもすれば、現われさせもする。それはいわば思考の衣服のようなものである。ところがその衣服を着ているのが、あたかも透明人間であるかのようなのが言葉である。言葉において重要なのは、それを脱ぎ捨てさせ、そのひとの思考を剝きだしにするようなことではなく、――「裸の思考」のようなものも言葉が表象するイメージのひとつにすぎず――、衣服のうえに織りなされる真理の縦糸と政治の横糸の織目に細心の注意を払いながら、新たな裁ちなおしをおこなって、真理とみずからの思考とが調和した新しい服をデザインすることなのではないだろうか。

とはいえ、哲学も、もとより言葉においてある。言葉で表現された真理は、時間と場所と状況（時処位）に依拠しており、それが真理であると捉えられたときの効果は、おなじ言葉をくり返しても、——呪文ではないのだから——、二度と発揮されることはない。真理を言葉のうえにピンで留めておくことはできないのである。

言葉の真理における実存的なもの。僥倖によって、あるときどんなにか真理を直観させてくれた言葉であったとしても、それは時間と文脈のなかでただちに蒸発してしまう。言葉は釣りあげられたばかりの魚のように、どんなにぴちぴちとしていたとしても、他の無数の言葉の織りなす文脈の籠のなかに入れられてただちに死ぬのであり、語られた真理はそれによって、——永遠な存在であるどころか——、ひとつの過去の逸話となってしまう。どんな真理の表現も、何百回も発見しなおされなければならないのである。

言葉が思考を表現するのはどのようにしてか、そしてそれが真理であるのはどのようなときなのかを理論的に解明するのは不可能である。そのようなことが起こるかどうかは、言葉の営みに任せるよりほかはない。それでは逆に、言葉が思考に反作用し得るものとして現われてくるのは、それがどのようなものとして捉えられるときなのか、そこから見ると思考はどのようなものとして位置づけなおされることになるのか——それがつぎの章の主題である。

【この章のまとめ】

ひとはどうして誤るのか。感覚というものはいい加減だし、想像に頼っているかぎり夢の世界のようになってしまうとデカルトは考えている。だが、言葉によって間違ってしまうこともあるのではないか。

強い心で正しく言葉を理解せよとデカルトはいうのだが、ベーコンは、どんなに賢いひとも言葉によって混乱させられると述べていた。ロックも、言葉の真の意味を捉えずに、言葉のうえでだけ成りたつことをいうひとが多いと述べていた。よく考えようとしても、そこに言葉が介入して臆見という変な結論へと進んでしまうのだとしたら、ただ思考してさえすればよいというわけにもいかない。われわれは、言葉と真理の関係をもっと丁寧に考えてみなければならない。

第三章　言語論の歴史

——デカルト以降、思考に影響を与えるものとして、言語がどのようにして成立してきたのかが探求されはじめた。

22　形而上学

かつてピュロン主義は、エポケー（判断停止）によって、臆見であり得るものすべてを真理とはみなさないとの決意を表明し、そのことで心の動揺から身を守るやり方を教えようとした（セクストス・エンペイリコス『ピュロン哲学の概要』）。

だが、ある臆見による判断が苦痛や苦悩の源泉だからといって、判断それ自体をやめてしまうわけにもいかないであろう。すべての臆見が、苦痛や苦悩をもたらすとはかぎらないからである。今日、判断を委ねてしまってよい宗教的リーダーも政治的リーダーもいないとすれば、——そして自然科学も行きづまっているとすれば——、われわれは、真の知識を求めて臆見のあいだを、あてどなくさまようような生き方をするほかはないのであろうか。

ひとびとが確かだと考えていることがわたしには不確かであり、わたしが確かだと考えていることがひとびとには不確かである。昨日不確かだったことが今日は確かになる一方で、今日確かだったことが明日は不確かになる。確かなものは、日々移りゆく。確かなものはひとによって、またときに応じて異なる。モンテーニュの言葉では、こうである。

「われわれの判断がわれわれ自身に与える災難によって、各人が自分自身に感じる不確実さによって、われわれの判断がきわめて確実でない状態にあることが容易に分かる。いかにさまざまにわれわれは物事を判断し、いかにたびたびわれわれは自分の思いを変えることか。」（『エセー』二の十二）

われわれは、ときに酔ったり疲れたり眠くなったりする。どんなに明晰であると感じていても、子どもや認知症や知的障害者や精神病のひとたちの経験におけるおなじ不確かさを共有している。われわれの推論には大なり小なり臆見が混じり込み、判断をくだすにあたって、つねに確かな道をたどることはむずかしい。

デカルトのいうように、たとえ「わたしの存在」が思考の零度であるにしても、零度であるからこそ、〈わたし〉は、夢のなかの〈わたし〉から、神のごとき視点における〈わたし〉まで、いくつもの段階を行ったり来たりするばかりである。それは浮沈子のように、感覚的生と超越的真理のあいだ、形而上学的濃度のなかを上下する。眼のまえの個体に囚われるときにはそこへと沈潜し、そこから離れるにつれて事物の存在へと上空飛翔することもできるのだが、いつもそれを永遠と感じながらも、その下降と上昇を規定しているものは、偶然の、生の成りゆきでしかないように思われる。

「ひとびとは臆見に惑わされている」というよりは、——そんな非難がましいいい方は自分が賢いと思い込んでいる高慢な臆見によるのであって——、ひとはいずれにせよ臆見の世界に生きている。いつでも臆見を知識によって訂正したいと思いながら生きているのだが、ただその基準が、デカルトのいうほどには明晰ではないということなのである。ある臆見を否定することで、別の臆見の泥沼にさらに落ち込んでいくひともいれば、臆見から少しだけ離脱するひともいる。そして、ひとに迷惑をかけない程度の臆見で楽しく暮らしているひともいるのなら、ことさら糾弾することもないだろう――そのようなものではないであろうか。

デカルト以降、近代になってから、ひとびとは「迷信か科学か」という合言葉で、互いに互いの判断に「思考すること」を要求してきたが、それはいうまでもなく、科学的推論を選ばなければならないような、答えの定まった問いであった。だが、その問いは、はたして正しかったのか。

すべてを数値と数式に還元する科学的思考が、必ず真理を与えるのか。とりわけ社会のことがらは、自然科学的思考とは別の賢さが必要であるし、さらに自然科学的思考のもつ政治的倫理的含意に対しては、特段の注意深い賢さが必要となるのではないだろうか。

哲学をも数の秩序に還元しようとする思考すらあるが、数自体は、むしろ言葉の一種である。順序の記憶を伴う一連の名詞、一、二、三……のことである。しかし、言葉は、数とおなじものではない。数相互の関係において比例する秩序（ロゴス）があり、商品の売買や橋の設計や土地の測量において、その秩序が成りたっているかどうかが試される。それに対比して、言葉においてはその語り相互の関係において何がしかの秩序があると信じられて、ロゴスという概念が「論理」という意味で理解されてきた。

論理という基準によって、法律の適用や物語の創作や日常の会話において、言葉の秩序が成りたっているかどうかと試されるわけであるが、しかし裁判以外においては、それは確証されることがむずかしい。そして、裁判自体を成立させるのは権力である。それは試験や論文など、教育の現場においてもそうである。自然科学においては力は数式のひとつの項であるが、社会科学においては力が数式を形成する。

古来、自然学的な問いが、事物の生成消滅や変化運動の規則についての答えを求めてきた。しかし、答えられないことも多々あって、ホッブズが述べていたように、そのときひとは、たとえば「神の意志」や「運命」といった原因をを捏造してきたものだった（『リヴァイアサン』第一部第十二章）。今日、「力」の概念もそのひとつである。それらは、本来は自然学的な対象ではなく、それらをいくら精緻に説明しても、またどんなに数値で表現しても、それで何の答えにもならないのだが、ひとはそれが答えであると思い込んでいる。

このことに対してはメタ自然学的な、すなわち形而上学的な問いがあって、それは、何が答えになるかということについて問うものである。それは「分かることを分かる」、すなわち、個々の「分かること」ではないソクラテスの「無知の知」の対象となるような、分かったと思うことがどのようにして成りたつかという問いである。「ひとびとは知らないことを知っていると思い込んでいるが、わたしは知らないことを知らないと知っている、その分だけ智恵がある」というときの、その「分」にあたるものである。

自然学的問いに現われてくる「力」は、政治や倫理にも影響を及ぼす形而上学的な概念である。われわれは、それらを形而上学的な問いであると、はっきりと意識して問うべきであろう。それに答えようとすることで、何をどのように思考すれば、より広範に、あるいはより深く、あるいはより実践的に分かるかが、分かるようになるからである。ひとびとが概して臆見にとどまっているとすれば、そうした種類の問いを問わなくなってしまっているからではないだろうか。

23　思考と言葉

デカルトも、みずからの形而上学的思考を通じてかれの自然科学的方法を発見した。それは「わたしは存在する」とするかぎり、あと一切の事象の回路図を、数学的、図式的に描きだしさえすればよいという方法であった。それによって〈わたし〉と存在と思考とが三位一体となって、神のごとき眼で見た精緻な世界が、かれの眼のまえに開けたのであった。

とはいえ、一旦獲得されたこうした方法論的思考のメリットは、凡庸なだれしもが形而上学的思考なしでも思考できるという点にあったため、——デカルトは「心の弱いひと」には哲学は必要ないという考えすら漏らしていたが（『省察』序言）——、いよいよひとびとの心から形而上学的思考を追放してしまったといえるかもしれない。

なぜ回路図を描ければそれで分かったこととしてよいのか。その理由を問うことなく、それを実証する機械を作り、何人ものひとがおなじ機械を作ってそれを確かめ、それを応用して多くのひとの生活に役立つ機械を作る——それで何の不足があるだろう、というわけである。

だが、問いというものは、「生活改善」のためばかりにあるのではない。この世界に生きていること自体謎であり、この世界に〈わたし〉がいて、この世界に秩序が存在することは謎である。あるとき、夢から覚めたかのようにすべてが一挙に夢幻になってしまわないのはなぜなのか？——そうした謎に向かうことによってこそ、「真理」という語が本当の意味をもつようになる。脳の回路を調べて、脳を幸福にするためにどんな薬品を飲むべきかを知るために、こうした問いがあるのではない。

デカルト自身の問いはといえば、形而上学的な問いとして、思考と呼ばれるものの条件を、現実でも夢でもかまわないところに、真の知識の思考へと向かうものと思考を停止して臆見へと向かうものとの別れ道として見出だそうとするものであった。

われわれはかれとは逆に、われわれの判断を臆見にとどめさせ、むしろ夢のなかへと導くものについて、これから探究していくことにしよう。それは思考の、言葉との関わりがどのようなものかという問題である。デカルトが言葉をも理性の単なる用具とみなし、機械仕掛として捉えていることが、一方ではかれの原理をすっきりとしたものにしていたと同時に言葉の注意深い取り扱いを必要とする形而上学的な問いを抑圧することによって、かれの原理を貫徹できないものにしているように思われたからである。

デカルトが観念を把握しようとするときには、たとえば「蜜蠟」という言葉の寄与分はかれの思考のもとで蒸発していたであろうが、言葉が蒸発したことによって、それが最も純粋な思考になったかどうかは疑問である。言葉が思考の完全な記号として、観念のもとで蒸発してしまえばよいのだが、そうした言葉の蒸発こそが、まさに夢なのではないか。それは、白日夢のような「あかるい夢」としての、思考のみずからの停止、「わたしは思考しない、それゆえにわたしは存在しない」という状態に向かうことではないか。

言葉を語るのは〈わたし〉であるが、言葉がもたらす経験によって〈わたし〉は言葉に溺れてしまい、そのとき思考は停止する。ピュロン主義的な「エポケー（判断停止）」ならまだしもであるが、ひとは言葉に溺れることで、「判断している」と思い込む夢のなかに入っていってしまうのである。推論を停止し判断が生まれてくるのは、一般にも思考が終わるときなのであるが、それと夢を見ることとは、どう異なるのであろうか。

思考がまだいくつもの臆見のもとにあり、判断するのをためらっているようなときには、曖昧ないくつもの言葉が思考につき纏い、ひとは、たえず言葉を選ぶのに迷っている。そのような、どの言葉も思考を真正に表現してくれないと感じている状況こそ、真にわれわれが思考しているときであるのかもしれない。

言葉を整えることを通じて思考が明晰になってくるということを、単なる僥倖や才能や、自動装置としての脳の作動とみなすべきではない。思考するということが、言葉をみずから生まれさせ、言葉に何かを語らせるということであるとすればどうであろう。デカルトのように暖炉のまえで瞑想するよりも、みずからの文章を読みなおし、そのさきにあるべき文章と、読者がそれを読むときに感じるであろうものを想像して、引き続く言葉が生じてくるのを待つことは、思考するということとどのように異なることなのであろうか。

少しさき走りしてしまったが、ここからは、約束していたように、「思考」というように抽象的に呼ばれてきた経験を分解し、日常生活のなかにも生じる、言葉と想像ないしイメージとの関係について検討していくことにしよう。

24　一七世紀の言語観

見てきたように、デカルトには言語論が乏しかったが、その後の哲学史においては、言語が重要な主題とされるようになる。すぐにロックの記号論やライプニッツの普遍言語論が現われ、一八世紀になると、それらに対してモーペルチュイとコンディヤックの言語起源論が現われて、近代哲学は新たな展開を示しはじめたのであった。

ところが、である。最近のことであるが、一九六六年、デカルトの言語論をいきなり現代に接木しようとする趣旨の書物が現われた。チョムスキーの『デカルト派言語学』である。その書物によって、一八世紀言語起源論から一九世紀一般言語学や歴史言語学、さらにそれをのり超えようとした二〇世紀構造主義へと連なる言語論ないし「言語の科学」は、言葉を探究するには単なる迂回路にすぎなかったとされたのである。

それにしても、デカルトの棹差していた一七世紀の言語観が、いかに今日の常識と隔たったものであったかは、確認しておくべきである。ノウルソン『英仏普遍言語計画』によると、一七世紀の言語観には、以下の三つの特徴があった。

第一には、言語における音声と意味の関係に、本来的に必然性があると信じられていた。聖書の記述が前提とされ、言葉の意味はアダムの命名によるものであり、アダムが事物の特徴に適した名を与えたとされていた。これに加えて、アリストテレスの分類法も参照され、事物の命名は事物の本質を示す分類に対応する仕方によると考えられていた。こうした発想から、一七二五年、リンネのラテン語二語からなる生物命名法も成立する。

このことに対しては、現代では、各国語によっておなじものでも名まえが違うところから、音声と意味の関係は恣意的であるということが常識となっている。命名される場合でも、名まえがその対象の特性を示さなければならないとは考えられてはいない。命名は手続き次第で任意である。というのも、つけられる名まえは、対象の普及や売上に関わるため、命名された語が喚起するイメージがどのようなものかということの方が重要なのだからである。

第二の特徴としては、言語の指示する意味は「観念」であって、人類共通のものであると信じられていた。デカルトのいう生得の観念であればもちろん、ロックのいうように経験から得られるとするにしても、たとえば「赤」や「黄色」のように、少なくとも感覚に直接由来する単純観念はだれにとっても同一であると前提されていた。だいぶあと、一九〇三年になって、ムアが『倫理学原理』において、

「善は、黄色が黄色いように説明を超えた観念である」と述べたときにも（第一章）、こうした発想が残存していた。

このことに対しては、現代では、言葉の意味は、「観念」というよりも「事物」や「意思」であると考えられることが多い。とはいえ、そう説明するときでも、言葉がどうやって諸個人に、おなじ事物や意思を意味し得るかが謎となる。「約束」や「慣習」や「強制」によって取り決められるという説もしばしば提案されてきたが、それでは決して精密には対照され得ないであろうし、ひとによって異なるであろうし、とりわけ抽象的な言葉の意味がどうやって確定されるかが説明し難い。

そこで、二〇世紀になって、ソシュールの構造言語学が出現して、そもそも言葉の意味は指示作用ではないと考えられるようになった。言葉は音声によって何かを指示するようなものではなく、意味されるものとしてのシニフィエが、音声としてのシニフィアンと一体として、他のシニフィアンと対立しあうことによって「意味」となるとされたのである。言葉を通じて「事物」や「意思」に参照することは、言葉の意味を理解すること、すなわち言葉を語ったり聞き取ったりすることとは別の働きであるとみなされるようになったのである。

第三の特徴としては、一五世紀にはヒエログリフ、一六世紀には漢字がヨーロッパに紹介され、語彙が不足して曖昧なラテン語や、整備途上の雑然としたヨーロッパ諸国語に対し、ラテン語にとって代わることのできる単純で体系的な文字が発明されてしかるべきだと考えられていた。外国人と対話する際に、それぞれが他国の言葉を学習しなければならないのがもどかしいので、漢字が中国でも日本でも通用するように、その文字によって直接思考が捉えられるとすれば有用であると考えられたのであった。

その延長で「普遍言語」、——「一般文法」や「普遍文法」とも呼ばれるが——、すなわちどんな言語にも対応し得る合理的な思考の表記法が探究されはじめた。一六六八年のウィルキンズの構想、『真の文字と哲学的言語についてのエッセイ』が有名であるが、このような構想には、その背景として、――さきに紹介した「ルルスの術」も含め――、速記術や暗号術や信号術、あるいは結合術や記憶術の伝統があったという。

しかし、この普遍言語構想を、ただちに言語論とするのには無理がある。のちに、こうした発想の延長で「エスペラント」のような人工言語も構想されるのだが、どんな言語も、それが実際に使用され、語彙や文法が変遷していくことを通じてしか成立しない。普遍言語は、言語を構想しているというよりは、――「言語」という語の意味がいまとは異なっていたわけで――、まずは言葉があるという前提のもとで、表記法を工夫することによって、思考の経済や容易な意思伝達を可能にしようとする構想にほかならなかった。

それは、当時開発されつつあった数式の記法や音楽の譜記法と同様にして、思考を正確に表現するための表記法を考案することでしかなかった。実際、ライプニッツが構想した普遍言語は、二〇世紀の記号論理学のさきがけようなものであったという。

普遍言語構想は、言葉に関する上記の二つのドグマ、「音声と意味の関係は必然的である」ということと、「言葉は観念を指示する」ということを無条件に前提していたのであり、それらをも疑って「言葉とは何か」を解明しようとするような、本当の「言語論」ではなかったのである。

25　チョムスキーの言語論

一七世紀の言語観には以上のような限界があったが、チョムスキーは、『デカルト派言語学』において、デカルトの言語論というよりは、それに親近性のあるアルノーとランスロの『ポールロワイヤル文法』にもっぱら参照しながら、言語には深層構造と表層構造とがあるとし、前者は思考として人類に共通しており、それを生物学的に獲得された発話能力によって、それぞれの国語の文生成の規則のもとでの、それぞれのひとの「創造的使用」によって、その国語に応じた文章表現になると論じた。

それにしても、チョムスキーは、「深層構造における人類に共通の思考」という名目で、「言葉は観念を指示する」というドグマを、いまなお置きとどめ続けようとするのだろうか。かれはそれをフランス語や英語で説明しようとするのだが、欧米語には何か思考を直接に表現できるような特権や優位性があるというのだろうか。それらは、深層構造というよりは、また別の文脈の、「表層の」文章表現にすぎないのではないだろうか。

この点は、多くの言語哲学者たちに対してもいっておかなければならないことであるが、言語を説明する言葉は、何語であっても特権があるわけはなく、その言葉の意味する力を、まさに説明しようとする言語に負っている以上は、政治的発言ではないとすれば、――政治的発言が多々そうなのであるが――、単なるひとつの叫びにほかならない。

チョムスキーの「文を生成する回路図」という発想がデカルト主義的であるのは確かだが、かれが「言葉とは何か」という問題に対して、とりわけ言葉が思考に影響を及ぼすとしたらそれはどのようにしてかについて、何かを説明できていたわけではない。

生成変形文法は、いわば現代に復活した記憶術であったともいえる。この回路図を活用することで、外国語の習得法やAIによる翻訳法や会話法を工夫することができるであろうが、言葉とは何か、その創造的使用とはどのような意味であり、何をすることなのかということについては、いまだ完全には解明されていない脳生理学や遺伝学に依拠していた、つまり不問にされていたのであった。

「創造的使用」という表現についても、――後述するフンボルトの有機体的言語観に現われる表現であるが――、有限個の語の組みあわせによって無限の思考が表現できることとされているが、数学的には正しくない。生成し得る文の数は、膨大であるにしても有限である。なるほどコンピュータを使ってさまざまな文を網羅的に生成させることができるが、意味をなす文はそのほんの一部でしかない。「言葉が無限の思考を表現できる」と真にいえるためには、語の意味を変えたり、文法に逸脱したりすることを許容すればよいわけであるが、それはチョムスキーの発想にはないのである。

おなじような発想で製作された、言葉をしゃべる現代のロボットたちも、人間の会話にうまく対応する文を作りだすことができるが、それらは決して文を「創造」しているわけではない。ロボットたちは、統計的にその場の状況に対応できそうな文を、クラウドを通じて得た膨大な試行錯誤のデータから抽出して発信しているだけである。それは、いわば「条件反射」にすぎないのである。

しかも、機械の生成変形する文が意味をなしたかどうかと判断するのは、あくまでも言葉をしゃべる人間であり、ロボットたちの言葉はそのかぎりでしか意味をもつことができない。逆に、もしそれを、機械に精神を見出だせるかどうかを調べるチューリングテストとみなすならば、多くの人間が騙されるのであるからには、人間の言語がいかに「創造的使用」からほど遠いものであるか、ということになる。「創造」という語をつけるだけで人間的事象の説明になるとは、言葉はいかに融通無碍なものなのであろうか。

したがって、チョムスキーは、人間であるかどうかと関わりなく言葉をしゃべれるとしてよい「言語機械」の原理を説明したことにはなるが、「言葉とは何か」という謎に「生成変形」という名の「一般文法」を与えることによって、その謎を問わないですむようにしてしまったといってよいであろう。

言葉について真に知ろうとするならば、チョムスキーとは反対に、言葉が通じあわないことでまどろこしいさまざまな場面について、あるいは思考を言葉でうまく表現できないことでもどかしいさまざまな場面について、言葉のうえだけでしか成りたたないむなしい議論がおこなわれるさまざまな場面についてこそ考察しなければならない。

チョムスキーにとっては、それらの原因は単なる思考の欠如、というよりは文章を生成する脳の機能不全でしかないであろうが、その場合、脳に作用する何らかの薬物を与えればそれですむということにはならないであろう。言葉が通じあい、自分の思考が表現できたと感じられる状況からのみ言葉を捉え、そのときにあり得たであろう仮想的な回路を図解してみせても、「言葉とは何か」が分かったことにはならないのだからである。

26 デカルト自身による批判

実は、デカルト自身がチョムスキーの構想にさき回りして、かれへの反論を用意していたように思われる箇所がある。メルセンヌ宛の手紙（一六二九年十一月二十日付）のなかで、デカルトは、メルセンヌが紹介したある人物の普遍言語構想についてふれる。その構想は、諸国語に共通して容易に習得できる言語を発明し、すべての国語をその言語の方言のようなものにするというものであったようだが、デカルトは、その手紙においてつぎのような難点を指摘した。

すなわち、音調は各国語によって異なっているが、その言語の音調は、発明したひとの国の音調に準じているだろうから、その国のひとしか学ぼうとはしないであろう。もし他国のひとがその言語を覚えたとしても、各国語に否応なく含まれる欠如や不規則のような例外に対応できないので、翻訳されるまえの言葉で思考されたことを理解するには、大変な労力を要するであろう。しかも、その言語を自国語にも翻訳しなければならない分だけ、余計な労力がかかるであろう、というのである。

確かに、語彙が貧困で文法が単純で語用が少ない言語ならば明晰に語るのはむずかしいが、だからといって、語彙が膨大で、文法が体系的で、語用が豊富になればなるほど明晰に語れるようになるということもいえない。その場合は、そうした複雑な言語体系のもとで、ひとびとがみな破格の語り方ばかりをするようになるだけなのだからである。

そこからデカルトは、普遍言語は、すでにある他国語を直接学ぶのに較べて、少しも有用ではないと結論する。そして、そのような構想は、せいぜい創設された文字を介してさまざまな国語のもつ学問的に重要な語を結びつけるような辞書があれば便利であろうという、その程度のことにすぎないと述べ、その手紙の結びに、つぎのようにつけ加える。

「この言語が可能であり、この言語が依拠する学問があり得るとします。それによって、国民は、目下のところは哲学者たちに判断できない事物の真理をよりよく判断することができるようになるでしょう。しかし、その言語が実用化される日がくるとは期待しないようにしましょう。その言語は、事物の秩序の大きな変化を前提していて、世界全体が地上の楽園にほかならないということでなければならず、物語の国でしか、提案するにふさわしくはないものなのです。」

ここでの「物語の国」とは、トマス・モアの『ユートピア』のようなものであろうか、確かにそこでも理想言語が語られていた。デカルトは、そのような普遍言語は事実上不可能であるとしたのであったが、それはなぜか。この箇所は解釈が分かれるであろうが、わたしはつぎのように理解したい。すなわち、普遍言語は、思考をそのまま表現するような言語であり、しかも、——アダムが命名したときと同様に——、事物に対応する意味をもつとされる。そのようなものがあるとすれば、思考を表現するだけで、誤ることなく事物についての正しい判断が生じることになる。だが、デカルトは、思考された観念は知覚された事物とは似ていないと考えていた。思考された観念と知覚された事物とは一致しない。それゆえ、思考を表現し、かつ事物を意味するようなことは不可能だと、まずはいいたいのであろう。

しかしながら、もしデカルトの「方法」によって世界がことごとく機械仕掛として解明され、それをふまえて製作された諸機械が普及し、思考に対応することのできる事物でのみ構成された「地上の楽園」が出現したならば、そのときは思考の表現がそのまま知覚された事物を意味するようになるであろう。デカルトはそう考え、さすがにそれは無理だと考えたということなのではないだろうか。

とはいえ、今日、とりわけAR（拡張現実）のようにして、諸機械とネットワークがひとびとの周囲を取り囲んで自然環境とシームレスに繋がりつつあり、随分とその状況に近づいているようにも見える。この意味においてならば、チョムスキーは、——自身ではそうは書いてないが——、「デカルト派言語学者」として正しかったといえるかもしれない。

ともあれ、以上から、デカルト自身の言語観は、チョムスキーに比べてかなり現実主義的であったことが窺われる。かれは、言葉はそれを語る音調から切り離せないこと、そして、文法は必ず例外を含むものであることを認めていた。別の箇所では、「例外がないということは、逆にそのような言語は粗悪、品であるということだ」とまでいい切っている。「創造的使用」よりも「破格的使用」――まさにこうした言葉のもつ本質的な曖昧さを含めて、言葉は言葉なのである。

デカルトは、ときに言葉に欺かれるからといって、自分の思考を真理に振り向けるまえに、思考を正確に表現する言葉の整備に専念するといったことに、特別な意義を見出だしたりはしなかった。デカルトにとっては、言葉は思考を通じて透明になるものであり、それによって意味を伝えるものである（『世界論』第一章）。思考が語と事物を結びつけ、つぎに語を聞いて事物を思う、事物を思うときに同じ語を思いだすようになっているという「習慣」にすぎないのである（『シャニュへの手紙　一六四七年二月一日』）。この説明は、『情念論』にも登場する。

「腺に対する運動を刺激する言葉についての経験から分かるように、ひとは習慣によって、腺の運動を思考に結合することができる。精神には、自然の仕組に従って、声や書かれた場合には文字の形象からその音しか表象されないが、それにもかかわらず、言葉は、ひとが音を聞いたり、文字を見たりしたときに意味するものを考えて獲得した習慣によって、文字の形象やその音節の音よりも、その意味を考えさせるようになっている。」（『情念論』第一部第五十節）

「習慣」は、アウグスティヌス以来の伝統的な捉え方ではあるが、それが正しいか間違いか以前に、機械論者のデカルトがそのような蓋然的な結合による説明に甘んじているのはどうなのだろう――その方がまだ正しいとは思うのだが。

27　普遍言語の迷宮

普遍言語論は、言葉に対するひとつの思考ではあったが、「言葉とは何か」という問いには乏しいタイプの思考であった。それは、言葉というよりは、新しい学問的探究をしようとする学者たちにとっての、「ラテン語とはどのような言語であったか」という問いであった。古代ギリシア・ローマ文明への憧憬であったルネサンスの思潮から離脱するにつれて、ラテン語にどのような欠点があるかを考察しながら、その裏返しにあたる理想の表記法を開発しようとした構想であった。

それは、知識の獲得が自然の観察や感覚への懐疑抜きに、弁証だけで可能になるとする中世的思考の残滓であり、思考を表現するにはどのような文字や語句、ないし文法が望ましいかという探究でしかなかった。「文法」という概念自体もまだ観念の表記法のことでしかなく、思考を論理や数式のようなものとして捉え、――自然科学の発展においては必要だった作業ではあれ――、ただ論理や数式を与える観念の表記法を考案しようとしたにすぎなかったが、構想している本人たちは、そのことに気づいてはいなかった。なるほど、デカルトがそれほど賛同しなかったわけである。

普遍言語構想においてはまた、どの国語が最も明晰かということも議論されていた。ナポレオン時代のフランスにおける「明晰でないものはフランス語ではない」というスローガンが有名であるが、かれらは知識人どうししか通じあわないそれまでのラテン語に対し、言語の進歩のようなものを想定して、文法を整備していきながら、そう主張したのであった。

それにしても、少し想像し、少し推理するだけで、外国語を語るひとびとも、それぞれの母語に最も明晰さを感じているであろうという見当はつくのではないだろうか。母語のもつ明晰さは比較を絶している。それなのに、普遍言語を論じたひとびとは、他国語に自分の母語を翻訳できない諸要素を見つけては、自分の知識が不足しているとは思わずに、その外国語が単純で曖昧であると感じ、逆に、母語に翻訳できない諸要素を見つけては、自分の理解が浅いとは思わずに、無駄で冗長であると感じ、その結果として、どの国語が最も明晰か、などという無駄な議論までしてしまったわけであった。

そうした構想に耽るひとびとは、「言葉と意味の関係は必然性である」というドグマから離れようとしなかったし、「言葉は観念を指示する」というドグマからも離れようとしなかった。その結果、思考対象としての観念の表記法ばかりでなく、文字や語句がそれらの普遍的な観念と必然的に結びつくはずだという前提から逃れられず、思考を純粋に表現するはずの記号についてのむなしい考案をくり返していた。そのことが、普遍言語構想が言語論になることのできなかった理由であった。真に言語論であるためには、それらのドグマを疑うところからはじめなければならなかったのである。

28　エクリチュール

現代で常識となっている観点からすると、普遍言語構想は、「文字で書かれたもの（エクリチュール）」についての考案でしかない。文字は、言葉とは別の系譜のもとにある。文字のない文化もあるし、文字は世界の数箇所で発明され、伝播していったものであって、表音文字か表意文字かというだけでなく、すでにあった言葉とそれぞれに独特の関係のもとにある別の表記体系なのである。

普遍言語を構想したひとびとは、ヒエログリフや漢字のような表意文字に驚嘆しながらも、もし新たな文字や語とその表記法（文法）を発明すれば、それがそのまま言葉に反映されるかのように錯覚していた。表音文字においては、文字は音声を写したものであるが、文字およびそれでできた語を改訂するなら、そのまま並行して言葉の意味としての観念が改訂されたことになると想定していた。

だが、書き言葉（エクリチュール）は、言葉をただ書きとめた「写し」なのではない。表音文字のもとにおいてすら、書き言葉と話し言葉とは別の秩序にある。一八世紀になって、ルソーが、『言語記言論』において、文字の伝播によって、むしろ書き言葉が話し言葉に浸透し、その秩序を変質させたという事情を指摘し〈第五章〉、さらに現代において、ロラン・バルトが「エクリチュール」という概念を明晰にして、その社会的意義や歴史に対する関係をあきらかにしている。

単なる書き言葉ではない意味での「エクリチュール」は、言葉の規範となって公式の語り口を形成するばかりでなく、文書として社会のさまざまな規範を形成する一連の表現様式のことである。法律がその典型であるが、その独特の表現様式が、言葉の一部でありながら、言葉一般を含む他のもろもろの文化的産物のモデルとなり、その正しさを規定するものとして働くようになったものであった。

一七世紀の思想家たちは、一六世紀のペトルス・ラムスがレトリックを論理や弁証から切り離して単に言葉に付加されるようなものとみなして以来、普遍言語において、音調を無視したり、文法を厳格なものとしようとしたが、それというのも、かれらが主題にしていたものが、まさにエクリチュールだったからなのである。かれらは、書き言葉（エクリチュール）が意味するものを「思考」とみなしてしまい、話し言葉（パロール）がそれに対応させられ得るというただそれだけのことをもって、思考と言葉が合致したとするかのような、奇妙な言文一致運動に囚われていた。

そのようなところから、語は、事物の属性として思考された観念を指示するのが理想とされたのだったが、そうした語と観念の対応は、言葉（パロール）とエクリチュールのあいだの関係のことでしかなかった。言葉（パロール）とエクリチュールのあいだには、もちろん何らかの対応はあるのだが、完全に対応するようなものではあり得ない。それらをあえて完全に対応させようとする場合、言葉の方にあわせようとすれば、——録音を起こした場合のように——、音声も文法も曖昧な意味不明な文章になりがちであるし、エクリチュールにあわせようとすれば、——いずれも「ナンセンス」と呼ばれるのであるが——、お経のような難解で意味不明なスピーチになってしまい、あるいはそれを上手に誇張することによって面白いギャグにすることができるほどなのである。

学問的あるいは政治的に、どのようにエクリチュールを整備しようとも、言葉（パロール）はそこから逃走する。というのも、だれしも言葉をしゃべるとき、いつも思考を表現しているわけではないという、あたりまえのことをおこなうのだからである。

普遍言語論は、思考を写すようなエクリチュールを発明しようとし、それに即して思考を定義し、話し言葉の語や語順を改変し、それによって話すひとの思考を変えさせようとする試みであった。その発想は、ひとは思考してあたりまえであり、思考は論理や数式にかなうように語るものであるとして、それに便利な道具を提供するだけのようなふりをしながら、そのようにのみひとが思考するように強制しようとしていたともいえるのではないだろうか——近代社会の倫理、近代的思考の規範である。

29　言語起源論の登場

普遍言語論は、一七九〇年代に、意味を切り詰めた書字法である「パジクラフィー」として隆盛を迎え、そしてさらに一八八七年のエスペラントの創設へと向かう。

しかしながら、今日のわれわれは、——チョムスキーやＡＩロボット工学者たちを除けば——、すべての諸国語に共通した形式はどのようなものかとか、表現の道具として最も優れた国語はどれかとかいう素朴な問いを、もはや抱かなくなっている。なぜなら、そのように問う根拠や基準が、一七世紀においては、言葉からは独立して理性によってなされる「思考」だったのであるが、今日では、思考がどのようなものかが、もっと曖昧になっているからである。

今日において「知的である」ということがどういうことであるかは、それがコンピュータにとって代わられるもののことではないとすれば、少なくとも、各国語はその土地に住むひとびとにとっての気候風土や人間関係においてそれぞれに繊細緻密なものであって、それを単純に一般化したり優劣を比較したりするのは、——レイシズムとまではいかないにしても——、野蛮であると知っているということを意味する。

そのようになってきたのは、一八世紀以降の、言語起源論にはじまる言葉についての多様な考察の結果であった。一七世紀から一九世紀まで、言葉がどのように捉えられ、どのように探究されていったのか、そのなかで、「言葉は思考の表現にすぎない」とするデカルト的言語観がどのように位置づけなおされていったのかについて検討していこう。

言語起源論は、フランスのモーペルチュイとコンディヤックによって口火を切られた。それは、ロックの記号論をふまえながらも、観念を指し示すような言葉だけを言語とみなすのではなく、歴史の発展に応じた言語の多様な諸段階があることを想定する議論であった。それはまた、動物の言葉から概念的言語にいたるまで、言語が生じてきた歴史を理論的に再構成し、それによって知性の成長のプロセスをあきらかにしようとする思考、——コンディヤックに『論理学』という書物があるが——、いわば「歴史論理学」でもあった。論理（ロゴス）というよりは、言葉（ロゴス）が形成されて思考を規定するものになる機序についての学問という意味である。そうした言語起源論がはじまったのは、一七四〇年ころのこと、モーペルチュイによる『言語の起源と語の意味指示に関する哲学的考察』という一本の論文からであった。

コンディヤックも、のちにドイツのヘルダーも、モーペルチュイの言語起源論を読みたいという旨を書き記しているのだが、ということは、かれらの執筆時においては、モーペルチュイの議論があることが知られていて、他方、両者ともそれからは影響を受けてはいないということである。コンディヤックとモーペルチュイの言語起源論は同時期に、それぞれ独自に書かれたのであった。

コンディヤックの『人間認識起源論』は一七四六年に公刊されており、モーペルチュイの論文が公刊されたのが一七四八年であるから、先陣争いとしてどちらがさきかという議論もあるが、両者が互いに相手の議論を読むことなく独自に書きはじめたのは確かである。それゆえ、むしろ同時期にそれらが現われた理由を、近代哲学史の展開という文脈において理解すべきであろう。言語起源論は、ホッブズ、ロック、バークリのイギリス哲学の議論を受けて、デカルト哲学をのり超えようとしていたフランスで、まず発生したのであった。

その哲学史的文脈の第一にあったのは、ホッブズの歴史的方法論である。すなわち、自然状態から社会状態への移行を考察することによって、文化、すなわち政治や倫理や学問や芸術の諸相を解明しようとするやり方である。

ホッブズは、現実の社会状態を説明するために、それ以前に事実上もあったと想定し得る人間動物の時代を分析して、そこから社会が形成されるプロセスを提示するという議論の仕方を発明した。その発想の枠内で、――ホッブズ自身は気づいてはいなかったが――、言葉をしゃべらなかった原人が、文明化する過程でいかにして言葉をしゃべるようになったのかという問いが生まれないではなかったであろう。

その第二にあったのは、ロックの言語観である。哲学は思考によってのみ成立するのではなく、複雑観念は、混合様相として言語によって成立するとされた。思考は言葉によって表現されるだけではなく、言葉によって支えられるというのである。その発想のもとでは、――ロック自身は気づいてはいなかったが――、では言葉がいかにして思考を支え得るものとして成立したのかという問いが生まれないではなかったであろう。

その第三にあったのは、バークリの抽象観念批判である。これはデカルト哲学やロック哲学の言語観に対する革命的批判を含んでおり、ヒュームやベンタムの哲学へと繋がる新たな思考の流れを喚起するものであった。バークリは、抽象観念という思考の対象は言葉による捏造であるとし、言葉はそうした観念と無関係に成立していると論じたのであった。その発想の枠内で、――バークリ自身はある程度気づいていたのだが――、では言葉は何をするのか、思考を表現するのではないとしたら何のために生じてきたのかという問いが生まれないではなかったであろう。

以上から、言語起源について考究しようとすることの淵源は、ホッブズとロックとバークリにあったと理解してよい。このことをふまえたうえで、まずは、モーペルチュイがどのようなことを述べているかということから紹介していこう。

30　モーペルチュイの言語論

モーペルチュイは、人間認識には記号が影響を及ぼすがゆえに、その記号がどのようにして形成されたかを考察すれば学問の一助になるであろうという理由から、その『言語の起源と語の意味指示に関する哲学的考察』という論文を書き起こした。

その冒頭でかれは、ある朝目覚めたら言葉をすっかり忘れてしまっていたひとが、知覚と推論とだけからどのようにして言葉を作りだすかという思考実験を提起する。その趣旨は、それによって作られる最初の言葉がどのようなものであるかによって、それ以降の精神がどのようなものになり得るかを示したいとするものであった。

こうした問題設定から見ると、かれが、普遍言語論とはまったく逆の方向に向かって出発していることは確かである。思考の道具として理想の言語を作る方向ではなく、思考が発明した道具として、現行の言語がどのようにして作られてきたかをあきらかにしようとしているのだからである。それは、いわば現実社会を解明するのに、トマス・モアのように、空間的始原としての「ユートピア」からではなく、トマス・ホッブズのように、時間的始原としての「自然状態」から説明しようとしているといえる。

ホッブズにおける自然状態の仮説はロックやルソーにも引き継がれるが、かれら自身は人間が自然状態でも言葉をしゃべっていることに疑いをもっていなかった。それゆえ、ホッブズは、言語の起源については、あっさりと聖書の記述をもちだして、アダムの命名によるという説に依拠してしまっている。ただし、かれは、言語がなければ理性が自然法を見出だすことも、社会契約を結ぶことも不可能であるとは論じていた。

これに対し、モーペルチュイは、言語は人間が発明したと想定しており、というのも人間の記憶力には限界があるために、知覚に対応する名まえを整理する必要があったに違いないからであると説明する。ロックが記憶を人格と思考の必要条件としていたのに対して、記憶には限界があるという観点から、言語がなぜ成立したかを論じようとするのである。

では、具体的にはどのようにして言語が形成されるというのであろうか。かれは、言葉が知覚を指示するものとして発明されるにあたって、普遍言語論のように個々の事物の観念によってではなく、――ホッブズの言語観も同様だったのであるが――、複数の語を含む内容をもつ命題によって指示されたとしている。

木を知覚したときに「木」と命名されるのではなく「わたしは木を見る」というように、あるいはライオンを知覚するときに「わたしはライオンを見る」というように、命題として命名されるのだという。そのようにして、さまざまな知覚のたびにそれぞれ命名されていったあと、その量が増えすぎて記憶の限界に達したとき、ひとはそれまでに命名した名まえを分析して、他の名まえと共通したものの合成物として新たな名まえを命名しなおすというように、モーペルチュイは説明する。その結果、最初の命名に含まれていたものが分解再構成されて、新たな知覚をも可能にする概念的言語(観念を指し示す言語)が成立し、次第に他の知覚と共通した要素と、その知覚に個別的な要素とに分けられて、最後にあらゆる知覚に伴う共通のもの(普遍的なもの)として、「実体」や「様相」や「存在」という語が現われるとするのである。

以上のようなモーペルチュイの議論には、当時の学界の常識に対決する、ラディカルな思考が表現されていた。

第一には、思考が言語を形成するとする点では従来の発想を踏襲するものではあったが、まず思考して、思考が観念に対応した語を形成するのではなく、言葉の分析を通じて思考が観念を形成するとしている点である。そこでは、デカルトのいう理性の万能性が否定され、デカルトが直観できるとした抽象的な観念も、言語との関係からしか意義づけられない。

第二には、ロックに対しても、かれは、言葉が観念の記号として記憶によって支えられているとする点は引き受けるものの、記憶であるならば限界があるはずだということばかりでなく、記憶されたものなら偏りがあるはずだということをさらに指摘している点である。

そこから、モーペルチュイは、各国語の形成において最後に出現する共通のもの（普遍的なもの）としてどんな言葉が与えられるかは、——おそらくは個人の思考というよりはひとびとに共通する経験によって——、風土のあり方や行動の仕方によって異なったものになるに違いないと、あえてつけ加える。かれにいわせれば、西欧で「存在」とされたものが、他の民族のもとでは「緑色」であったとしても不思議はない。かれは、言葉が異なる社会では違う観念が形成され、相互に違う精神をもつことになるであろうと述べて、——後述するフンボルトの議論に繋がるが——、文化の相対性という考えを早くも示唆していた。

この点については、チュルゴーが、ひとは感覚がおなじなのだから、発展した言語であるといえども、各民族に共通の、人類にとっての普遍的観念に到達することができるといって批判している（『モーペルチュイの「言語の起源と語の意味作用に関する哲学的省察」についての批判的注解』）。しかし、つぎの箇所を読むとモーペルチュイは「確信犯」であり、かれが何のためにこの論文を書いたかが分かる。

「われわれは生まれるや否や、無数の語がくり返されるのを聞くが、それらの語はわれわれの精神のなかに生まれる最初の観念というよりはむしろ、われわれを取り囲むひとびとの偏見を表現している。」（第三節）

モーペルチュイの言語論においては、言語の形成には、記憶の有限性ばかりでなく、経験の有限性が介在する。かれは、人間が言葉を発明するとき、それがどのようにしてのちの精神を規定するかというように問題にしたわけであるが、それはホッブズやロックとは違って、たまたまどのような言語であったかによって、違う精神、違う社会が生まれるであろうというように、自然法および人間精神の普遍性に対するラディカルな懐疑を投げかけていたわけである。

モーペルチュイは、忘却という知性の欠陥に見えることを、人間精神をむしろ形成させるものとして捉えなおした点で革新的であった。そこからかれは、第一に、観念は普遍的なものではなく、言語の発展に応じて形成され、記号と知覚の関係は恣意的であらざるを得ないのだから普遍言語が不可能であること、第二に、観念は民族によって異なり、言語の異なる諸国民において同一の観念はなく、完全な意思疎通は不可能であること、第三に、哲学における「存在」と「様態」のような区別も、記号の形成によって生じたにすぎない特殊な観念にすぎないことを主張した。

そうした主張は、中世以来の存在論を否定するばかりでなく、近代の観念論をも否定し去ろうとするものであった。それは、ロックのいうように言葉が観念を支えるというよりは、観念は言葉の分解によって、言葉を分析する思考によって形成され、言葉によって与えられるものにすぎないという主張であった。その点で、人間精神が共通した観念をもっているとしていた普遍言語論とは、決定的に対立する立場に立っていたのである。

普遍言語論と言語起源論の違いは、ただ言葉の考察を未来に向かって進めて改良するか、過去から進めてその本性を解明するかだけの違いではなかった。言葉が示し得るものとして普遍的観念があるとするかないとするかの違いでもあった。

モーペルチュイのいわんとしていたことは、言葉が記憶の補助手段にすぎず、それ自身の構成がそれぞれの地域で工夫されたものである以上、普遍的な観念を指示するというようなことはあり得ないということである。この見解は、モーペルチュイ自身が断っているように、実はバークリの議論に由来する。

31　バークリの言語論

バークリは、『人知原理論』の序論において、ロックを代表とするそれまでの哲学者たちが、言語が観念を正しく指し示す「よい使用」と、そうでない「悪い使用」とを対比していたのに対し、そもそも観念が正しく指示され得ないという問題が、言語そのものにあることを指摘した。

かれによると、言葉は、それぞれのひとの経験において知覚されたもの一般をしか示し得ない。たとえば「人間」とは、そのひとがそれまでに出会ったひとびとの共通性でしかなく、「三角形」とは、そのひとが見た三角のものの共通性でしかない。言葉の意味するものは、抽象的で純粋なものではなく、色彩なり触覚なりを伴わないではないものであって、だからひとによって、また場合によって異なっていて当然なのである。バークリは、「名まえにどこでもおなじ観念を表わさせることは、無用でかつ実現不可能である」(序一八)と断言し、つぎのように述べている。

「思考するひとびとのあいだで使用されるものとしての多くの名まえが、聞き手のこころのなかに特定の特殊観念をつねに与えるわけではないということを否定するであろうひとはいない。そして、ある名まえが観念を表わすときですら、名まえは聞き手のこころに、厳密な推論の場合であれ、それが使われるたびに観念を喚起しなければならないわけではないのである。」(『人知原理論』序論第一九節)

バークリは、言葉の本性は、観念を指し示す機能にあるのではなく、観念を経由することなく情緒を産みだすような活動にあると考えていた。かれ自身は、「とすれば、言葉に惑わされずに観念を捉えるにはどうしたらよいか」という主題へと進んでいき、言葉の考察からは離れてしまうのであるが、その言語論を引き継いだのがモーペルチュイの言語起源論なのであった。

バークリはといえば、事物に帰される「同一性」のような抽象観念を否定し、精神に外的な実体と考えられてきた事物が、知覚された観念の相互関係を示す言葉によって示される観念にすぎないことを論証しようとしていた。かれによると、経験に現われるものがすべてなのであり、そこに見出だされるのは、自分の能動的な意志および知覚と、神の意志に由来する受動的で生気ある知覚とが交錯するダイナミックな生のみなのである。

それにしても、かれの否定しようとした理性主義的観念論には、容易にはひっくり返せないような根深いものがあった。人間にはもとより理性が備わっており、その理性によって経験を超えた知識を獲得することができるとする思想である。

たとえば、三角形の内角の和が二直角であることは、底辺に対して頂点を通る平行線を引いてみれば、対角の和が一直線になることからあきらかである。そのことが理解できるならば、それが経験したことのないすべての三角形にもあてはまるであろうということから、三角形の二つの角度が分かったら、いつも残りの角を推定することができるはずである。プラトンも主張していたこうした超越的知識を肯定する議論に対して、どのようにいえば反論できるのであろうか。

たとえば経験的には存在しない完全な平面や完全な直線とは何のことで、——非ユークリッド幾何学のように——、そもそも平行線なるものがあり得るのかと尋ねてみれば、三角形の内角の和についての知識も危うくなるのであろうか。古代ギリシア人たちは補助線を引くことによってロゴス（比）を見出だし、そこに宇宙の真理を捉えようとしたが、直線を引き得るような平面の存在は、そもそも経験に与えられたものではなく、経験を超えた仮定だったのでないか。こういう風に批判すべきであろうか。

とはいえ、このように、人間には本当に理性があるのか、真に知識が獲得できるかといって反論しようとも、最終的には「神が人間に理性を与えた」という紋切り型の、否応ない答えしか返ってこない。神を否定することなく理性の限界について述べるためには、——カントの二律背反論もあるが——、理性の最低限の効能としての言語の形成を歴史的に説明し、そうした言葉によって理性の活動が可能になると論じるしかなかったのではないだろうか。それが、言語起源論なのであった。

「存在」や「実体」など、形而上学用語を駆使して中世哲学的議論へと後退しようとしていたマルブランシュやスピノザやライプニッツなど、デカルト派の哲学者たちに対し、モーペルチュイや、つぎに紹介するコンディヤックが採用した哲学的方針は、言葉の存立要件を検討しようとするものであった。かれらによると、理性は与えられているのではなく、人類が文明の歴史のなかで獲得しつつあるものにすぎないのである。

コンディヤックの議論には、動物としての人間が人格になっていくようなプロセス、のちにヘーゲルやスペンサーによって論じられる人間精神の成長の理論、文明の発展段階ないし進歩の理論が示唆されていた。コンディヤックは、人間の自然本性から言語の発展によって理性が発現するとして、理性を歴史によって基礎づようとしていたのであった。

32　コンディヤックの言語論

コンディヤックは、『人間的認識の起源に関する試論』において、歴史というよりは先史において、思考と言語が相互に影響しあいながら発達していくさまを、身振りからダンスや歌が生まれ、叫びや泣き声の模倣から、やがて欲求等の表現のために分節言語――区切られた音の組みあわせで語を作って意味を与え、あるいは事物を指し示し、あるいは観念を想起させるような言語が生じてくる「差異化」のプロセスとして描きだしている。

モーペルチュイが、言語の発展を、分析の過程として、ひとりの人物の思考のなかでも起こり得るようなものとして提示していたのに対し、コンディヤックの議論では、より複雑な歴史過程が想定されていた。ホッブズやロックのように、単に自然状態と社会状態を分け、その過程を理性的思考が媒介するものとするのではなく、人間が獲得していったさまざまな表現の相互影響を通じて、次第に言語記号が成立してくるとしたのである。

すなわち、言葉は動物とも共通した身振り言語として出発し、その一部である声が、自然の音響や生物の鳴き声を模倣したり、情動の発露としての音楽を形成したりするというのである。そして、さらに音楽が感覚の成熟に応じて楽曲と詩とに分かれたのち、詩（韻文）に対立するようにして言葉（散文）が生じたのだという。

言葉はまずは名まえ（名詞）として、相互に了解された状況における同一の知覚に対して与えられるが、その音声は恣意的であっても、その意味は身振り言語が保障するという（第四章第一節）。つまり、名まえの意味がはっきりしない場合でも、その名まえをいうひとの身振りや行為から見当がつくということである。極端には、指差しながら「あれ」というようなものである。

そのようにして多くの名詞が整うと、知覚対象のつぎには心の能動ないし受動の状態を示すために動詞が発生し、さらに時制や法を示すために多様な単語がつけ加えられ、最後に受動と形容詞のために「存在する」という語が発生したとされる。これが肯定し、あるいは否定するという精神の判断の活動のために与えられた言葉であると、コンディヤックは述べている（第二章第八節）。

それは、ある素朴な始原的言語がはじまって、それが精妙化、複雑化していくといった連続的単線的な歴史ではない。身振りや音楽や詩といった言語に関わりのある諸表現が、始原的には渾然一体となっていたのに対し、互いの差異を規定しあいながら、それぞれに固有の本質をもつものとして歴史のなかで分離、出現してくるというように理解されるのである。これが「差異化」のプロセスである。

なるほど、もし言葉が声から一直線に生じてきたもので、他の諸要素と別系統のものであるとしたら、生まれつきの聾唖者にとっては、決してしゃべれるようになるものではあり得ないであろう。「差異化」とは、分岐して変化したものが、他の分岐したものと共鳴するようにして相互に異なったものへと進んでいくプロセスのことである。そこにおいては、言語は欲求の派生物として感覚の名まえから生まれ、相互関係によって感覚とは関係ない名まえになり、その結果、欲求から切り離された概念的言語になるとされるのである。

コンディヤックのこのような捉え方には、言語を個人の経験としてよりも、ひとびとが相互に関わる歴史のなかで捉えたという点に革新性があった。従来の、出来事の跡を順に追っていくような歴史観に対し、歴史のこうした説明方式こそ、コンディヤック哲学の真骨頂であり、コンドルセやヘーゲルの文明発展論における、段階的ないし弁証法的歴史観のさきがけとなるものであった。そこには、認識も言語も制度も、デカルトやロックのいうような機械仕掛によるものではなく、漠然とした混沌から、紆余曲折を経て次第に明確な姿をとって現われてくるものなのである。

コンディヤックにとって、かれの歴史哲学からして、言語は一挙に理性が発明し、それを道具として操作するようなものではあり得なかった。かれの言語起源論は、モーペルチュイのように理性的思考をする人間がどのようにして言語を発明するかという問いのもとにではなく、人間動物がいかにして言語を獲得して理性的人間になるかという問いのもとにあった。それは、単に言語の成りたちや本質をあきらかにするばかりでなく、理性的思考が、決して一挙に与えられるようなものではなく、言語の発展によって徐々に十全としたものになっていく過程のもとにあることを論じようとするものであった。

33　自然と理性の交叉

コンディヤックは、言葉をただ記号と呼び、観念を指示するとしてすますことなく、記号を三種類に分けて考察している。すなわち、ある状況で観念と結びついてしまっただけの偶然的記号、感情を表出する叫びとしての自然的記号、思考が観念と恣意的に結びつけた制度的記号とである。

最後の「恣意的な制度的記号」こそ、通常の意味での言語であるが、それは記憶によって成りたっているのではなく、逆に記憶が言葉という記号を通じて成りたつとされている。さもなくば、記憶はたまたま生じた現象のもとで受動的にしか生じ得ないであろうというのである。ロックが人間に本性的なものとして捉えていた「記憶」は、人間が言葉という制度的記号を使えるようなってからはじめて能動的なものになるというのである。

要するに、記憶が言葉を可能にするのではなくて、逆である。言葉が記憶を可能にするというよりは、言葉そのものが記憶である。コンディヤックによると、言葉こそ究極の記憶術、ないし記憶術の原型である。記憶を可能にした制度的記号のおかげで、ひとは過去の諸対象に自由に注意を向けることができるようになり、精神に反省という活動が産まれ（第二章第五節）、それによってこそ、高度で精密な思考が可能になったというのである（第二章第四節）。

とはいえ、「反省」と呼ばれるものも、言葉を代数のようにして操作しておこなう観念の分析、比較対照のことにすぎないとされる。それゆえ、――モーペルチュイと同意見となるが――、従来の哲学が対象とした抽象観念や一般的命題（原理）といったものはあり得ない。恣意的な制度的記号として、むしろそれらが誤謬の種であると、コンディヤックはいう。かれはこのようにして、デカルトの理性主義的観念論を批判しているのである。

それでは、思考を可能にするそのような精密な言語が、いかにして音楽と分かれた初期の言葉のなかから生じてきたとされるのであろうか。その点については、コンディヤックはロックによる単純観念と複雑観念の区別に依拠しながら、つぎのように説明している。

感覚を直接捉えたものである単純観念は、言葉抜きでも成立している。それに対して、単純観念が多様に合成された複雑観念、知覚された事物や政治的道徳的概念や、数のように単純観念が反復された複雑観念は、言葉抜きにはあり得ない。数は一や二といったいくつかのものは直観されるが、それに名まえを与え、より大きな数を表示する名まえによって単位や加算の方式を与えることで、――位取りの規則によって無限に大きな数を示すことができるようになるわけだが――、どんな数式も理解できるようになるのであろう。

したがって、たとえば千といった数を理解するのに千個の点のような無理なものを想像する必要はない。言葉のうえだけで、それは成立している。そこでコンディヤックは、ロックが複雑観念は言葉によって確定されるとしていたのに対し、観念よりも言葉が先立っているとし、複雑観念を「概念」と呼びかえることを提案する。ほんの少しの違いに見えるが、そこには、複雑観念は言葉以外の場所にはないとする点で、ロックのいう複雑観念との決定的な違いがあった。

いいかえると、それは「思考すること」と「言葉の検討をすること」を区別しないということである。たとえば、音楽を聴くこと、音を聞くこと、声を聞くこと、歌を聴くことの違いは何であろうか。その問いに答えようとすることは、それらの観念の由来や他の観念との関係を思考することであろうか。それは、どんな文脈や状況でそれらの表現を使い分けるべきかと、多様な表現を試みることとどう違うであろうか。言葉を検討するといっても、音調や音色やレトリックに注意を払うという側面では思考しているとはいい難いが、そうした要素を除けば、思考することと言葉をしゃべることとはおなじことなのである。

以上がコンディヤックの言語起源論であるが、モーペルチュイの言語起源論とは、「存在」という語の扱いにおいて違いがあった。コンディヤックは、「存在」を精神の最高度のものとみなした。かれらはともに、中世以来、神に帰された特別な語としての「存在」に対して言語の形成に即した説明を与えて、学問から神を排除しようとしていたが、コンディヤックはなお、「存在」概念の意義は留保した。ある諸国語にそうした思考を表現する言葉がない理由を、かれは歴史における遅れに見ていた。

他方、モーペルチュイとコンディヤックに共通していたのは、言語の起源に、感覚や知覚、欲求や情念の意義を認めたことであった。かれらは言語の発明とその後の歴史的発展という観点に取りつかれてはいたが、理性に限界を認めて思考の普遍性を疑い、普遍言語よりも諸国語の多様性を見出だして、そののち、言語に関する科学的説明に道を拓くことになった。ただし、両者のスタンスの違いによって、コンディヤックの言語起源論はルソーやヘルダーの議論に、モーペルチュイの言語起源論はホーン・トゥックやベンタムの議論にと、二つの思想史的流れが形成された。

ルソーは、言語が歌のような情念から生まれ、そこから切り離されることによって概念的言語になるとしていた。ヘルダーは、動物としての人間がすでに感覚の叫びをもっていながらも、それを理性が反省的にとりあげなおすことによって概念的言語が形成されるとしていた。

それに対し、トゥックは、むしろ思考とは言葉そのもののことであって、知覚を完全に表示していたものが、コミュニケーションのために縮約されてできあがってきたものにすぎないと論じた。ベンタムはさらに、言語が産みだすものはすべてフィクションにすぎないとするところまで議論を押し進めた。

コンディヤック自身は、各国語の差異が含まれる言語を重視しながらも、人類文明の発展にひとつの方向を与えるというヴィジョンに魅入られていた。そこがヘーゲルに繋がる「進歩史観」の源泉となるのだが、ヘーゲル以降の哲学の展開にまで眼をやると、それもまたひとつの迂路であったかもしれない。かれは、執筆後にモーペルチュイの論文を読んで、自分は記号に重きを置きすぎたかもしれないと書いている。言葉とは何かを探究して、自然から出発したコンディヤックの言語論と、理性の可能性の検討から出発したモーペルチュイの言語論はこの地点で交叉し、前者は進歩する文明の普遍性として、普遍言語の改訂版のような「計算の言語」の構想にいたり、後者は諸国語の媒介不可能性から文化的相対性の認識へと進んでいったのであった。


【この章のまとめ】

デカルトのあとで、言葉とは何かということを多くの哲学者が考えはじめた。最初は思考の理想的表現手段を発明すべきだという意見が多かったが、そのなかから、思考の対象として言葉がもたらす観念が最初から偏っているというモーペルチュイの指摘と、思考は言葉を操作することでしかないというコンディヤックの主張が現われた。言語論の歴史において、言語の歴史を論じる言語論が生まれてきたのである。そこでは、思考することと言葉を語ることは、切っても切り離せないことであり、言葉がどのようなものなのかをよく知っていないと、どのようにしたらよく思考できるかも分からないと考えられるようになったのであった。

第四章　思考に先立つ言葉
――「言葉とは何か」についての答えが出せないのは、言葉についての思考、また言葉自身が政治的なものを巻き込んでいるからではないか。

34　言葉の自然

語られた言葉には、語られただけで明晰であるという魔術的な印象が伴う。語られた内容が矛盾していようと、混乱していようとである。そのことが思考を紛らわす。それにもかかわらず、言語起源論以前、一七世紀のひとびとは、言葉と意味の関係が必然的であるということ、言葉がそれとは独立した思考の対象としての観念を指示するということの二つのドグマのもとにあって、思考が紛らわされるという事態が言葉の本性に基づくと考えようとはしなかった。

それらのドグマは、まずは理性的な思考があって、理性は思考された観念を、その観念と必然的関係にある言葉で表現するとともに、他方でその関係を記憶によって保持しておき、思考したり対話したりする際に言葉によって観念を呼び出すという精神の図式を前提していた。その結果、言葉によって思考が紛らわされる理由としては、一人ひとりの自覚の乏しさをしか問題にできなかったわけである。

もっとも、すでに一七世紀、たとえばホッブズのように、言葉は動物の鳴声と連続しているとする哲学者もいたし、メルセンヌのように、言葉は自然において生じる音響を模倣するものだとする哲学者もいた。そしてまた、ベルジュラックのように、言葉は仕草や身振りの延長にすぎないとする文学者もいた。かれらは思考に乏しい言葉について語っていたわけであるが、しかし、言葉が思考を表現するとしていた哲学者たちとは別の種類の言葉について語っていただけであった。そのいずれが正しいかと選ばなければならないわけではなく、そのいずれもが正しいと同時に、言葉一般についての理論としては、いずれも誤っていたといえる。かれらは、一七世紀のドグマの周りを、あてどなくさまよっていたのであった。

それに対し、言語起源論は「言葉とは何か」という問題を提起して、いわゆる「デカルト派言語学」のドグマの閾を一挙に越えていった。すなわち、言葉は未開（野生）、ないし人類の発生において微かにはじまり、その小さな一歩から文明進歩の諸段階とともに複雑精妙なものへと発展していき、現在の人類にとっての有用な活動形態になったとするのである。そこでは、言葉と意味の関係は恣意的であり、観念はむしろ言葉が作りだすものであるとされる。コンディヤックによると、記憶が言葉を支えるのではなく、言葉そのものが記憶なのであって、言葉を整えることこそが思考なのである。

すでにロックが複雑観念には言葉による支えがないと確定されないと指摘し、バークリは観念と言葉がつねに対応しているわけではないと指摘していた。それをふまえて、モーペルチュイは、観念はむしろ言葉の分析によって作成されると考え、コンディヤックは、言葉なしにはひとは思考することができないと考えた。かれらは、思考を表現することがその一部にすぎない言葉について語りはじめたのであった。かくして、一七世紀の言語観に対して一八世紀の新たな言語観が登場したわけであるが、そこでは、まずは思考の道具としての言語からは排除されていた言葉の諸側面、表現様式の多様性が主題とされるようになっていた。

古来、ひとびとは言葉について思考しないでいるなどということはなかったのであるが、言葉について思考する場合、忘れてならないのは、詩や物語のような文芸的表現、政治や儀式における呪術的表現、身分やマナーを示す倫理的表現、そして知識や政策を論じる弁論的表現と日常的表現など、現実の言葉には多様な表現様式があるということである。

ふり返ってもらいたい、日常において言葉をしゃべるとき、ひとびとは何と自在にさまざまな表現の様式を行ったり来たりすることだろうか。まったく自覚もせず、ちょうど、口を使って食物を飲み込んだり、息を吸ったり吐いたり、ものの硬さを確かめたり、異性の唇に触れたりするのと同じようにしてひとは言葉をもしゃべるのだが、それにもまた多くの種類があるということを認めなければならない。食物のために口があり、息を吸うために鼻があるとして、たとえば口で息をするのは誤った用法だなどと、はたしてだれがいうだろうか。

言葉は**一種類**ではなく、その目的は**ひとつ**ではなく、**それぞれ**の表現様式に応じて「**言葉とは何か**」も変わる。ひとびとは、そのそれぞれについて、何がよく、何がよくないかとの評価なしですますことはできない。思考をよく表現する言葉がどのようなものかということも、そのひとつにすぎない。言葉を巡る諸問題を真にあきらかにしようとするならば、「言葉とは何か」という本質についてのただひとつの答えを求める問いとは別の問い方が見出だされなければならない。まずは、言葉と呼ばれるものの諸側面を列挙してみることからはじめよう。

まず第一には、叫びのような声、ないし喃語やスキャットやアカペラがある。それらは、動物たちの声と共通しており、情念を表現するだけだが、威嚇や悲鳴にもなり得る。観念には対応していないが、それも言葉の一種であろう。

第二にオノマトペ、擬声語や擬態語、自然界にある音響の模倣としての声もある。動物たちの鳴き声や昆虫たちの羽音ばかりでなく、風やせせらぎや雷といった音響的現象を、ひとは声を使ってまねるであろう。それは、声を発するひとの情念を知らせるばかりでなく、確かにそうした自然の現象を他のひとびとに想起させるのに役立つであろう。

これらは観念に対応する、ないし概念を表現する言葉に較べれば冥く曖昧であって、その意味は手探りするほかはないものであるが、しかし単なる現象ではなく、やはり表現であり得る。同様に第三には、動物たちもするように、ひとは気配や匂いを察して猛獣から逃げようとする、そうした徴候にしても、自然の記号ともいえるが、そこに人間の振舞が関わるとき、言葉の一種でなくて何であろうか。

そして第四に、声ばかりでなく、表情や仕草や身振りやダンスや行為といった、他のひとが欲求や情念を読み取れるような現象ないし振舞もまた言葉の一種である。第五には、人間の他の表現活動、音楽や歌や詩との関係の問題がある。そこには従来は言葉に含まれていた言葉のもつ音調や音色、イントネーションやアクセントをどう理解するかも含まれている。そして最後に、文字との関係の問題——そこには手話や暗号との比較や、聾啞者にとっての言語をどう理解するかも含まれている。

それらのうちの音声的部分が現行の言語の一部として含まれているわけであるが、それらこそが言語の始原であり、言語を存立させているものであるに違いない。とすれば、一体何が現行の言語である分節言語を、そして観念ないし概念を与えることのできるような言葉を生じさせるのであろうか。

というのも、たとえばオオカミの遠吠えやウマのいななきや小鳥たちのさえずり、オウムやカササギには自然音の模倣、カラスやサルには群れを動かす警告鳴きがあり、猛獣たちには敵を威嚇することのできる唸りがある。家畜に対してはシグナルとして音声や身振り言語が伝わるし、チンパンジーには手話をすら教えられるという。ヘルダーが『言語起源論』（一七七二年）で問うように、それでは、ヒツジがメーメーといい、ハチがブンブンというのもかれらの言葉なのであろうか。

しかし、これらはみな、それだけで捉えられると言葉とはいえない。それらすべての振舞をあわせもった動物がいたとしても、まだ言葉とはいえない。それが言葉であるといえるのは、それが分節言語を支えるかぎりにおいてである。というのも、何かのもとになったものが、そのものであるということはできないからである。大豆や小麦や塩や細菌から醤油が作られたからといって、それらも一種の醤油であるとはいえないようにである。

それらを言葉であるというひとは、それらの音声や動作や現象を分節言語の言葉で解釈しながら、それらがあたかも分節言語と同等の明晰さをもって意味しているかのように説明する。それは、自分の思考の寄与分を、思考の対象に転嫁しているだけである。

とりわけ自分が飼っているペットのイヌやネコの動作を「翻訳」しているひとたちは、そこに自分の見たいものを見出だして、ファンタジーを楽しんでいるにすぎない。「コミュニケーション」という語でその概念を曖昧にし、言葉の意味をずっと広げて、かれらは動物や自然とコミュニケーションしているというのだが、他の人間たちの動作についても、ペットと同様の「翻訳」をしているのであろうか。そうすることで、そうは思わないひとびととの思考のコミュニケーションができなくなってしまうのではないだろうか。

とすれば、モンテーニュやホッブズがいうように、動物との対話が可能だという説に対して、デカルトのいう「人間だけが言語をもつ」、あるいはロックのいう「言語をもつものが人間である」という説は、必ずしも対立していたわけではない。要は、言葉を何とするかによる。概念を表わすことのできる分節言語のみを言葉とみなすならばデカルトやロックのいうとおりであるが、言葉にはそれでは収まりきれない要素があるとすれば、モンテーニュやホッブズの方が正しい。とはいえ、こうした議論は動物とのあいだですることはできないであろうから、分節言語を無視するような意見だけが間違っているのである。

したがって、われわれの問いは、かれらのいずれに軍配を上げるべきかではなく、「声はどのようにして表象を発生させるものへと生成するのか」というものでなければならない。そこには音楽と記憶と想像の深い交錯がある。制度的記号は、文字が音声を代理するようにして言葉にイメージを代理させるが、それに対し、言葉そのものは、おなじ記号といっても「徴候」と訳すべきものである。とすれば、言葉を記号に還元しないように努めるべきであって、そのうえで、記号としての言語の発生について考察するべきであろう。言葉と思考がどのような関係にあるかが、そのあとでようやく理解し得るようなものになるであろう。

35　ヘルダーの言語論

問題は二つ残っている。第一には、獣と共通した情念の叫び声と、概念を与える分節言語との関係がどうなっているかである。第二は、言葉がどのようにして分節言語となり、制度としてそれが社会で引き継がれ、改良されていくのかである。

分節言語での「意味」は、短い音声を繋ぎあわせたものによって知覚や概念を喚起するのであるから、音は、知覚や概念の要素とは何ら関係なく恣意的に意味と結合されているとせざるを得ない。というのも、もし精神が対象を命名し、記憶するというように説明するなら、いずれにせよ、声に思考が先立っているとしているわけであるが、記号なくしては思考はないのであるとしたら、――コンディヤックが問題にしたように——、その記号を生みだすような思考は一体どうやって存在し得るのであろうか。

この問題に取り組んだのは、ヘルダーであった。かれは、思考が言葉を生みだし、言葉が思考を生みだすというなら単なる循環であって、何の説明にもなっていないと指摘する。精神には「潜在的に」言葉をしゃべる能力があるとするひともいるが、——チョムスキーも採用していたが——、結果から類推しているだけで根拠はないと述べる。

潜在性は「魔法の言葉」であると、ヘルダーはいう。それは、何かがいわれたとの錯覚を与えるだけの内容空疎な語にすぎない。かれは、そうではなく、人間にのみ、——デカルト的宇宙にとっての「神のひと弾き」のように——、自然的に生じた「精神のひと弾き」があったのだと述べる。すなわち、反省の標識としての言葉の内面的発生があったという。かれによると、言葉と理性とは同時発生なのであり、それが人間の本質であり、自然界における人間という種の変種、突然変異だったというのである。ヘルダーは、こうした発明品が父から子へと伝えられていって各国語が成立するとした。

それにしても、このような説明は、——ヘルダーが厳しく批判しているジュースミルヒの神的言語起源論(一七六六年)と同罪であって——、古代言語論の復古反動であったろうか、あるいは一九世紀進化論の鋭い先取りだったのであろうか。ヘルダーのいうように、「反省」が分節言語を生みだすのだとしたら、理性が音を組みあわせて語を作り、それを対象と結びつけて記憶するというデカルト主義的な精神の図式に舞い戻ってしまうように思われる。

ずっと以前、四世紀のアウグスティヌスは、つぎのように述べていた。

「私は人々が、何ものかの名を呼んだり、その声におうじて身体をその方向に動かすたびに、記憶にとどめていきました。人々がそのものを示そうと思うときには、そのものはかれらが発した音で呼ばれることを見て、心のうちにとどめてゆきました。彼らがそれをしようと思っていることは、身体の動きからあきらかでした。この身体の動きは、いわば全民族に共通な自然の言語のようなもので、ものを乞うたり、得たり、しりぞけたり、逃げたりする場合、心の動きを示す顔つきや目つき、その他の身体の部分の動作や声のひびきぐあいなどから生じます。このようにして、いろいろな句の中で適当な場所を占めることばをしばしば耳にしているうちに、何のしるしかだんだんわかってきて、しるしに慣れた口で、しるしをとおし、とうとう自分の考えを発表することができるようになりました。」（『告白』第一巻第八章　山田晶訳）

アウグスティヌスは、子どもが市場のような場所で言葉を覚える過程をモデルとして、ひとびとの動作や表情と整合する発声を知覚し、記憶し、それを通じてその音響がどの対象の記号であるかを学んでいくと考えた。

それができるのは、ひとびとのコミュニケーションとして、動作や表情の徴候（記号）から、音声なしにも相互に対応した振舞ができるいわば「自然の言語」があるからである。言葉は、それを補うための音声の記号（徴候）にすぎないのである。言葉は習慣によって成りたっており、それゆえに時代、文化、社会、地域によって、それだけ異なった言語（諸国語）があるということなのであろう。

言葉を記号として捉え、そのコードを「約束」や「慣習」や「強制」によるとする立場は、こうしたアウグスティヌスの言語観の延長にある。言葉を語る振舞が成立するには、知覚すること、記憶すること、習慣をもつことが必要であるが、これらは動物にとっても可能である。よく訓練されたイヌやウマのように、動物も言葉を理解するし、ハチやカラスがコミュニケーションすることが観察されている。それでありながら、なぜ大多数の動物は、人間のように分節言語をもち得ていないのであろうか。

何が「とうとう自分の考えを発表することができるように」なるために必要なのか――二〇世紀になって、知性が高いとされているチンパンジーに、声帯の仕組みが言葉を喋ることを困難にするということから、ボタン操作や手話を教えることによって、言語が人間だけのものではないこと、思考によって成立するものでないことを示そうとした実験もなされたが、必ずしもうまくはいかなかった。

そもそもチンパンジーの知性を人間に近いかどうかで定義しているかぎり、その知性には言語能力が、含められているのだから、なぜ人間が分節言語をもっているか、分節言語を扱う能力がどんな能力かの説明にはなってはいない。たとえその実験がうまくいったとしても、それは人間の言語が理性のない動物にも可能だということを証明したのか、チンパンジーにも人間同様の知性があると証明したのかは不明である。ヘルダーによる「反省」の突然変異説は、――問題の重要な指摘ではあったが――、以上のアポリアに名まえを与えたにすぎなかった。

今日のチンパンジーにおける言語の実験においてすら、言葉をしゃべれさえすれば人間であるとするロックの説を支持する顕著な証拠が得られているわけではない。かれらは、不自由な声帯の代わりに手を使うことによって、ロックのいう意味での概念的言語を使用できるかもしれないが、それが言葉であるといっていいかどうかは、言語の定義によるのである。

もし言語を命令であると定義するなら、イヌやウマも言語を理解するといえるし、もし言語を名まえ（命名）であると定義するなら、サルやオウムも言葉を使っているように見せる芸を仕込むことができる。もし理性がないはずのチンパンジーが分節言語を使えたなら、進化によるとか、脳の機能によるとか説明しておいて、それらのことの間接証明はできるわけだが、ネアンデルタール人や異星人に想定されるように、もっと別種の知性ないし理性があり得ないこともないであろう。

言葉を語ることを取りあげて知性と呼び、知性をもって言葉を語る能力とするならば、それは生物の振舞の特性を知性と言葉とに分解しておいて、相互に相手の説明にあてるという論理的アクロバットをしているだけである。言葉が何であるかについて直感的で恣意的な定義を与えることによって、どんな生物についても、言葉をしゃべることを可能とも不可能ともすることができるのである。

36 ルソーの言語論

以上のような点に関し、——一七五〇年代に書かれたものだが——、ヘルダーが批判していたルソーの『言語起源論』には、単なる復古主義ではない新たな観点が提示されていたように思われる。

ルソーは、身振りによって欲求が示され、声によって情念が示されるほかに、事物そのものが、象徴（符牒）としての言葉であると述べている。たとえばスキタイ人の王は、黙ってダレイオスに「一匹のカエル、一羽のトリ、一匹のネズミ、そして五本の矢を渡す」——ダレイオスは恐れおののいて故郷に戻るのだが、それというのも、それらの事物がスキタイ王の決意をはっきりと表現していたからなのだ、というのである（第一章）。

ルソーは、文字はただ音声を写して保存するために発明されたのではなく、そうした事物の象徴的意義を形に置き換えたものであると説明している。象形文字は、音声による言葉以上に、ひとびとに対する欲求や情念やその他の自然の徴候について表現する機能をもっていた。文字こそは、ネジや車輪のような先史時代の偉大な発明であって、言葉を固定するというよりも、言葉を変質させたのである。

もとより話し言葉は、情念を表出する叫び声から多くは出ないものだったが、しかし、とりわけ表音文字として書かれた言葉になることによって、それを発声するときの正確な音韻の発音も含めて、言葉は概念を意味するようになったのだという。それまでは、そして文字を知らないひとびとは、古代ギリシア人がいみじくも述べたように「もごもごいうひと（バルバロイ）」、つまり分節言語としては未完成な言葉、情念を告げ、想起を惹き起こす言葉のみを発するひとびとであり、いわば野蛮人（バーバリアン）だったということなのである。

話し言葉は、ルソーによると、すべて比喩（レトリック）にすぎなかった。レトリックは、本来、概念を表わす分節言語が確立されてのちに規定される語の意味の誇張や転義であるが、ルソーは逆説的に、むしろ概念的言語の方が、文字を通じてレトリックの言葉の「縮約」として現われたものなのであると説明する。レトリックしかない世界では、すべてはバルバロイたちのもごもごいうだけの、言語は手探りの闇の空間なのであり、やがて概念的言語の成立によってその始原的な話し言葉が、通常の意味での「レトリック」として姿を現わすのである。

ラムス以前の中世スコラ哲学の言語観においては、語の発想や配置や記憶は、転義（比喩）や発声とおなじくレトリックに属していた。論証や弁証こそが思考の表現であったが、思考自体は主観的なものではなかった。デカルトが「わたしは思考する」というようにして、論証や弁証から思考を区別したとき、「思考」は、主観的なものが客観的ないし超越的なものに到達するいわば超越論的機序を指すようなものとなった。ラムスはそれを先取りして、レトリックという従来はそのひとの主観に属する要素を、語るという活動に限定して、思考の言語に道を拓いたのであった。ルソーの議論には、そうした思想史的背景がうかがわれる。

以上のようなルソーの議論は、分節言語がどのようにして歴史的におのずから可能になったかについての、はじめての議論として貴重なものであった。とはいえ、ルソーの説明には、若干の疑義が残らないでもない。というのも、文字のないひとびとの言葉にも分節はあって、そこに現前していない事物について、叫び声以上の精密さをもって語りあえるのではないかと思われるからである。分節言語には、その場の状況や対応する行動には関係ないものを語らせる効能、いいかえると、お話し（物語）をすることができるという「口承」の効能があるのではないか。

確かに、ルソー以前のひとびとが暗黙に想定していたように、手持ちの音をパズルのように適当に並べ替えながら名まえを作りだすというようにして分節言語が成立したとするのは、あまり本当らしくない。何より、ひとはすでに音韻が組みあわされている単語やイディオムを単位にしてしゃべるのであって、音を組みあわせる経験など、レトリックとして、詩をうたったりするようなことをするのでないかぎりはないことであろう。

他方、ルソーの言語起源論からは、第二の、もうひとつの残された問題、言葉がどのようにして分節言語となり、制度として社会で引き継がれ、改良されていくのかという問題についても、解決の手がかりが得られる。それは、個人は言葉をしゃべらず、複数のひとのあいだではじめて言葉が成立するという考え方である。そもそも一人ひとりが言葉を発明するのであるなら、それは他人たちのあいだで通じることはないであろうし、それはかりでなく、――後期のウィトゲンシュタインが気にしていたように――、そもそもひとりでなすようなことでは、言葉を発明したとはいえないであろう。

当時、「フリードリッヒⅡ世の実験」という、知るひとぞ知る伝承があった。五〇人の村人に、子どもを育てるときに話しかけること一切を禁止したら、その子どもたちはみな成人するまえに死んでしまったというものである。

その伝承が事実かどうかは疑わしいが、そういう伝承が残っていたということは、ひとびとは、孤立した子どもには言葉が習得できず、しかも死んでしまうほどに成長を阻害すると思っていたということである。ほかにも、噂話の域を出ないにせよ、「アヴェロンの野生児」や「アマラとカマラの姉妹」など、オオカミやクマに育てられた子どもの逸話も多く見出だされるが、「言葉なしには人間にならない」という信念のようなものが、素朴なひとびとのあいだにはあったのである。

言葉を教えられなかった子どもがどうなるのかは、科学的に研究すべきであるにしても、人道上の観点から実験することのできない種類のことがらであるが、この噂話を受けて、モーペルチュイもコンディヤックも、もし三人ないし二人の子どもに、言葉を教えないでおいた場合には何が起こるかという思考実験をおこなった。

モーペルチュイは、当然のように、子どもは勝手に言葉を作ってしゃべりだすと予想しており、その言葉がどの国語に似ているかという問いをたてている。これは、フリードリッヒⅡ世が、バベルの塔以前の古代へブライ語を子どもたちがしゃべるのではないかと予期したという、それとおなじ問いであったが、しかしそうした神の言語はあり得ないと否定するためであった（『レットル』）。かれは人間精神に、ユダヤ・キリスト教が教える特権性を認めなかった。

モーペルチュイは、ジャワでオランウータンが発見されたと聞いて、オランウータンとの文字通りの「会話」を切望していたほどであった。それはロックによるオウムに関する噂話よりもずっと確実な証拠になるに違いないのであって、その結果、動物と人間の差異、人間における言葉の発生を真に規定しているもの、言葉を語る能力と思考する能力の関係があきらかになるはずなのであった。このおなじオランウータンの伝聞に対し、理性を先立てて考えるヘルダーが、オランウータンが言葉をしゃべるはずはないと、理由なく断言しているのは、いかにものことといわざるを得ない（第二章）。

それに対し、コンディヤックは、そうした状況におかれた二人の男女の子どもは、彼ら相互でしゃべりはじめることはないが、おとなになって子どもをもうけ、その子どもに身振りで話しかけることを通じて、子どもが分節言語を語りはじめると推測している。

というのも、ひとが共同生活をすると、叫び声と行為の対象の知覚とのあいだに結びつきができて、相手の苦しみを苦しむといった情念が生じるようになるであろうが、そうした情念と音声記号の関係は少数で単純な結合にとどまっているに違いない。ところが、子どもができると、その子どもたちは親とはおなじ状況にはいないために、親に対して自分の欲求を知らせる工夫をせざるを得ない。そのためにいくつかの音声を組みあわせてみることを試るであろう。そこに言葉が発生するというのである。ヘルダーのいうように「反省」ではないが、人類の親子関係における子どもの欲求の親への依存が、行為としての言葉を生みだすというわけである。

ルソーはそうした思考実験はしなかったが、かれも自然状態においてはひとは孤独であり、しゃべることをしないと述べている。しかし、コンディヤックとは異なり、たとえ家族のあいだでも、――言葉が父から子へと教えられるというヘルダーの説とは正反対であるが――、ひとはちょっとした徴候や仕草を通じて自分の欲求を満たしあうことができるので、言葉は必要ないというのである。戦いあう場合にはなおさらであって、『人間不平等起源論』第一部で述べるように、脅かしの、あるいは助けを求める叫び声さえあれば十分なのであるという。

とはいえ、「もごもご」であれ、ルソーは、文字以前にも人類が分節言語をしゃべることは認めていた。言葉は、井戸を掘るような共同作業があるとき、井戸の周りに集まる若い男女のあいだで、はじめて歌のようにしてはじまるに違いないと、かれは述べる。歌は、複数のひとびとのあいだで交わされ、他のひとびとに伝わり、反復される。反復されるごとに裁断され、組みあわされなおす。なるほどそのようにして、歌はついには分節言語となって、制度的なものとして社会に引き継がれることになる。これはいかにもありそうなことである。しかし、ルソーは、かれの文明堕落論において、こうした、情念を表現する歌のような言葉に比して、文字によって成立する概念的言語を、堕落したものと捉えていたのであった。

37　科学的言語学

ところが、である。こうした議論がそれ以降発展していくことはなかった。一八六六年三月八日、パリ言語学会が、言語起源論と普遍言語論をともに禁止するという公示を出す。「学会は、言語起源であれ、普遍言語の創造であれ、それらに関するどんな意見交換も認めない」というのである。理由は定かではないが、おそらくは、いずれもが思弁的であって、科学としての言語学にふさわしくないということだったのであろう。

言語起源論は、確かに事実として言語の歴史的起源を解明しようとする実証的な議論ではなかった。言語起源論は、アダムの言語、神的起源による言語を否定して、人間動物が言葉をしゃべりはじめる根拠となる多様な可能性を、人間的自然（人間本性）に属するものとして解明しようとするといったタイプの議論であった。

また、それらは言語が思考に対してもつ本性的差異をあきらかにしようとする議論でもあった。観念を明晰に表示するように思われる言葉、およびその理想としての普遍言語に対して、そうでない言葉の特性を挙げて、それも含めて成立している言葉とは何かをあきからにしようとする議論であった。

この論点からは、デカルトも指摘していたように、実際に語られている言葉が文法的に不完全性なものとして現われるということを説明することができた。いいかえれば、普遍言語が困難、ないし不可能である理由を説明することができた。それを単なる欠如としてよりも、言葉の本性として理解しようとするところに、言語起源論の真骨頂があった。

しかし、パリ言語学会の公示に呼応して、言語についての考察は、その後、具体的な諸国語の比較を通じての、言語の実証的研究へと進みはじめる。そのさきがけとしてトゥックの語源学のようなものもあったが、語源学は所詮一単語ずつの関係を詮索するものであり、強引な照合による恣意的な解釈になる傾向が強かった。そこで、新たに登場してきた言語学者たちは実証的な歴史における語源や共通の語根の探索に向かい、そのなかで歴史言語学派と呼ばれる学者集団が形成されて、まもなく「印欧語族」が発見されるにいたったのである。

その辺の経緯を、デュクロとトドロフによる『言語理論小事典』によって通覧しておくならば、そのはじまりは民族学にあったという。大航海時代以来知られていた世界各地の民族の知見を民族誌（エソノグラフィ）として整理するにあたり、各民族の習俗や文化を詳細に知るためにはまずその言語を学ぶ必要があるということで、言葉と言葉が意味するものとの関係が研究されるようになったという。従来は語源論（エティモロジー）、つまり太古においてはどんな言葉だったかという神話的起源の探究であったが、一七六五年にシャルル・ド・ブロスが、人類共通の「根語」を探求しはじめた。そこに、言葉を思考から切り離して実証的に研究する近代言語学のはじまりがあった。

言語の実証的起源を探究する際には、ある語の、単に語源を探すのではなく、旧い言語にあったものとの関係が借用（代入）なのか継承（変化）なのかというように検討されなければならない。旧いものをただ復活させた場合は借用であるが、継承の場合には規則的で、言語の内的組織に、つまり語幹等の文法的分析、および音声的組成（音韻法則）にその変化の理由が求められる。この後者の観点で、言語の差異が内的規則性を示すかぎりにおける言語の変化を探究していく歴史言語学派の立場が生じたのであった。

そのなかで、やがてボップが、一八一六年に、インドとヨーロッパの各国語が同根であることを示し、それに続けて、シュレーゲル兄弟、グリム、シュライヒャー、ラスクが比較文法学を発展させていった。そこにおいて、サンスクリット語とヨーロッパ諸国語の類似性、類縁関係、印欧祖語の自然的変形とその再構成が見出だされ、そしてそれぞれの祖語の文法要素（語幹ないし語彙要素）を比較することによって、言語発展の系統と言語族が見出だされたのであった。これが、いわゆる印欧語族である。

その結果、印欧語族の諸国語はみな起源的な言語から衰退しつつ分離したものであるとみなされるようになり、言語学はその様相の研究であるということになった。学者たちは、旧い言語の文法こそ真の文法なのであるか、新しい諸国語は新たな文法組織の形成なのであるかと論争していたが、やがて、言葉にはコミュニケーション手段としての経済性が必要であろうから、言語の創造は古代においてのみ起こり、最初は中国語のような孤立言語、つぎにアメリカインディアンの膠着言語、そして印欧語族の屈折言語へというように進歩してきたのだと考えられるようになっていった。

そこでは、――バベルの塔以前のアダムの言語を探究しようとする神話的発想も残っていたが――、思弁的考察を捨て、人間の諸性質を心理学からではなく、言語の領域に限定してあきらかにしようとする科学的な探究がめざされていた。それが、二〇世紀初頭になって、――ソシュール言語学が代表であるが――、言語構造を検討する科学的言語学（言語科学）として完成されることになるのである。

38 フンボルトの言語論

それにしても、科学的言語学とはいえ、ただ諸国語を網羅的に観察調査しさえすれば言語の本質がおのずから見えてくるということでもなかった。何をもって言語とするかの、言語を捉える観点が必要なのであった。その意味で、独特の言語観であったとはいえ、一九世紀初頭において、実際にもバスク語やインド語など諸国語の調査研究をしたウィルヘルム・フォン・フンボルトの言語論は、すでに科学的言語学に向かう流れに棹差していた。

フンボルトは、それぞれの国語の不完全性の理由を他国語からの伝播と借用に求め、各国語が自立しているように見えるのは分離によってであり、中間要素の消滅によってであると考えた。

それまでの言語起源論においては、各国語を念頭に置いて、言葉以外の人間経験との連関から言語の生成について論じられていたが、かれは、全人類の諸国語は相互影響のもとにあるのだから、諸国語それぞれの起源から直接的に現行の国語を捉えるというようなことをすべきではないと主張した。消滅した無数の国語や、いまなお発生しつつある諸国語を忘れてはならず、それゆえ、諸国語の総体について、――それをもって「言語」と呼ぶわけであるが――、人類の言語一般の成立と変化をこそ研究の対象にすべきであるというのである。それが、かれのいう「一般言語学」であった。

その考えに基づき、かれは、『カヴィ語研究序説』において、つぎのように述べている。

「ひとつの民族のいまの世代のひとびとが、いかにすべての先行する時代を通じて言葉が被ってきたものすべてによって支配されているかを考えるとき、そしてひとつの世代の力が、つぎの世代とまえの世代が相互に入り混じって生きているのだからこれも純粋にひとつの世代の力ですらないが、それに対していかにただ足を踏みだすだけかということを考えるとき、実際、言葉の力に較べて個人の力がいかに小さなものであるかが明白になる。」(第九節)

かれの考えでは、語の意味や文法や用法が変更されるのは個人においてではなく、――通じあってこその言葉であり――、各世代に対してであるのだから、言語は個人的な経験として説明されるようなものではない。それゆえ、言語学は、個人的な言語経験を超えて、言語そのものの発展と目的とを見出さなければならないのである。ここでの言語の「目的」とは、言語の本性がコミュニケーションにある以上、人間一人ひとりを理性的にし、人類全体の社会的結合を実現することであるとされる。

この意味で、フンボルトの言語論は、しばしば「言語有機体説」と呼ばれたりする。かれ自身も「有機体」という表現を使っているが、必ずしも言語をそのまま生物身体になぞらえていたわけではない。ヘルダーの言語起源論やラマルクの目的論的進化論やドイツ観念論の影響もあろうが、コンディヤックの文明史的言語論の延長において、ただし個々の人間経験から切り離した対象領域として言語現象を捉え、言語全体が目的をもって変化発展しているものとして言語を見出だそうとする立場であった。その点ではまた、しばしば「全体論」と呼ばれたりもするのである。

かれの観点からすると、言語は、個々に言葉をしゃべる個人を単位にしてではなく、大なり小なり言葉をしゃべる集団内で生じている現象である。たとえば人称代名詞が、日本語の「あなた」のように空間的距離によって表現されることは、——とフンボルトはいうのだが——、その土地の個々人の思考や、ましてや特定の人物の理性的判断によって定まったことではなく、「民族」の習俗や文化を背景としながら、言語全体がより精密に世界を表現し、普遍的関係を見出だしていけるようなものへと発展する過程において出現することである。

では、このような言語の発展に対して、個人の発話はどう位置づけられるのであろうか。

「言葉は思考され得るすべての本質という、無際限の真に境界のない領域にまったく固有に直面している。したがって、言葉は有限な手段から無限の用法を作りださなければならないし、思考と言葉の同一性を産出する力を通じてそうすることができる。しかし、このことは言葉が同時に二つの方向にその効果を及ぼすべきであるということを含意している。そこにおいて、言葉はまずは発話の方へと展開するが、それからまたその発話を授けた力へと舞い戻る。」（第一三節）

どういうことか。ひとびとは思考し、その言語の許すかぎりで思考の表現を追求する。その結果、言葉そのものを変更しようとする動機によってではなく、思考の効果として、言語にはその思考の表現を可能にするような細部の変更や新たな要素が生まれる。チョムスキーが採用した「言語が有限な要素で無限な表現を産みだす」ということの意味は、こうした言語全体の変化を含んで述べられているのである。

いいかえると、ひとは、自分の主観のうちの思考の表現において、客観的なものとしての言語の制約を受けるが、そうした個人の営みが言語を支え、その思考が言語に影響を及ぼすというわけである。それにしても、その影響は、その思考を表現する言葉が他の思考のそれぞれにおいて新たな表現を求められるというやり方によってでしかない。思考も言語に影響されるのであれば、その過程を跳躍して、思考が言語を改変してしまうことはあり得ないのである。

思考それ自体は各個人の課題に解答を与えようとすることであるから、本来は自己中心的なものである。それはそれで、さしつかえない。それに対して、フンボルトは、――言葉はもとより人類の集団性を促進するものであるのだから――、社会の課題、すなわち社会全体の共同体的結合の推進、人類共通の理想の実現という課題が、言語があって、思考がその言語を使用せざるを得ないというところから、はじめて思考されるようになると考える。言語が思考に影響を与えるというのは、そのようにしてなのである。

すでに紹介したように、モーペルチュイも、ひとびとの生活する経験の整理のされ方に応じて、民族によって異なった言語が生まれ、その結果として異なった思考がなされると推論していた。そこには、中世以来の教条的な形而上学的思考を否定し、各国における多様な思考に正当性を与えようとするといった啓蒙主義的な意味あいもあった。

これに対し、フンボルトは、ひとびとが思考を表現しようとする活動につれて国語は異なっていき、その各国語のもとで思考することが否応なくそれぞれの民族の統合について考えさせられることになると考えた。各国語が存在し、思考がその言語に従うとき、言語はみずからの存在理由としての民族の統合の理念をひとびとに与えるというのである。

かれによると、それぞれの文化に対するその国語の寄与分があるという。言語はその特性によって諸概念の枠づけをおこない、ひとびとの思考を組成し、歴史的理念を形成させる。歴史は言葉で語られるものであり、その歴史を知ることを通じてひとびとが理念を抱くのであるから、言語は歴史の原因でもあれば、目標となりもする。ひとびとは孤立した個人としてではなく、民族の一員として、地域と歴史によって制約されながら、その過程に応じて、共同体のなかで個人としての自覚をもつようになり、その結果、それぞれが自分の言葉を使うようになって思考するのだし、さらに理性的に思考するようになるというのである。

諸個人にとっては、言語は、自己の感情や欲求の表現という親しいものでありながら、社会的権力の規範に従うべきものというように、両義的なものとして経験される。言語が個性を否定するにしても、逆にそこに社会の統一の理念が含まれているがゆえに、いよいよ言語は、ひとを国民としての感情を表現する方向へと向かわせるであろう。

この意味で、言語は個人の理性の産物でも、家族の会話の産物でもなく、国民の統合の産物であって、——ヘーゲルのいう「人倫」のように——、まずは多様でありながらも国家の普遍性に向かうべき個々人の発達段階に位置づけられる。そうしたなかで、国語に対するそれぞれの個人の意義は、思考してひとびとと協働する「生きた言語」のもとに進むか、形骸化された「死んだ言語」のもとに進むかを選択しているところにあるというのが、フンボルトの主張であった。

フンボルトの時代は、いわゆる帝国主義段階をまえにして、西欧各国で「国民国家」の形成のために、標準語としての「国語」が作られ、国語教育が政策的に大きな意味をもちはじめた時代なのであった。

39　言葉と国語

ところで、西欧における「国語（ラング）」の原語は「舌」であり、「マザータン（母語）」という呼び方があるように、赤ん坊が育つにつれて無自覚的に使うようになった言葉のことである。とはいえ、そうした言葉は、一人ひとりの赤ん坊に対してそれぞれ別の母親がいるのだから、「国語（母国語）」とはまた別のものである。

ところが今日、おなじ母語で会話しているときでさえ、——相互に考えを理解しあうためというより——、語彙や文法や語用について、正しい表現がどのようなものかをいいだすひとがいる。ひとびとは言葉の正しさを、自分の言葉が属するとされる「国語」に求めるのだが、一体、国語辞典に書いてある説明は、——辞典自身の使用する言葉も含め——、どんな権利や根拠をもってその正しさに適っているといえるだろうか。

国語辞典の説明は、編纂者の母語ではないし、兄弟語や家族語や友人語や親戚語でもなく、男語や女語や子ども語や老人語でもなく、方言や業界用語や組織用語や仲間言葉でもなく、そのいずれでもあるというのではなく、まさにそれらすべてが蒸留されてしまっている言葉である。はたして国語辞典に書かれてある言葉とは何なのか。国語辞典を書く言葉とは何か。そもそも「国語」とは何なのか。

言葉を成立させるルール（規範）があって、それがそれぞれの国語であると考えられるかもしれないが、辞書や文法書や語用マニュアルは、その意味でのルールを記述したものではなく、それ自身がルールである。何のルールであれ、ルールは言葉で作られるものであって、言葉を作るものではない。それを言葉一般にまで重ねて適用して、言葉をルールによって説明しようとするのは転倒した発想であろう。

言葉のルールは、——マックス・ウェーバーのいう「理念型」であって——、言葉を意識した際に見出だされるにすぎない。ひとは、外国語でないかぎり、言葉の「ルール」を法律や契約に従う場合のように意識して語ることはない。運動するときに、筋肉や骨格の構造と重力の関係に関わる自然的規範

（法則）に従うように、ひとは言葉を語るときに言語のルール（言語規範）に従うといういい方をしてもいいが、それでもなお、言葉は各国語によって異なるのだから、それは運動する場合のような物理学的な法則ではない。語彙や文法や用法は、外国語を習得するときの手がかりとして、学校で学ぶだけのものにすぎないのである。

そもそも、わが国でそれが「国語」と訳されたときに、田中克彦のいうように、大きな誤解が生じることになった（『言語からみた民族と国家』第Ⅳ章第七節）。イギリスの国語は「英語（イングリッシュ）」であり、フランスの国語は「フランス語（フランセ）」なのに、わが国では「国語」である。

どこにも国語という完結した言語があるわけではなく、地域的偏差による無数の方言や、世代間偏差による語彙と文法と音声の多様性や、流行語や外国語の影響や特定集団のジャルゴンや俗語による変遷が、つねにある。また、スイスなど、多言語国家、多民族国家もある。そもそも「国語」、国の言語とされるだけの、事実は一国一言語ではない。アイヌ語が「国語なき方言の集まり」（藤井貞和『物語理論講義』第Ⅱ章第十講）といわれたりするが、それは国語がまさに政治によって作りだされるものであって、アイヌのひとびとが、たまたま近代的な国家ないし民族意識をもついとまがなかったという事情によるものでしかない。むしろ、当時のアイヌ人や朝鮮人への日本語教育、創氏改名などを例として、とりわけ言語の統一によって他民族への支配が推進されたのである。

国語は、しばしば素朴に考えられてきたように、民族、すなわちその土地に多くの世代にわたって生活してきたひとびとの人口が増え、文化と産業が発展して国家となり、便宜のために諸方言が統一されてできてきた、といったようなものではない。「民族」という概念自体からして、血統やＤＮＡの観点からしても証拠のない、自然によっては根拠づけ難い曖昧な概念なのである。

ベネディクト・アンダーソンの『想像の共同体』によると、「国語」とは、西欧の君主国家が植民地を拡張して帝国主義化した段階の新たな国際秩序のなかで、国民国家を支える愛国心を形成するように、と、政策的に強制された「国家の標準語（共通語）」のことである。そして、近代的意味での「国家」とは、西欧文明が世界進出していく際の国際関係のなかで、西欧的な文化としての等質的時空間によって支配するために描かれた地理空間的線と歴史時間的線に囲まれた領域上の「想像の共同体」だったのである。

他方、「民族」とは、帝国（複数の国家を支配する超国家）の支配者たちが植民地を分割統治するために、植民地の生活様式や役割階層が多様に混淆していた諸部族のそれぞれに民族名と地理的分布（生活すべき場所）を与え、その識別基準をかれらの母語とし、博物学と考古学を使って、発掘した事物と物語をかれらの歴史として与えることによって形成された概念だという。

この概念が、逆に、二〇世紀になって植民地独立運動に大きな役割を果たすことになるのだが、民族とされた諸部族は、国民国家を形成するために宗主国の国語を採用してみずからの母語を捨てたという逆説的なことすら起こった。しかもまた、この民族という概念は、その後の悲惨な内紛の原因ともなった。ルワンダで、単に出自と階層が違っていただけの根拠なき民族区分の差別にのっとった大殺戮が行われたことは記憶に新しい。

他方、この概念はまた、一九世紀、国民国家の形成に遅れをとったドイツやイタリアなどでも独特の働きをした。政府は、イギリスやフランスなどの他の帝国と対抗するために、他国語と母語の差異を強調し、特定の方言を国語とし、――ドーデ『最後の授業』で描かれたように――、地域と時間の枠組によって設定された国民学校教育において国語教育を推進し、他国との国境と歴史を明確に区分する歴史教育を進めることによって、国民の政治的統合を進めようとした。公的私的な多様な文書の書式、学校教育やメディアにおける標準的語法の基準として、国語の辞典や文法が制定され、それが教師や警官や役人などからはじめて、政治権力によって強制された。

国民国家の形成にとって重要なことは、文字を教えて識字率（リテラシー）を高め、書き言葉によってそれぞれの母語を矯正して、国民がみなおなじひとつの母語としての「国語」をもつようにすること、そして国境を意識して書かれた民族の歴史の物語をもつようにすることであった。

すでに述べたように、言語学が歴史をさかのぼって統一言語を見出だそうとしたことは、――進化論が優生思想となって人種差別を推進したことと同様の――、そうした文脈のもとにあった。ドイツのヘルダーやフンボルトが、言語と思考と民族の合致を唱えたのは、この文脈におけるドイツ民族精神の鼓舞という意味あいで受けとることもできよう。

40 国語イデオロギー

ひとびとが国語について、あるいは語源について語るということは、――明晰な思考のためというよりは――、民族や血統の歴史について語ることなのであり、その地域のそれぞれの母語集団が、みずからの母語を国語とすることをめざして闘争することなのであり、民族間ないし母語集団間の征服や支配について語ることなのであり、自民族の優秀性や正統性について語ることなのである。たとえば、ハイデガーがギリシア語の語源について語るとき、かれはドイツ民族を古代ギリシア人の末裔に位置づけようとしていたのであった。

その結果、やがて国民の側には、国語という標準化された語彙と文法と語用のもとに、国語イデオロギーが形成されてくる。だれもが自分の生まれて以来の母語、一人ひとりの自前の言葉と、自分が置かれている状況に即した言葉を国語に譲らなければならないような圧力を感じさせられるようになり、国語に従っている言葉こそ明晰なのだと思い込むようになるのである。

言葉の明晰さは、本来は家庭における母語の明晰さだったのであるが、近代の学校教育において国家の支配が内在化された結果、それは学校で植えつけられた記憶に参照することの明晰さにとって代わられる。テストの「正解」の明晰さ——すなわち、言葉の意味については国語辞典を思い出し、国語辞典のように語ることが、みずからの知的水準や教養を示すものとされ、それを語ることを通じて国民としての正しい生活を意識することなのである。文法について、文法書のように語ることは、正しい言葉遣いとともに集団に対する従順さを相互に訓練することなのである。何かにつけて語用について会話することは、コミュニケーションによって権力への抵抗を相互に打ち消すことをめざすことなのである。

国民の言葉をコントロールすることが国家に奉仕するような人間を養成するところから、国家という「想像の共同体」への愛を語る言葉が「国語」としてたえず語らされ、——フンボルトが説明したとおり——、歴史として物語ることを強いられるようになる。そのようなところでは、言語活動が自動装置に化してしまい、すべての言葉の実存が不可能になってしまう。言葉は凍え死にしつつあるときのように硬いものとなり、なぜ思考しなければならないかという理由すら理解できなくなってしまうだろう。カンダタが蜘蛛の糸を伝って昇っていったときのように、意味のか細い連鎖を伝いながら、それがいつ切れて意味が消えてしまうかもしれない言葉の営み——とはいえ、おしゃべり好きなひとがあまりに多くいて、だれも語りやめることはしないのであるが……。

それにしても、語彙や文法や語用とは何のことか。それは言葉を、ユダヤ・キリスト教の宗教的基盤である「最後の審判」と「神との契約」と「律法」の不完全なものとみなすことではないだろうか。何が結果し、何が結果しなかったかということを問題にする審判、——起こったことをどんな言葉で表現しようか——、だれが何を意志し、何を意志しなかったかということを問題にする契約、そしてまた、正しく主体の意図を述べた言葉であるか、どんな条件のもとで何が実行され、何が実行されてはならないかということを問題にする法律。「言葉が状況に即して適切に述べられたか」と問うことは、いずれにせよ言葉で問われるのであるのだから、権力を背景にして、語られた言葉を担保にして、ひとを特定の行動や特定の場所に拘束しようとする言葉の特殊な用法にほかならない。

「だれもが意味が分かるように語られなければならない」という言葉の従来の明断さに対して、クイズに答えるように、模範どおりに語ることのこの奇妙な明断さ——会話のマナーというばかりではない、その場その場で何をどのように話題にするかが問題にされ、そのことを通じて、それを聞くひとびとの振舞や判断や発想がたえず更新されていく。

そしてまた、若者言葉や方言について、あるいは文法や尊敬語についてでは、ことあるごとに話題にされるわけであるが、そのことは、暗黙のうちに、その言葉によって、コミュニケーションのマナーから、それに対応した振舞方についてまで、すべてのひとが従うべき、社会の「すばらしき同一性」への賛美を表明することなのである。

意味論とは、学問ではなく政治である。もとはといえば母語としてであることに依拠している、言葉で与えられた意味の明断さの、あかるすぎる光に包まれてしまえば、どんな思考も見えなくなってしまうだろう。思考はいつも思考停止を求めており、「分かった」とひとはいうが、かくしてそれは問いを窒息させ、思考を停止させて、ついには言葉の意味すらも分からなくしてしまうのである。

アルチュセールならば、そうした会話こそ「国家イデオロギー装置」によるものだというだろう。それは、暗示や洗脳や、そしてマインド・コントロールのようなものとして、ひとびとのこころに体制維持へと向かう思考を産みだす装置である。そうであるとすれば、言語がめざしているとフンボルトのいう「歴史の理念」とは、まさにこの装置の別名だったのではないだろうか。

言葉がそれぞれに対応する「意味」をもち、事物の世界の客観的出来事とかみ合うものだとひとびとは考えてきたが、それは第一には、ひとびとのおしゃべりのなかから生じることであって、おなじひとつの出来事のなかで相互に役割を割り振りあうなかで、その出来事を物語り回想するからである。しかし、それに対して、それは第二には権力によるのであり、歴史を書いて権力自身の正統性を記憶させ、法律に顕著であるが、言葉が犯罪要件に厳格に対応するように、訓育された警官や裁判官によって強制されるようになるからであり、第三には国民にとってであり、国家ないし団体への帰属が試されるような状況において、言葉のいいまわしがたえず告発されるようになるからなのである。

41　言語起源論再考

言葉に話しを戻そう。わたしは序論において、「していること」がどうやって「していることのイメージ」にとって代わられることができるのかという問いを発した。言葉が概念的言語として何ものかの名まえとなることができるとしても、その働きを無視して、産出したものと産出されたものとを同一視するわけにはいかないからである。言葉は、いつもではないが表象を産出する。だが、――すべての語に「意味」という名の表象が伴うという錯覚のもとに――、だからといって産出された表象相互の関係についてのみ思考し、ないしは言葉を組みたてなおしているだけでは、言葉は理解されず、真に思考することもできない。それは、いわば美しく盛りつけられた料理を見るだけで味を評価するようなものである。盛りつけが料理の味に重大な影響を及ぼすにしても、——言葉を耳に入れて味わうのと同様に——、料理も口に入れてみないかぎり、何もいうべきではないであろう。

パリ言語学会が言語起源論を禁止して以来、科学的言語学によって、言語起源論の中心にあったパロール（言葉）の意義が忘れられ、パロールはラング（言語）の崩れた形態とみなされるようになった。フンボルトのいうように、共同体のなかの個人へと向かう言葉以外は、「死んだ言語」とみなされるようになった。このような言語学は、学問として、価値中立的という意味での正しい道でもなければ、真理を見出だすという意味でも正しい道ではない。言葉に関するかぎり、科学であればすべてが解明されるというわけではないのである。

たとえば現代の言語学は、言葉の随時の先祖返りや退縮（環境に応じて機能を捨てることで新たな形態や機能を得る進化）を説明することができない。それを破格であり、欠如であるとしか捉えようとしないからである。言語としてすでに成立しているものをしか扱うことができなくなっている。それが言語であるという境界や本質を、言語とみなされている単なる先進国の国語に翻訳されるものの形式からのみ定義し、言語自身がどのようにして成立したのかとは問わぬまま、その特徴や条件ばかりを論じるようになっているのである。

もしここからが言語であり、しかもすべての言葉は、その辞書や文法書が編纂された正統派言語としての国語の欠陥品としてしか捉えられないとする境界を設けるならば、それは言葉が情報を伝えることは説明はできても、言葉のしたの思考、言葉を巡って生じる真理の経験も暴言によって傷つけあう経験も理解させることはできないだろう。

確かに一八世紀の言語起源論は思弁的であり、科学的、実証的な歴史ではなかった。だが、実証主義的歴史学よりも以前の歴史（ヒストリー）は、「物語」のことであった。神話や昔話や寓話や叙事詩や博物誌、または支配者を正統化する国事記録のようなものでしかなかった。そして、言葉（パロール）こそがこれらの「物語」を可能にしていたのと同様に、実証的な歴史記述をも、言葉はそのおなじ権能によって実現してきたのであった。歴史学的実証性そのものよりも、実証性を与え、歴史を表現するような言葉の形成、言葉の変遷および実践が先立っているということを忘れてはならない。

したがって、どんなに科学的言語学が発展しても、ひとびとは科学に頼らずに、――あるいはその知見を少し借りてきて――、言葉の起源について論じ続ける必要がある。というのも、ひとつには、言葉をどのように使うかがまさに政治にとっての中心的課題となっているのだし、他方では、科学的言語学の発展によって、いよいよ思考することがどうすることなのか、思考する精神とはどのようなものなのかが謎めいてきているのだからである。

言葉の起源を多元的に捉えることなく、そのいずれかを強調して言語の本質とするような議論は、ちょうど河の本質を捉えようとして、雨水や湧水や工場排水や生活排水から、あるいは日照や地形や生態系から、そのひとつだけを取りあげるようなものである。だが、――そこに含まれる致死性の毒物を飲んでしまったということでもないかぎり――、そこで溺れているひとがいても、そのことの何をも説明することはできないであろう。

そう、われわれは言葉に溺れているのである。すでにほかのところで論じたが（『差異とは何か』）、哲学的にいえば、「言葉とは何か」と問うことは、それも言葉でするのであり、それを答えるのが言葉である以上は、その答えをただ手に入れればよいということにはならない。そう問うことが何をすることであり、——哲学はいずれにせよ真理に関わるのであるからには——、言葉の本性に逆らって真理の言葉を産みだすような特別な道のりを辿るにはどうすべきかが問われなければならない。

現代のわれわれは、デカルトのように、暖炉のまえで椅子に座り、腕組みをして超越論的諸条件について形而上学的な考察を深めれば、真理を認識する方法が見出だせるというわけにはいかない。言葉に対して無理をして真理を語らせる方途を考えないと、ただ言葉という言葉についての、終わりのない物語を構成する語句の結び目を数えあげていくだけのことしかできないであろう。

多くの哲学者たちが、自分の思考を、どんなバイアスもなしに語ることができると考えてきたが、それは暗黙のうちに「言語」を単に諸国語を一般化したものとして捉え、そこに哲学の語り方の、近代市民社会において確立された特権があったというだけのことだったように思われる。かれらが言語について語ろうとするとき、それがどのようなものであるとするか以前に、どのようなものとして言語の範囲を画定するかによって、すでにかれらは政治の一領域に関わっていた。

ライプニッツやウィルキンズのように、諸国語のひとつとしてではなく、すべてのひとにとって完全に意味を表示することのできる普遍言語を構想した哲学者や思想家たちもいて、その発想は、二〇世紀チョムスキーの遺伝的生得的言語観に、いまなお残存している。そのような発想は、普遍言語を構想することのできる理性があると想定しているだけではなく、それを上回って、自然に生じた言葉によって理性が混乱するという、デカルトも認めていた精神の不完全性があることを前提にしているのである——不完全なのだからこそ理想の言語が必要だというのではないだろうか。

田中克彦は、「もとは漠たる言語観から、理論的に意図された、手のこんだ言語観に至るまで、それらは決してそれ自体として自由の空間を泳いでいるのではない」（前掲書二七七頁）と述べている。定義として、言葉について語る特別な資格のあるような、言葉とは別の言葉はない。

哲学のなすべきことは、言語に関わる政治の流れに沿うようなやり方で「言語とは何か」と問うのではなく、そうした言葉のあり方について問うことである。一体どのようなひとが言語を、議論の主題にし得る単一で固有なものとみなせるだろうか。時間のなかにあってひと知れずする自生的な振舞、あたかも自然がみずからを語るような言葉について問うことはできないのであろうか。

歴史学が言葉でなされるのであるならば、その歴史記述をも可能にする言語の起源は、他のもろもろの起源のように、歴史のなかに書き込まれるべき種類のことではない。言語起源論にとって本質的なことは、発生段階の言語を実証的な歴史記述のなかに正しく収めることができるかどうかではない。言語の起源を語る言葉は、むしろ言語が言語自身の出自を示してみずから歴史を語るという、神話に比すべき言葉でなければならないのである。神話と同様に、宇宙の開闢や人間の条件について語り得るかどうかが重要なのである。

42　言葉の起源

とはいえ、言葉の起源について思考することが何を意味しているのかについても、しっかりとふまえておく必要がある。起源と現在の関係は、出来事の展開が終わったときの、その開始点と到着点とを指しているが、ひとはなぜそれを問題にするのであろうか。起源について語ることで、どんな意味でひとつの説明とされるのであろうか。

もし言葉のうえでだけなら、起源はすでに終わったことであり、もはやないところのものである。たとえば「貨幣の起源は貝殻である」という命題の意味はただそれだけである。だが、その言葉が生じるのは、その命題が意味する以上のものがあるからである。時の流れに思いを馳せるのであろうか、現代の貨幣制度の複雑さに目をくらまされるのであろうか、それとも、あたかも推理小説であるかのように、何か隠されているものがあって、それを掘り返すことが何かを見抜くことであるというような事情があるのであろうか。

ひとは普通はそんなことまでは考慮に入れないし、だからいちいち考え込んだりせずに、起源について語りあうことができる。なるほど境界を巡る紛争であれば、それがあたかもいまなお現在の状態に権利を与えるかのように、ひとは資料を捏造してまで争おうとするが、それは現在にその権利を認めようとする政治が働いているかぎりにおいてである。語源の探究は、その方向での思考ではあるが、それにしては安直な思考である。それは、いまのその思考が用いる言葉によって旧い語を翻訳しようとする試みであり、その語が使用される複数の文脈から、いまの語との意味の違いを示そうとする試みである。

その違いが分かったとしても、どうやってその当時の意味を、当時以外の言葉で的確に表現することができるのか。それをすることで、違い以外の何が分かるのか、昔のひとがいまのひとよりも何かが分かっていたという信仰のようなものを示すことができるのか——しかしながら、その信仰を樹立したのは、まさにいまの言葉ではなかったか。

それにもかかわらず、歴史言語学者たちは、そうしたことよりも、ひたすら諸国語の系統樹を作るという方向で思考し続けた。それはそれで、「文明の境界」として、ユダヤ・キリスト教思想や西欧文明のイデオロギーを強化するという政治ではあった。それに対し、言語起源論は、なるほど実証性に乏しい藪のなかの議論なのではあったが、ひとが言葉を発する状況を理解するために、言語で表現された事物の世界や人間の社会ではなく、ちょうど視野の周辺のように、よく見えない言葉のない背景からこそ、言葉を捉えなおそうとすることであった。

だから言葉の起源について思考することは、それを思考することを可能にする言葉についても思考するということでなければならないであろう。ひとが「起源」というもの一般についての何らかの情動を抱くという、言葉のもつ効果があるからというばかりではない。言葉なしには、歴史を想像することすらできないのだからである。起源を与える「歴史」は、言葉が理解させてくれるものであり、「起源」それ自体も言葉が思考させる概念なのだから、「言葉の起源」という言葉の意味について思考しておかなければならないのである。そのことを現在の言葉のうえでではなく、言葉の起源において思考しなければならないのである。

言葉の起源は、われわれの経験がもはや言語にとり巻かれてしまっている以上、想像されたものとしてでしかない「言語なき思考」のことであり、その思考において発せられる声のことであるが、しかし、それは単なる歴史上の出発点ではない。言葉の開始点と到着点は、その想像のなかでは同時に捉えられるのであるからには、言葉の起源とは、単に現在の言葉がそれでないところのものであり、それが独特の形で含まれているものである。

したがって、言葉の起源について考えることは、歴史的時間的に先立つものを考えることではなく、言葉のなかにあって、最も精巧なものと最も素朴なものの関係について考えることなのである。言葉をすでに完成されたものとはみなさず、その最も素朴なものによって賦活されているものと考えることなのである。いま働いている言葉が、もし語が観念を示すかのように見させるという働きをもっているのだとしたら、言葉の起源は、現在もなお言葉のしたに隠れているそうした働きとして見出だされるのでなければならないのである。

言語起源論は、それを先史時代についての歴史学的イメージに投射してみせたわけであるが、それでも現在の言葉のなかに、赤ん坊の言葉も含め、大多数のひとの声のうえで、先史時代の言葉が生きていて、しかもそれを最も精巧な言葉と識別するのが困難であることを認めさせることだった。そしてまた、それらを間違った言葉、非理性的な言葉として切り捨てたり、非難したりすることが、国語と呼ばれるいまの言葉の、決して普遍的でない特性のひとつでしかないことを認めさせることだったのである。普遍的ではないであろう、言葉は、どの時代にも国語であったということはないのである。われわれはみな、起源的な言葉をしゃべっているのであり、国語とは、ときに情報伝達に遺漏のない精巧な言葉も語れなくはないという程度のことにすぎないのであるからには。

43 言葉と倫理

それでは精巧な言葉、分節された音声に対応してイメージを産出する言葉の方は、一体どのようにして可能になるのであろうか。モーペルチュイの言語論を批判したチュルゴーの議論のなかに、そうした言葉についての言及がある。

モーペルチュイは、抽象的観念の普遍性を否定していたわけであるが、それに対し、チュルゴーは、コンディヤックの言語論を下敷きにしながら、ロックのいう人間感覚の普遍性を説き、その延長において、精巧なものとされる言語には普遍的なものが出現すると主張した。ロックはといえば、単純観念を、感覚がそのまま受けとられたものとして、人類共通に同一のものであると考えていた。そうとすれば、あらゆる言語表現は、感覚的経験を表象として産出する語に結びつけさえすれば、そのいわんとすることを理解可能、少なくとも想像可能なものとなるであろうというわけである。

なるほど、ひとびとは、たとえば一緒に食事をして、「おいしい」などといいあうとき、おなじ食物からおなじ味がしていることを疑ってはいない。「好き」か「嫌い」かというときですら、同一の味に対する評価を尋ねていると前提している。ところが、自分自身でも、味は、時と状況に応じて変わって感じられるし、調味料の使い方から見て、味を違って感じているらしいひとにもしばしば遭遇するのである。

このことは、色についても同様である。片目をしばらく閉じていただけで、左右で違った色に見えるのに、ひとびとは、おなじ光のもとではみなおなじ色を見ているはずだと、何も考えずに前提している。赤緑色盲のひともいるとすれば、赤や緑という色が、他人にはどのように経験されているのか、われわれは一度たりともそれを確かめたことはないのである。

とすれば、問いは、経験のなかのどこに普遍性の契機が見出だされるかではなく、ひとが望み、ないし納得する生活のために正しく思考するとはどのようなことかへと移行させなければならない。われわれが主題にすべきことは、単純観念は同一かどうかではなく、――そのようなことは確かめようのないことであって――、ひとはなぜ互いにおなじ感覚をもつと前提してしまうのか、それはどのような条件のもとに成りたっているのかということになる。

われわれの身体がおなじような形態と構造をもつから、というのでは答えにはならない。われわれは、自分自身の身体については後頭部や背中など、原理的に触れられず見えない部分をもつ。それにもかかわらず、自分の身体が他人たちの身体とおなじものであると理解するのは、――ラカンの「鏡像段階」という首肯し難い説もあるが――、鏡や映像によって、また他人たちの反応によって推論するからではない。互いにおなじ感覚をもつと前提するのは、そのような推論によるわけではない。まして、脳科学のいう「ミラー細胞」のような、脳がそのような仕組になっているという説は、われわれが答えたい問いに対応する生理学的現象を探してきただけであり、なぜ脳がそのように見える仕組をもつことができたのかと問いなおさなければならないのだから、何の説明にもなっていない。

かつて『〈見ること〉の哲学』で主題としたことがあるのだが、他人の身体と自己の身体の同一性は、それぞれに孤立した対象と捉えられるときには、知覚される対象としてはまったく異なるものなのだから謎である。だれしも前提にはしているのだが、それらは実際にはしばしば途方もなく食い違うものなのだし、どうして前提にしてしまっているかの理由をいえるひとはいない——このことは、認識論的主題ではなく、むしろ倫理学的主題なのである。

他方、産まれてきたばかりの嬰児にとっては、——メラニー・クラインが「部分対象」として論じたように——声がそうした孤立した身体から発したものであるとは感じられてはいないであろう。言葉が声であったときには、その声の具合が安心や恐怖を想像させ、ともに歌う声がおなじ情動を惹き起こし、勇敢になったり癒しになったりしたであろう。産まれて以来、自分の声も他人の声も区別されない音響のはざまから、ひとはさまざまな対象を感じとり、想像し、それを知覚するようになった——すべてを孤立的対象として知覚したのちに言葉を学んだわけではないのである。

感覚を感覚器官に応じて分類し、対象の二次性質として受けとる一次的な印象とみなすのは、これは経験論というタイプの言説のなせる技にすぎない。感覚は、同時多発的であり、相互に異なりながらともにあり、声もまたそのひとつであったはずである。おなじ身体をもつのだから、それぞれの感覚器官におなじ刺激、おなじ印象が生じるのだと考えるとしたら、それは倫理——そう考えることが人間関係を成りたたせているからなのである。もし、おなじ感覚ではないと想定されているとすれば、何かを分かちあうことさえも、嫌がらせをすることさえも、だれも思いつくことすらできないだろう。

言葉によって思考が成立し、思考の限界は言葉にある。言葉は、音声を中心とするある種の人間的実践であり、事物の名まえであり、倫理であり、それを与える文化的制度であって、それによって言葉を使用するひとびとの「精神」が形成される。そのような事情を一挙に説明しようとする一般言語学がどこかにないだろうか――その候補として、つぎにわたしはベンタムの「フィクションの理論」(オグデン)を挙げたいと思う。

言葉は観念を指示するのではなく、想像による一般化にすぎないとするバークリの言語観がモーペルチュイとベンタムに受け継がれた。ベンタムの「フィクションの理論」は、――モーペルチュイは「幸福計算」の創案者であるが――、バークリ思想に含まれていた功利主義の系譜のもとにもあって、理性主義的言語観、および普遍言語構想を否定する最もラディカルな倫理学的言語論なのであった。

44　ベンタムの言語論

ベンタムは、人間独自なものとしての理性的思考を否定し、人間を動物の延長である感性的存在者として捉えようとしていた。人間が動物と異なるのは、ただ言語をもつという点においてのみであるという。ただし、言語をもつといっても、言葉の指示する「観念」は、言葉によって産出され、社会的に蓄積されたフィクションにほかならないというのである(拙著『ランド・オブ・フィクション』)。

ベンタムによると、言葉の指し示すものは、文法的変換(パラフレーシス)によってフィクションとして作りだされたものである。たとえば「正しい(ライト)」という語は、それによって快が得られる、苦が避けられるということを請合うまなざしのようなものであるが、名詞「権利(ライト)」に変形されると、各人がもっていて他人に要求できる何ものかということになる。ひとびとはそのような会話を通じて、それを巡って争ったり、譲りあったりするようになるというのである。

かれによると、生活の隅々においてまで、言葉がもたらすものはフィクションである。フィクションであるにもかかわらず、現実においては辻褄があい、争ったり譲りあったりすることができるのは、社会において、言葉を通じて互いの振舞が調和するようなものとして語が蓄積されてきたからである。言葉の意味が、人間相互に通用する黙契だということではない。快苦に対応してフィクションが形成されているからだというのである。言葉の規則と語彙の相互関係に支えられたフィクションの総体が、自然とは異なった本性をもつものとしての社会を形成する基盤になっているのである。

フィクションであるということは、ウソでも本当でもないということである。ウソという語で問題にされるのは、言葉ではない。言葉が、思考の正確な写しとして伝わるかどうかが問題なのではないからである。言葉には真も偽もなく、ただそれが発せられた出来事ないし振舞としてのみある。言葉とは、無数の語によって経験に生じる差異をより具さにしたり、紛らせたりする振舞にほかならないのである。たとえば空を見上げたとき、そこに見えるものを「黒雲」と呼ぶことは、黒いとはどの程度のことか、雲とは何のことかなどと考えることなく、雨に濡れたときの肌寒さの苦を予感させる。「黒雲」という名のフィクションが何を指し示すかについて思考するまでもない。それに即して行動するだけで、現実的な状況を生きることができるようになっている。

では、なぜひとは言葉を語るのか。かれによると、——言語の起源は「痕跡抹消」されているというのだが——、それは欲望のためである。言葉が「わたしは〜を欲する」という意思の記号であるという意味ではない。そのまま欲望の実現手段であるという。たとえば「シオ」という言葉を発声するとすれば、それは塩という事物の名まえや観念ではなく、塩を振って塩の味がするように料理にかける一連の動作のなかに組み込まれた「シオ」という声の振舞なのである。「シオ」とひとことといえば塩を回してくれるひとがいる。言葉はひとを動かす政治的行為なのである。

「シオ」と発話することは、正確には「塩を取ってください」という意味であると「記述」しようとするひとがいるかもしれないが、そう記述される言葉自体に、すでに対人関係やマナーや、テーブルのうえにあるものの位置関係まで含まれてしまっている。実際にそう記述するために発声される場合もあるが、それも一種の政治的行為なのであって、その記述を与えることによって、「シオ」という言葉を発することができるのはだれで、「塩」を取るべきなのはだれか、つまりどのような権力がそこにあるかを、隠しながら告げることなのである。

なるほど「シオ」は、その場のだれもが使える言葉ではない。ベンタムによれば、「シオ」という言は、トゥックの考えたように「塩を取ってください」の縮約ではなく、それ単独できっぱりとした意味をもつ言葉である。すなわち、それによって、だれかは塩の入った容器を、そう発声したひとに回すだろう。そうした効果を生じさせるために「シオ」という声を発することのできるひととは、その場の上位のひと、権力のあるひと、あるいは礼儀知らずの子どもなのである。

それは、言葉が一般に「命令（指令）」であるということではない。命令とは、言葉によって、それを聞きとるひとびとの身体の振舞が変更され、機械のように適切に作動させる語である。結果によって何が起こるかが問題ではなく、その言葉があり、その言葉に従ってどのように指定された身体が動作するかを問題とする場合に、それが命令と呼ばれる。

しかし、命令は、その言葉によって満たされる欲望が、言葉から控除されている特殊な場合の言葉である。欲望を代理して、欲望からその本性を取り除くように整除された言葉である。「塩を取れ」といって、実際に塩がまわされてきたときにそれを使わなくても、塩を料理にふりかけようとする欲望がなくても、命令としての言葉は意味をなす。場合によっては、自分の権力を確認するためだけに、徒労な、あるいは悲惨な命令を出す権威主義者たちもいる。命令は、言葉抜きには生じ得ないし、言葉を交わしあう他人がいなくては成りたたない。それは、「権力を行使することの欲望」の言葉であって、ただ塩味を感じたいためにいう「シオ」というひとことは別物である。

確かに「シオ」という語が、「テーブルのうえに塩がある」という説明（記述）、ないし「テーブルのうえにあるのは塩である」という命名の縮約である場合もある。「塩を取れ」という命令（指令）の縮約、ないし「だれかが塩をまわすべきである」という情緒の縮約である場合もある。だが、記述や命名や命令や情緒は、ベンタム言語論においては、いずれも言葉の本来的用法ではなく、まず言葉があり、言葉を使ってすることのできる別の政治的行為にすぎないのである。

45　現前の欲望

ベンタムは、「シオ」という端的な言葉を「現前の欲望」の行動であると説明した。欲望は他人を知らないのだから、その言葉は、だれかを自分の欲望のために行為させるためのものではない。そしてまた、欲望は記述される必要はないのだから、だれかに自分の欲望を説明するためのものでもない。

そもそも欲望の言葉は、だれかとコミュニケーションする必要はない。「シオ」という言葉は、そこにだれがいても関係ない欲望のプロセスにおいて、もし自分で塩を取る方か簡単ならば発せられない「声」の動作なのである。それは空間と時間の隔たり、つまり、遠いところにあったり、あとで起こったりする状況が作りだす人間身体のおのずからの声、たとえば座るときに「よいしょ」といったりするような自然の振舞なのである。

その意味で、――のちにオースティンが主張するように――、言葉はある種の振舞なのであり、そうとすれば、すべての振舞は言葉なのである。眼が口ほどにものをいうといわれるように、仕草や表情や身振りはそのひとの心を語っているし、木立が風にそよぐ音や小川のせせらぎや空に浮かぶ雲の流れも、自然の言葉であるといえなくもない。高度に抽象的な数や点や線でさえ一種の言葉であるが、数学の言葉であっても、そこに情動や妄執が含まれていないとすれば、どんな数学者も、それに続く数式を探し求めて一生を終えるなどということはしないだろう。

その意味で、「ああ」という言葉こそが、最も完全な命題であると、ベンタムはいう。恐れや苦痛のなかで叫んだり、驚きや快楽のなかで声を漏らしたり、悲しみや退屈のなかでため息をついたりする、思わずするこの言葉に、かれは言葉の始原を捉えていた。本居宣長が、時代的には少しまえに、似たようなことをいっていたのが思い出される。

「あはれといふは、もと見るもの聞くもの触るる事に心の感じて出づる嘆息の声にて、今の俗言にも、ああといひ、はれといふ、これなり。」(『源氏物語玉の小櫛』)

「ああ」というこのひとことは、その後の言語の発展の結果として精密に分節されることになるすべての言葉を一挙に表現しており、その後に分節されたさまざまな言葉は、この原初の言葉の言説(ディスコース)と言語(ランゲージ)の二重の分解と再構成の、無数の反復によって生みだされたものにすぎないとベンタムは述べている——ここでの言語（ランゲージ）とは、おそらくは二〇世紀になって議論されるようになる「エクリチュール」のことだったのであろう。

それにしても、「ああ」を、個人が独白する「音声」であると解してはならない。声のそばには、あるいは遠くであれ、いつもだれかがいる。赤ん坊にとっては母の身体のような、人格以前の身体としてのだれかである。つまり、なぜひとは「ああ」という言葉を発するのか、それによって、なぜみずからの口のなかに塩味が生じるという欲望を満たすことができるのか——それはもちろん、だれかが塩をまわすからである。だから、言葉や欲望とともに、権力がそこにある。

赤ん坊の泣き声は、特に意味が含まれていない発声であり、食欲か排泄欲か睡眠欲である。ミルクが飲みたいか、オムツが汚れたか、眠たくてぐずっているかであって、それに対応する振舞をすれば、赤ん坊は泣きやむであろう。世話をするひとびとは、ただちにそのことを学ぶのであるが、赤ん坊の泣き声は、その意味で、——ラカンの「語る主体」を待つまでもなく——、まさに言葉になるのである。

権力とは、相手の身体を自分の欲望に従って振舞わせるもののことである。相手が、命令を聞いてそれに従って自発的に動くような関係になっている必要はない。契約であれ、富であれ、暴力であれ、依存であれ、脅迫であれ、愛であれ、何でもいい、相手がそのために自分の欲望に従って振舞うような関係にあればよい。もう少しいえば、自分の身体のようには動かないもうひとつの身体が、声という自分の身体の振舞によって、自分の思いどおりに動きさえすればよいのである——一個の身体にひとりの人格があるのではなく、ただ諸身体が連動しているさまについて想像するのはむずかしいことであろうか。だから逆に、身体の同一性が倫理であるということになるのであるが。

ところで、そのもうひとつの身体が「イヴ」と呼ばれるのであれば、その事情はもっと理解しやすいことであろう。ベンタムは、「イヴ」はアダムの性衝動、女性の身体が眼のまえに現われることへの色情的な欲望であると説明する。それが「現前の欲望」、その言葉をいわなかったときよりも多くの快を実現するであろう声の振舞である。その欲望が成就するためにその言葉を発しさえすればよいとしたら、そこに他人たちの身体を駆動して自分の欲望を成就する、それをできるだけの権力が、その身体をもつ人物にあったということなのである。

呪文「開けゴマ」によって岩が動くように、あるいは飼い犬の名まえを呼べばイヌが走ってくるように、それと同様にイヴが現われるのであるならば、イヴが理解する言葉と犬が理解する言葉はおなじである。新聞を取ってくる犬もいるが、塩を取ってくれる人物にとっての言葉も同様である。「シオ」という声があったとき、「シオ」のイメージを想像するまでもなく、目のまえに塩が知覚されたなら、それを声の人物へとまわせばいい。「シオ」の意味は、塩の現前の代理ではなく、ただそれだけである。偶然の音節の並びがあり、それによって「シオ」が記号として定着するということである。

とすれば、ベンタムの言語論においては、もはや言葉が指示するものについて深く考える必要はなくなるであろう。語が観念を示すような言葉の働きは、学問においてかろうじて成りたつかもしれないような、例外的なものとみなしてよいであろう。重要なのは、その言葉がいかにたくみにイメージを産出し、そのイメージがいかにして公共の場で共有されるようになるか、そしたまた、それをふまえて、いかにうまく振舞や別の言葉や出来事や、それぞれのひとにおける快が産出されるかということである。この「うまく」ということの基準は、——それが功利主義なのであるが——、最大幸福、社会における苦の総量を超える快の総量の極大化にそれが向かうかどうかということなのである。

法律こそ、その手段として発明された、苦を産出する言葉である。ベンタムは「哲学急進派」と呼ばれたラディカルな法制改革者であった。刑罰という苦を産出することによってひとびとに行動の指針を与え、その結果として社会の快の総量をそれ以上に増大させるように、法律における精密な言葉の整備をすべきであると考えたのであった。

46　思考と言語

これまでの議論をふり返ってみよう。

中世の思想家たち、およびデカルトは、まず思考があって、言語はそれを表現する道具であると捉えていた。デカルトの狂人が、言葉はしゃべれるが思考は妄想であるとされたことからも分かるように、精神と言語とは、まったく独立した働きをするものとされていた。言語がひとの思考を惑わすことがあったとしても、それは言葉を使用するひとに問題があるのであって、徳の有無、ないしデカルトにいわせれば心の強弱のせいなのである。心が強くあろうとするひとは、言葉に細心の注意を払うべきとされていた。

それに対し、近代言語論は、思考と言語の切り離し難い関係を見出だすところからはじまった。そのさきがけは、ベーコンのいう「タタール人の弓」のたとえである。言葉はどんなに賢いひとにでも撥ね返ってきて、思考を座礁させてしまう。言葉のうえだけで成りたつ思考、虚栄心の言葉があって、それゆえ、言葉がひとの思考を惑わすのは、むしろ言語の本性に由来するというべきなのである。

その意味で、近代言語論のうち、普遍言語論は、言語に惑わされることのないように、心の強いひとのための強力な道具を発明しようという議論であった。だが、これに対し、言語起源論は、心の強弱とは関係なく、言葉がだれに対しても思考を規定してしまう面があることを教えようとしていた。

モーペルチュイは思考を優先しながらも、その結果として生まれてくる概念的言語が思考の普遍性を不可能にするという逆説的な議論を提示した。コンディヤックは、思考が出発するのは言語が成立することによってであると主張し、言語のうえでしか思考はあり得ないと論じた。それが進んで、フンボルトになると、――かれ自身はそのつもりはなかったと思うが――、言語は、国家の未来に役立つ理念に従うような国民の思考としての、国家イデオロギーを促進するものであるとされるようになったのであった。

現代的な状況に即していえば、ひとびとは、紋切り型のスローガンを叫びながら、仲間内の小集団、ネット、選挙や政治運動といったそのそれぞれのレベルにおいて、政治状況のなかに飛び込み、あるいは巻き込まれていくが、それを批判する思考も、また別のイデオロギーにすぎない。そこでは、思考が言語を使用するのではなく、言語が思考を使用する。その効果を活用するポピュリストたち、プロパガンディストたち――それを嘆くひとびともいるが、それはデカルト主義的な近代的理性の立場から、自分たちのことは棚に上げて、思考が言語から切り離されて成し遂げられるという夢を見ているのかもしれない。

他方、思考とは別におのずから成立する言語の体系は、ソシュールによって、――政治的意義は捨象されたうえで――、音素の無数の差異の体系として定式化されている。ひとは、思考によって実体的な音を配列してそこに意味を付託するのではなく、ひとが言葉を語ることは、言葉の成立条件としての示差的な音素の組みあわせがあって、表情や仕草のような、意味を与える他の身体運動と同様にこの組みあわせのうえでダンスをするようなものだということである。その理論は、『差異とは何か』で紹介しておいたが、とはいえ、こうしたソシュールの言語観をふまえるなら、言葉それ自身を成立させる意味

（シニフィエ）は、おしゃべりをしか可能にしないように思われる。

はたして思考と呼ばれてきたものは、一体どこへ行ってしまったのだろうか。言葉の操作にしかすぎないのか、あるいは言葉の効果にしかすぎないのか。思考するひとにとって、もはやデカルトのいうように、経験を超えた必然性を発見することとして思考を理解することがむずかしいとすれば、はたして思考するとはどういうことかと、いままた問いなおさなければならないのではないか。

それに似た問いは、すでに一八世紀の哲学者たちにも抱かれていた。一七世紀、もっぱら思考と呼ばれていたものは、事物の存在や、「存在」や「同一性」といった抽象的観念について語ることであったが、一八世紀、啓蒙の時代となると、それらの言葉を語ることは「形而上学的」であるとされ（コンディヤック）、かえって混乱を招くものであるようにいわれはじめた。そして、イギリスのバークリこそ、事物の存在や抽象的観念をなしですまそうとする哲学を生みだした過激な哲学者であった。言葉は、そのようなものを表現する記号ではないと断定したのである。その影響を受けた哲学者として、モーペルチュイとベンタムを紹介してきたわけであるが、さらにヒュームとベルクソンの名まえを挙げておかなければならないであろう。

それ以来、哲学史のなかでは、思考と言葉の関係が錯綜したものになる。ただ思考についてのみ思考するということが不可能になる。デカルトは、まず思考があって、言葉をその道具として使用するという考えであったが、それに対して、まず言葉があってそれを整理するところに思考があるとするコンディヤック流の考えが出現した。コンディヤックにとっては、思考とは言葉を語る行為のある局面の現象にすぎないのである。しかしながら、思考に関する両者の捉え方は、二者択一だったのではない。どちらを採るかと考えても仕方がない、何をもって思考と呼び、何をもって言葉と呼ぶかがおなじではなかったからである。

デカルトにおいては、精神の、自分では直観するしかないが、論理をわきまえる働きがあって、これが思考と呼ばれている。言葉は、思考が観念を捉えて、それに対応するように音声を配列することである。それに対し、コンディヤックにおいては、言葉は感覚や身振りと結びついており、それらを統合したり分離したりする反省があって、それが思考と呼ばれている。デカルトのように、思考をそれ以外の精神の働きから独立したものとしてしまっては、思考がどのようにして感覚や想像といった他の活動と結びついて、それらから得られるものの真偽を判定し得るのか分からなくなってしまうだろう。とはいえ、精神の働き全体を思考と呼んでしまっては、真理を発見しようとする意味での本来の思考が理解できないものとなってしまい、思考と言葉の関係の真理を探究する本書の思考も不可能になってしまうだろう。

そうしたなかで、――これから見ていくように――、ヒュームによる「理性は情念の奴隷である」という主張、ベンタムによる「知性の根源的劣性」という主張が現われたわけだが、もはや理性には期待できない、思考はそもそも不可能だということになってしまったのであろうか。

腕組をして思考しているつもりでも、しばしばわれわれはいつのまにか眠ってしまうものなのだし、言葉をパズルのように組みあわせていれば、自分ではまったく理解できない呪文のようなものができあがってしまう――それに気づきもしない。われわれは、「思考」と呼ぶものを通じて、単なる精神活動と呼ぶのではすまされないものへと向かおうとするのであるが、そうしたサンス（感覚＝意味＝方向）が他のもろもろの精神活動のなかに、どのようにして生じてくるかが問題となるであろう。

【この章のまとめ】

言葉ということで、それまでは思考を表現するタイプの言葉ばかりが想定されていたが、それ以前にあって、言葉から切り離されて捉えられてきた身振りや歌や叫び声や、その他もろもろの活動も、言葉に含めて考えなおしてみなければならない。そういう方向に議論が進んできたころ、歴史的に確かなことしかいうべきではないといって言語起源論は禁止されてしまい、そのあと登場した科学的言語学は、その対象を「国語」という、言葉を規定する体系に限定し、その変遷の説明をすることで事足りるとした。だが、ベンタムのいうように、その国語の成立をも基礎づける言葉の働きとして、言葉の起源はいまここにある欲望や権力の情動的行為なのであり、フィクションを産出して政治社会を形成しているのである。それをふまえてこそ、思考することの本来の意味を探究しなければならないであろう。

第五章　言葉に先立つ思考

——言語表現にそのまま表わされる思考はないとすれば、思考を言葉以前の経験に求めるほかはないのではないか。

47　言語とその理論との関係

ベンタムの言語論は、人類が「ああ」という情念の声から出発して、欲望と権力の、フィクションをしか指示しない概念的な言語となり、社会のなかで貨幣のように使用されてひとびとの思考を左右する段階になるまでの過程を描きだすものだった。かれによると、言葉は、意味としてはフィクションをしか指していないが、このフィクションは個人的なものではなく、「公共のこころ」に収蔵されている共通の回想である。決して一人ひとりの妄想や幻覚ではなく、おなじものを意味していると想定されてコミュニケーションできる、共有されたフィクションなのだというのである。

ベンタムは、バークリに由来する外的物体が存在することへの懐疑および功利主義的な人間観を押し進め、言語を快苦に結びつけて論じた。そこでは、言葉は快に結びつけて語らなければ苦が生じるものであり、コミュニケーションも、単なる伝達ではなく、最大幸福へと向かうための言語のたえざる「改善」にほかならないとされた。すべての言葉は、音声の配列や文法の適用でありながらも、言葉を発するそのひとことごとに、それが何を意味するかということより、言語そのものが、——フンボルトとは少し違って——、個人的に、また社会的に快苦を適切に予兆させる正確な記号になるための改善という政治的行為なのだというわけである。

ところで、言語に関するいかなる理論も、それも言葉で述べられている以上、その言葉が述べようとしている理論に適ったものでなければならないであろう。もしデカルトが考えていたように、思考がどんな事物の本質も言葉抜きで捉えることができ、言葉は思考された観念を指示するだけのものであるとしたら、その言葉の理論については筋が通っているといえる。逆に、ベンタムの言語論のように、言葉抜きではまともには思考できず、言葉が普遍的観念を指示しているわけではないとする理論であれば、その理論を表現する言葉は、一体何をしていることになるのだろうか。言葉の理論を述べるときだけデカルト的な言語観にのっとるというわけにもいかない。言葉がもたらすものはフィクションであるとするベンタムの言語論それ自体は、はたして何を意味しているのであろうか。

ベンタムのフィクション論は、かれの言語論自体をもフィクションによって構成されたある種の政治的行為だということにしてしまうであろう。そこにパラドックスがないとはいえない。その言語論だけはフィクションではないとするのでは、首尾一貫しない。はたして、どんな意味でそれでいいといえるのか。

とはいえ、そこには錯覚がある。ある議論自身の位置づけがその議論の内容と合致しないということが不合理であるとするのは、ひとつの考え方にすぎない。真の知識は、命題として言語によって表現されなければならないというわけではない。逆に、首尾一貫性さえ確認すれば、それで自動的に真の知識としてよいわけでもない。その議論を通じてわれわれが理解するものがどのようなものかが重要なのである。

文と平行して思考対象としての観念の世界があり、文はそれを模写しているかのように思い込んでいるからこそ、首尾一貫性が問題となる。それは、デカルト的言語観における前提なのであるが、しかし文を読むときは、読まれた文以外のものは何もないと考えてみてはどうであろうか。首尾一貫性、ないし整合性と呼ばれるものは、文と観念世界の対応にあるのではなく、また唯一真理を語る言葉の条件であるということもなく、もっと別のところにあるのではないか。

文で表現されたものは、その読み手にどのような効果を生じさせるかに応じてその意味が変わる。言語表現の指し示すものよりも、言語表現のもたらすものに注目すべきである。デカルト的言語観にのっとったとしても、それでもなお文の際限ない解釈が要求されるものなのだが、そのわけは、本当は、言葉が観念の代理ではないし、その観念が直観できるものでもないからなのである。

それでは、われわれは、どのような意味で、言葉に真偽を見出すのであろうか。それが真であるとか偽であるという言説が意味をなすのはどのようにしてであろうか。

少なくともいえることは、どんな言葉も一義的にすべての聞き手におなじ意味を与えるということはないということである。聞いたひとが「分かった」と答えるとき、その意味が、語ったひとに同意できたということと、文の意味が理解できたということと、言葉の能力が対応していたということとは区別できない。ひとは勘違いして、あるいは理解しないままに同意したり否定したりするものだし、逆に、自分の言葉の能力が足りないのに理解できないとしたりするのが普通のことである。

むしろ、われわれは、言葉を語る側よりも聞く側において、文をどのようなものとして理解し得るのかというように問題にすべきであろう。同意して仲間になることが目的なのか、理解できるほど賢いと評価されることが目的なのか、揚げ足をとって見物人に価値のない言葉と曲解させることが目的なのか、それとも……真理を見出すことが目的なのか。

哲学を、どこか言論のアリーナにおいてなされるバトルであるかのように思っているひとびとがいて、またそれを期待している見物人たちがいる。他方で、デカルト的言語観にのっとって、パズルのように観念の世界における整合性ばかりを問題にするひとたちがいる。だが、少なくとも、哲学しようとするひとは、真理を見出だすことを目的としているのだから、その言葉に対して、みずからのうちで何かをしようとしており、真理を見出だすことを目的にするかぎりにおいて、――それがどのようなことかは留保するにしても――、聞き手はかれのいわんとしていることを「思考」することが必要になる。真理は表現において与えられるのではなく、表現を通じて与えられるのである。

ベンタムにとっては、最大幸福という目的に向かうために、言語を改善し、法律の言語を整備することが重要なのであった。かれは、ロックやチュルゴーのように、言葉に表現されたものの確かさを与えるものが、感覚による単純観念であるとは考えなかった。かれは言語を紙幣（信用通貨）にたとえ、――純金を偽ものから識別するために嚙んで確かめるということがなされてきたように――、言葉を本当のものにするために、言葉の「金」にあたる快苦に参照せよと述べている。ここでは快苦は、言葉が表現するものではなくて、産出するものなのである。

たとえば殺人罪は、「殺人とは何か」とか、「なぜひとを殺してはならないか」ということを考えさせるためにあるのではない。法律の言葉（条文）は、もしだれかが死ぬという結果をもたらす出来事の原因が自分の振舞に割りあてられる場合には、刑務所に拘束されて苦が与えられるという行為連関を予告するものにほかならない。法律の言葉の意味は、殺人をすれば拘束されるという記号にすぎない。法律として、その出来事の徴候が告知されることによって、社会全体の幸福が増大すると見込まれているのである。

それぞれのひとは、法律のなかで書かれた言葉と自分の振舞との関係を、自分に生じる快苦との連関で捉える。正義について思考して、公共の利益や個人の義務のために振舞うのではなく、黒雲のように、雨が降ってきたら濡れるといった種類の自然的記号（徴候）の延長として、法律のもたらす擬制（フィクション）に対応して振舞う。正義についての思考は、法学者たちの書斎においてでなければ、法廷弁論のような場面で、広く行き渡ったフィクションを根拠に、刑を重く、あるいは軽くするのに活用するための言説の振舞にすぎないのである。

したがって、言葉によって聞き手のなかに産みだされるイメージは、意思疎通のためのコミュニケーションの素材であるというよりは、ひとびと相互の欲望と権力の関わりを規定する政治的な媒体（メディア）なのである。それらのイメージが産まれてくるのに立ち会いながら、ひとびとは、実質的には、それぞれのフィクションが自分の快苦に関わる割合を計算することをもって「思考する」と称している。そのとき思考が求めている真理は、観念に精確に対応する命題のようなものではなく、われわれがそこでなすべきことに関わるものなのである。

48　言語による心

とはいえ、快をめざし苦を避けるようにと言葉を検討することが、どんな意味で思考であり得るのであろうか。言葉の表現を通じて獲得しようとする「真理」とは、たかだかそのようなものなのであろうか。

ベンタムは、思考を、デカルトのように人間にのみ可能な、経験を超えた真理を発見するような営為であるとは捉えてはいなかった。かれは、デカルトが問題にしていた狂人も、拘束衣から逃れようと思考すると述べ、そして動物ももちろん思考すると述べる。動物は「生まれたばかりの幼児よりもよくコミュニケートできるし、較べられないほど理性的」だというのである。

> 「情念は計算しないという命題に関しては、まさにもったいぶったほとんどの命題と同様に、真ではない。苦と快のような重要度のことがらが関わるとき、一体だれがそこで計算しないというのか。人間は計算する。あるひとはあまり正確でなく、実に別のひとはもっと正確に、しかしすべての人間は計算する。」（『道徳および立法の原理序説』第十四章二十八節）

ベンタムによると、――そこはコンディヤックの議論に近づくが――、思考することは計算することである。動物は、計算するという意味で、人間と同様に思考する。とはいえ、ここでの「計算」は、必ずしも理性のもとで言葉の一種としての数式を使うようなことではなく、情念によってなされる快苦の見積もりのことである。

「ビュリダンのロバ」という中世の有名な逸話があって、等距離にある干草の中央にいるロバは、どちらの干草に向かうか判断ができずに飢え死にするといいわれるのだが、これは信じ難いたとえである。ロバには理性がないからだといいたいのであろうが、ロバはたまたま目についた方へと進むだろうし、このようなことで飢え死にしたりはしそうにもない。

動物たちはきわめて巧妙に危険を避け、罠から逃れ、あるいは人間の不意をついて襲ってくる。人類がそれらの動物たちを、絶滅させるほどの状態にいたらせたのはつい最近のことである。ヘッケルのいったように、人類はその知性によって「地上の支配者」であるとするイデオロギーが支配的ではあるが、それは個々人の理性が動物の諸能力を上回るほどの威力をもっているからではなく、人間が変更を加えた自然のなかで、単にそれらの動物たちが生息しにくくなったからにすぎない。それでもなお、ネズミやゴキブリとの戦いは続いている。

それゆえに、動物と人間とを分かつのは理性ではない。では、何が違うのか。ベンタムは、「問題が推論できるか言葉を話せるかということではなく、未来を思いわずらうことができるかということについてであれば、推論の能力や言葉の能力が何の役に立つだろう」と述べている。

ベンタムによると、重要なのは「予期」なのである。人類は、ニワトリやウシを飼い、その交配を支配して繁殖させ、食用にしてきたが、それらの家畜たちが人間の支配下に入ったのは、その動物たちに未来を思いわずらう能力が乏しかったからである。動物たちにも予期はできなくはないのであるが、屠殺場に引かれていく牛たちが反抗して暴走するようなことが起こるほどの予期する能力を、たまたま動物たちはもてていないからなのである。

この違いの由来はどこにあるか。ベンタムはそれが言語であるという。すなわち、思考とは「心の状態」にほかならず、流れる雲のようにただ変遷していくばかりであるが、言語の発展、語の膨大な増加によって、動物よりも遠くまで幅広く予期することができるようになった――語の「ある量が人間を動物から区別する」というのである。

ベンタムによると、言語とは、観念となるフィクションを作りだし、蓄積する道具である。それに対して、思考とは心のある状態のことにほかならず、「心のすべて区別される能力のうち、その働きにおいて言語が使用されないものはほとんどない」。心のなかで、快苦が計算され、予期されて、快を求め苦を避けることが動機となって身体の行動が生じる。さらに知覚された物質のフィクションであるイメージが、言語によって増殖し、快苦に相関する非物質的なものが蓄積されていく。「論理」とはフィクション生産のメカニズムのことであるが、言葉によるパラフレーシス（いい換え）によって、あるイメージ相互の関係から、それに引き続くイメージが与えられるというようにして、新たなフィクションのイメージが産出される。そのようにして産出され、蓄積された膨大な量のイメージを通じて、――サンクションと呼ばれるが――、快苦は物質的なもの、自然的肉体的なものだけでなく、倫理的法制的宗教的なもの、社会的諸条件を構成するさまざまな虚構的対象についての快苦となり、それらがひとびとに共有されることで社会秩序が形成されるのである。そうしたなかで、各自の心が、あとから他のひとに隠されたもの（プライバシー）として虚構される。

以上のように、ベンタムによると、心とは、もとより私秘的なものなのではなく、他の語が与えるイメージと同様に、公共のものとして言語で形成されたフィクションのひとつにすぎない。心自体は、デカルトのいうような実体的なものではなく、言語によって身体に収容されているものとして捉えられた、「観念の貯蔵庫」というフィクションなのである。

49　快苦と合理性

それでは、そのようなものとしての「心」において、理性はどのように働くのであろうか。しかし、ベンタムは、理性といわれてきたものは、「不完全な根拠による性急な演繹をすること」にすぎないとして警告する。理性は必然性を要求するが、「必然性という語は、反感、闘争、迫害、殺人を、国家的、国際的な規模で惹き起こす」。もともと人間には、必然性を捉えるような知性はない――そのことをかれは「知性の根源的劣性」と表現している。

それにしても「哲学急進派」、法制改革の旗手として、ベンタムは、少なくとも法の合理性は重視していたはずではないか。合理性は、首尾一貫した法制度の前提であるばかりでなく、立法において功利性の原理が追究されて、社会が最大幸福に向かうためにも必要不可欠のものであるはずであろう。理性なしに、どうしてそれができるのか。

まさにそのことを、のちのシジウィックが指摘した。ひとびとがみな快苦に支配されているとすれば、法の条文を構成する論理的首尾一貫性が徹底され得ない以上、真の立法者は存在し得ないのではないか、というわけである。しかしながら、そこにはひとつの混同がある。合理性に反するのは快苦に囚われた情念によってであるが、快苦の計算は冷静になされ得る。ベンタムは、なるほど「人間は快苦に支配されている」と主張したが、だからといって、人間がつねに情念に囚われていて、合理性に反した判断をしかしないとはいっていない。

必然性を要求するような理性は拒否するにしても、ベンタムの人間観にも、いわゆる「理性的なもの」が含まれている。かれは、それを「健全な精神」と呼んでいる。健全な精神とは、目先の快苦をばかり主題にすることなく、長期的で広範な視野のもとで快苦の総量を検討するような精神である。そのような精神のひとのなかに、広く社会全体の快苦をも計算に入れようとする、立法者にふさわしい人物がいると想定してもさしつかえないであろう。ベンタム自身、ひとびとのあいだには、たまには人類の幸福を自分の幸福とするような人物が存在し得ると述べている。そのような人物が、功利の原理にのっとって、法制度の合理性と立法の首尾一貫性を追求することを快として法制改革に励む、ということはあり得ないことではない。かくして真の立法者は、不可能ではないのである。

誤解してはならないが、「人類の幸福を自分の幸福とする」ということで、人間が「利他的」であり得るとされているわけではない。ベンタムは、「おなじ金額でおいしいワインを飲むことと他人に慈善をおこなうこととは、どちらが良いともいえない」と断言しているが、そのような点で、カーライルから「豚の哲学」と呼ばれたことは、よく知られている。

カーライルは、あたかもベンタムが自己の快楽を優先する利己的な主張をしているかのように受けとっているのであるが、しかしそれは逆である。ベンタムは、ワインを飲む方を勧めたわけではなく、自己の快苦に参照して判断すべきだと主張しているだけなのである。慈善すら自己の快となり得るということを述べているのだから、「快を求め苦を避ける」ということが、利己的な欲望を追求するという意味ではないことは、あきらかである。

よい社会秩序が形成されるためには、立法者には確かに博愛の精神が必要であろう。しかし、ベンタムにとって、博愛は、利他的な精神の発露を意味するものではない。とりわけ、「博愛」という概念に伴う慈善に対する義務、いいかえると神の命令による必然性のようなものから発している必要はない。かれにとって、博愛は、利他的行動への義務によってではなく、それをおこなうひと自身の快としてなされる——ただそれだけのことなのである。

義務を唱える思想家たちは、——ルソーやカントというベンタムの同時代人がその思想の代表ということになるが——、快を求め苦を避けること一般を「欲望の奴隷」になることとして、また「不完全な法則」であるとして禁止しようとした。ここでの「義務」は、わが国の日常語での「規則によって命じられた行動」のことではない。ルソーやカントは、みずからの理由にのみ基づいて行為するという意味での、義務それ自体に価値があると主張しているのである。

とはいえ、義務とされる行動のめざす目的や、前提される秩序が、それを唱えるひとごとに異なっていたり、そのひと自身でもしばしば変動したりするということはないのだろうか。ルソーやカントは、義務に従うこと自体や、義務のめざす目的や秩序が実現することの、そのひと自身の快や、逆に、義務に反する場合の苦、義務のめざす目的や秩序が実現しないことの苦についてはふれないのだが、少なくとも、そうした快苦が経験されることは、否定できないのではないか。そして、それらの快苦の具体的内容に応じて、また義務を果たそうとするときの達成感や挫折のもたらす快苦を通じて、義務のめざす目的や秩序も異なってくるということもあるのではないだろうか。

なるほど、ルソーのいう「一般意志」もカントのいう「道徳法則」も、快苦の経験に由来するそうした変動を控除するための「工夫」なのであったかもしれないが、そうした快苦の経験を意識から隠蔽しようとして案出された理念であったといえなくもない。

ベンタムにいわせれば、義務とは「苦がもたらされるかもしれない」という漠然とした予期に基づく「重さ」についての判断にすぎない。それが義務論者たちのパラフレーシスによって、「罰」という名の苦が伴う別格の地位を与えられ、神の命令のごとき共同体の目的や秩序が虚構されたのである。そして、それに反するからといって、快苦に参照することが蔑視され、快を求め苦を避けるような振舞を抑制しなければならないとされたのである。どうしてこのような禁欲主義的な推論、予期される苦を一般化して過大評価するような推論が合理的であるといえようか。

ベンタムは、逆に、「健全な精神」ということで、自分の快苦の予期を適切にふまえるという意味での合理性、ひとびとの快苦の総量につねに参照するという意味での合理性が必要だと考えている。ベンタムが立法者となるべき人物に期待したものは、ルソーにもカントにも受け継がれていたデカルト主義的理性による普遍的で必然的なものの「発見」ではなく、――ニュートンを「発明家」と呼んだように――、社会という幸福機構を改善していく「工夫（デバイス）」であった。かれのいう「健全な精神」とは、〈わたし〉の経験における超越ではなく、〈わたし〉の幸福ばかりではない、だれをも喜ばせる、より大きな幸福のためにだれしも試みるたえざる「ひらめき」のようなものなのである――それに「真理」という名を与えるのはまずいことなのであろうか。

ベンタムは人間精神に、「思考」として、一方では動物と共通する「計算」を見出だしたが、他方では動物を超えて予期を拡充する「言語」を見出だした。計算とは状況に出現する諸要素から生じる快苦の見積もりの差引勘定のようなもの、進行中の生の危険と安全、貧窮と豊かさに関する得失感情のようなもののことである。そしてそのうえで、言語という「工夫（デバイス）」によって快苦をより精密に計算することができるようになるとすれば、そのなかに、利害の闘争から生じるもろもろの苦を相殺し、自己の周囲であれ社会全体であれ、最大幸福をめざす「健全な精神」も生じてこないわけでもないということであったろう。

50　言葉のしたの思考

事物の真理を永遠の秩序のもとに見出だそうとするデカルト的理性に対し、ホッブズにはじまる、計算すること、目的に対する手段を選ぶことをもって理性とする伝統がある。そのような理性であれば、それは人間だけのものではない。動物たちにも可能であり、――ホッブズがその先駆者といわれるのだが――、チェスにも将棋にも勝利した現代のＡＩ機械（人工知能）にも可能なことである。

こうした理性観の背後に、ホッブズからはじまりバークリ、ベンタムへと深化させられてきた言葉の理論が控えていていたことを、これまで見てきたところである。言葉は情念の声が精妙化されたものにすぎず、言葉が指し示す観念とは、それに結びつけられた記号として想像によって産出されるイメージにすぎない。人間の思考とは、動物のように計算し、他方で言葉を通じてイメージを生産し、それを加えてさらに計算する、ただそれだけのことにすぎないのである。

それでは、デカルト主義的な思考は、言葉の産みだすフィクションに惑わされた臆見にほかならないということになるのであろうか。必然性というフィクションによって、超越的観念という架空の起源を捏造していたにすぎないのであろうか。言葉とは切り離された純粋な思考の営みはあり得ないのであろうか。

確かに、デカルトがそのことに注意深かったとはいえないが、しかしかれは、ロックとは異なって、思考を言葉と事物との対照であるとはみなさず、観念の直観であるとしていた。とすれば、デカルトも「言葉以前の思考」を想定していたわけである。かれは、それを言葉のうえでの思考と混ぜあわせてしまっていたということなのではないだろうか。もしデカルトにおける思考と言語の区切を変更し、デカルトのいう思考から言語の寄与ないし障碍をとり除くならば、そのあとに、——動物とおなじかどうかはともかくとして——、経験を越えたものとしての観念をめざす「思考」の営みのエッセンスが析出されるということはないだろうか。

かねてより言葉以前の思考、言葉のしたの思考、言葉に表現できない思考こそ重要であると主張するひとは多くいた。もしそうした主張を根拠を示すことなく述べるなら、みずからの思考の曖昧さを正当化しているだけとも受けとられかねない。そう主張したいのであれば、哲学的には、それがどのような思考であるかを論じておくべきであろう。

それをするためには、ベンタムの少しまえ、必然性を問題としつつ人間精神の枠組について論じたヒュームの議論を読み解くことが必要であるように思われる。というのも、ベンタムのいう「知性の根源的劣性」は、ベンタムが「目から鱗が落ちた」と述べたヒュームの「理性は情念の奴隷である」という表現に遡ることができるのだからである。ヒュームは、それを批判的に述べたのではなく、むしろそうであってしかるべきであるとすら主張した――それはなぜであったのか。

ヒュームとベンタムは、ともにバークリの影響を受けた哲学者であるが、ベンタムがバークリの言語論を推し進めたのに対し、ヒュームは、――ほとんど言語については論及せず――、抽象観念の否定を推し進め、必然性抜きに精神がどのようにしてさまざまな判断をおこなっているかについての新たな理論を打ち建てようとしていた。かれは、すべての観念は単に印象が記憶されたものであるとし、――ベンタムが心をフィクションであるとしたさきがけであろうが――、心は印象と観念からなる「知覚の束」にすぎないと述べて、そこからわれわれの「判断」がどのようにして生じてくるかを論じようとしていた（『人間本性論』第一巻第四部第五章）。

「知覚の束」というこの表現は大変有名であるが、しかし、もしそれが「束（バンドル）」であるとすれば、束を結わえる原理があることになりかねず、それではヒュームのいわんとするところではなかったかもしれない。

それは、「一群の知覚」とも訳せる語であるし、別の箇所では「知覚の堆積集成」とも表現されている（第四部一章）。「堆積（ヒープ）」ならば、それは、現代では「オンボロ車」のことを指すらしい。とすれば、経験につぎつぎと新しい知覚が現われるとともにそれが記憶として観念となっていき、そのとき心は、それらの諸観念が広大な廃棄自動車置き場に積みあげられていくようなものであるといいたいのであろうか――そこでは膨大な量の観念が、轟音とともに日夜解体されては部品取り用に選別されたり、圧縮された鉄の塊にされたりしており、そしてわれわれは、そのなかではましな方の、いつも故障気味で調子の悪い自動車（自我）を、だましだまし運転するようにして、日々の生活を凌いでいるという次第なのである。

51　ヒュームの自然哲学

ヒュームのいう「知覚の束」のような心にあって、もし眼のまえの感覚（印象）と心に浮かぶ記憶（観念）とがただ入り混じってしまうばかりであれば、人間は動物とは変わらないように思われる。しかしそこで、人間には「判断」が生じる。従来、判断とは「実体」や「様相」を捉えることとされていたが、ヒュームは、それは想像によって結びつけられた諸観念を操作することであると述べる。かれによると、判断において真に主題となるのは「関係」である。

ヒュームは、関係には類似性、同一性、時間的空間的位置（近接）、量（段階的差異）、質（本性的差異）、反対（差異性）、因果性の七種があり、このうち、類似性と量と質と反対は直観されるという。これらが知識の源泉となり、これらに正しく根拠づけるならば合理的な判断をすることができるとされるのである。ただし、量だけはさらに数式を使って「推論」することができ、直観より以上の判断をすることができるという。

残る同一性と位置については、ただ知覚されて知識になるとされているが、しかし因果性だけは、どのようにしてそれと判断されるのかについて論究を要するとされて、ここから有名な因果論批判がはじまるのである。ここで因果性とは、――自然科学的法則性というより――、原因と結果とされる一組の観念ないし印象が結合するような関係のことである。これこそ、従来は理性が判断するとされてきた、経験を超えたものとしての必然性のことである。
さて、ヒュームは、因果的関係においては、まず二つの観念ないし印象の近接と継起が条件になるが、それに加えてそこに必然性があるとされるのは正しいであろうかと問題にする。すべての近接し継起する観念ないし印象に因果性があるというわけではないとすれば、何が一方を他方の原因として捉えさせるのであろうか。

ヒュームは問う。一般に、「どんな現象にも原因がある」といわれるかもしれないが、その定式自体には根拠はない。それにもかかわらず、経験的にひとがそうした判断に向かうのはなぜか。それは、因果的関係を直接に知っているからではなく、ある印象に対して、その原因となるものを記憶（観念）としてあるいは感覚（印象）としてもっているからである。過去のくり返された経験のなかで、たとえば炎を見ることと熱さを感じることが結びつき、炎があれば熱いという因果的関係をひとは捉えるのである。

このような捉え方は、斉一性、すなわち「自然の変化運動は一様である」という原理から理性が演繹したものなのであろうか。しかし、いまだ経験したことのないものがすでに経験したことに類似しているということは、証明できるようなものではない。そのような原理はない。「自然の変化運動は蓋然的である（大体そうなる）」といいかえても無駄である。自然のなかに蓋然的関係が存在すると証明できるわけではなく、ただわれわれのくだす判断が、結果的に蓋然的にすぎないというだけのことなのだからである。

したがって、——とヒュームは続けるが——、因果的関係は、これを必然的であるとする「理性」によってではなく、蓋然的でしかない「想像」によって与えられる「恒常的連接」にすぎない。そして、それを「因果的である」とひとが判断するのは、因果的関係について「知っている」からではなく、恒常的連接についての信念が伴っているからにすぎないのである。ここで「信念」とは、ヒューム独特の用語法であって、観念に対して生気が与えられているということである——観念は「存在」によってではなく「生」によって支えられるというのである。

信念は、類似と近接の関係において起こるように、たび重なる印象が生みだすものである。たとえば、友人の絵が、友人と似ているかぎりにおいて友人をより強く思い出させるようなものであり、あるいは旅路から帰ってくるときに家に近づけば近づくほど家が強く思い出されるようなものであるという。因果的関係は、二つの観念ないし印象が近接し継起するとき、そのくり返す印象によって信念となるのである。

要するに、因果的関係は、二つの観念ないし印象にもともと結合があるということではなく、結合があるとの信念を与える感覚的印象によって結合が見出だされるという「習慣」があるということにほかならない。過去のくり返された経験における恒常的連接が、そこに因果的関係を見出だす習慣を作りだしているのである。ただし、ここでいう「習慣」は、これもヒューム独特の用語法であって、たとえばウォーキングのように意識してなされるもののことではなく、経験における惰性、少しずつ強化され固定されていく回路のようなものである。

以上からすると、因果性の本質をなすとされている「必然性」とは、心のなかの「印象をひとつの対象からもう一方の対象へと向かわせる」習慣のことであるにほかならない。そもそもイヌが炎を避けたりよそ者に吼えたりするのも、いわばイヌが因果的関係をふまえているからであるが、だれがそれを、イヌが理性によって炎と熱さの因果的関係やよそ者と危険の因果的関係を判断しているというだろうか。

したがって、ヒュームはつぎのように述べる。

「人間はかれ自身の理性の働きには驚かないのに、それと同時に、動物の本能を賞賛したりする。そして、まさしく人間とおなじ原理に解消できないという理由によってだけ、動物の本能を説明することのむずかしさを見出だす。このこと以上に、われわれをいかなる現象にも対応させる習慣の力を示すものはない。事態を正しく考察するなら、理性とは、われわれの心のなかの素晴らしくかつ理解し難い本能のことでしかない。それが観念のある連鎖に沿ってわれわれを進ませ、特定の状況や関係において特定の質でもってその観念を与えるのである。この本能は、まさに過去の観察と経験から生じるのであるが、なぜ過去の経験と観察がそのような効果を産出するかについて、自然だけがそれを当然のように産出するという理由にまさる究極的理由を、だれが与えることができるだろうか。自然は、確かに何であれ習慣から生じ得るものを産出する。否、習慣は自然の原理のひとつでしかない。習慣のすべての力は、この起源に由来するのである。」(『人間本性論』第一巻第三部第十六節)

少し長く引用したが、ここにはヒューム哲学の核心をなす主張がある。この箇所は、ドゥルーズの『ヒュームあるいは人間的自然』に倣って、以下のように読み解くべきであると思う。

従来、自然には人間経験を超えた必然的な因果法則があって、人間が理性によってそれを知識として捉えることができると理解されてきた。しかし、自然に多々生起する反復的事象のうちに、その原理を把握することのできる理性が存在する証拠もなければ、把握したとされる原理を正しいとする証拠もない。ただ人間精神が、自然の反復に対応して、過去にあったことで引き続き起こったおなじことがいまおそらくは引き続くであろうとしばしば想像する。その傾向が自然に反復があればあるほど強まっていって、それを想像することが習慣になり、逆にそのようなものとして自然現象を捉えるようになるであろうとはいえる。要するに、一方で自然が心へとたえず叩き込む反復に応じ、他方で観念や印象が恒常的連接として蓄積され、自然のなかにみずから因果的関係を把捉しにいこうとする心が、「知覚の束」として形成されてくるのである。「習慣」という名のこの円環的プロセスこそ、まさにヒュームが解明しようとした「人間本性（人間の自然＝ヒューマンネイチャー）」なのである。

想像してみてほしい。われわれの心には、生まれて以来、膨大な量の印象が、同時にまたそれらが観念（記憶）となりながらつぎつぎと通り過ぎていくばかりであるにしても、自然がさし出す反復する類似した印象相互の重合が、そこにつぎつぎと産出される。それらが相互に関わりあってさまざまな印象を惹き起こし、その習慣的構成によって、空間があってそのなかに諸事物があり、それらがいつも似たようなやり方で変化運動していくとともに、〈わたし〉の身体の運動や感覚がそれらとかみ合って、そこにはまた他の諸身体が〈わたし〉の身体と同様に空間のなかを移動し、互いに組みあい、あるいは語りあい、あるいは事物を製作しておなじようにそれを使っているといった世界の像となるまでにいたり、そしてその一部としての〈わたし〉の心とされるブロック（束）がそのなかに構築されているのに、いつか気づかされるのである――「もの心」がつくというように。

ロックは、過去の責任を自分のものとし、未来の目標に向かって行動を決めていくような存在者を「人格」と呼んで人間の原理としたが、ヒュームによると、それは自然によって各人に集積された知覚の束の効果にすぎず、したがってひとに応じてその度合いは変わるのである――だから人格的なひともいれば、あまりそうでないひともいるのである。

そもそも「一塊のゼリー」（バークリ）のごとき受精卵の分割からはじまって、つぎつぎと分割をくり返すうちに、みるみるうちに心臓となり、あるいは手となり足となって、やがて数億の細胞からなる一個の人間身体の形態となって子宮から産出されるのと較べても、勝るとも劣らない壮大なドラマが、「ものごころ」つくまでに、心の世界でも成し遂げられる。それが一三八億年の、数千億の星を含む数千億の銀河系、四八億年の地球、四〇億年生物の進化などとおなじくらいの規模で、〈わたし〉の心へと起こったことである。そのあとの、知識を巡るどんな言説の争いも、そのうえで起こる些末な出来事にすぎないのであって、逆に宇宙の進化も地球の進化も生物の進化も、みなこの心によって捉えられる――パスカルを思い出そう、かれは「無限の空間の永遠の沈黙は怖ろしい」（二〇一-二〇六）といいながら、しかし「その宇宙をわたしの心が包む」（一一八-三四八）と述べている。そこに、人間の尊厳が見出だされるのである。

ここ、読者の眼のまえには、スピノザ主義とは異なったタイプのある種の自然一元論が浮かびあがってはこないだろうか。ヒュームが「わたしの存在」を否定したということは、デカルトがそれによって「わたしの存在」を超越論的前提とした、精神と事物の差異を否定したということである。とすれば、――モンテーニュが設定した枠組であったが――、自然に対峙した人間精神が、理性によって自然の原理を捉えるにはどうすればよいかというのでは、もはやない。哲学的思考の枠組を、こう変えなければならない。すなわち、経験の限界について考察する際の、思考の限界への挑戦とはどのようなことなのであるかというようにである。

ヒュームは、フッサールがデカルト的「主観-客観」図式を超えようと思いつくずっと以前から、――フッサールもそれを知っていたのだが――、すでにつぎのように考えていた。

まずもって唯一の実体があるとするスピノザの原理では、その実体が時間と空間において変容を蒙る理由、「自然に生じるすべての差異（ダイバーシティ）」を説明できない（『人間本性論』第一巻第四部第五節）。むしろまず自然の原理があって、それは一方で自然の客観的事象に反復をもたらしつつ、他方で人間の自然（人間本性）に因果性を感じとる主観的経験を与えているのであって、そのどちらがさきといえるような原理は知られ得ないのである、と。

52　確率論的思考

はたしてヒュームは、しばしばいわれるように、懐疑論者なのであろうか。ヒュームは、経験において自然に起こっていることを記述し、いかにしてわれわれの精神のうちに因果的判断が生起するかを議論していた。その結果として、因果性が、自然に実在する必然性のようなものではないとしたのだが、逆に、そうした因果的判断は、われわれの経験が単なる印象の交替ではなく、おのずから整除され、秩序だったものとして自然を捉えていく否応ない傾向性をもっているということを証明しようとしていたともいえる。

これが、どうして懐疑論なのであろうか。これを懐疑論と呼ぶのは、思考が自然の必然性という、経験を超えた知識を獲得することができるとするデカルト主義者たちだけであろう。ヒュームが拒否しているのは、人間に知識が得られるということではなくて、未来の判断に「必然性」という独断を持ち込もうとすることなのである。

他方、返す刀で、ヒュームはコンディヤック主義も拒否することになる。というのも、すべては言語のあとで生起するのではなく、思考は言語以前から、経験の本性として、動物とも共通にまず「自然のなかの思考」として生じてくるのだからである。その意味では、ヒュームは、デカルトの前提していた人間の思考を、「自然」によって裏書しようとしていたともいえなくもない。

『人間本性論』の序文で、かれは、懐疑論は学問の進歩のためにあると述べる。懐疑論は議論を深めるために経由すべきものであるが、哲学はまた、そこから抜け出さなければならないのである。実際、かれは「関係」のうち、因果性以外の関係は、知識の源泉として許容できるのであって、だからこそ数学も、――数学はあとで留保が付されるにしても――、また歴史学も、この議論の延長として発展させていくことができるとしていた。

因果性に関しても、かれはそれを否定し去ったのでは決してなかった。それが必然的であるとした場合には問題が生じるにしても、蓋然的なものとしては、批判しながらであれば十分に扱っていくことができるとしていた。つまり、信念が単に印象に生気を与える作用であるとしても、だからこそ、この作用があるかぎり、ひとは「信じ続け、思考し続け、推論し続ける」というのである。

ヒュームのこうした考えがよく窺われるのが、『人間本性論』第一巻第一部第十節から十三節にかけての、「偶然」に関する議論においてである。ヒュームはサイコロを投げる例を挙げて、一般には偶然とされているもののなかにも因果性があることを指摘する。

サイコロを投げることには、必ずやテーブルのうえでそのひとつの面がうえになるという因果性が含まれている。ところが、どの面がうえになるかは偶然である。そこでヒュームは、サイコロの面のうち四つにおなじマークが刻んであれば、ひとはどのように考えるであろうかと問う。おそらくはそのマークの面が出やすいと判断するであろう。なぜなら、そのマークの面が出る場合の数が、他の面が出る場合の数よりも多いからである。

つまり、原因がひとつで結果が複数の場合、結果がおなじである場合の数の多さ〈大きさ〉に応じてその面が出やすいという信念をひとはもつであろう。その結果、その信念が印象にもたらす生気が増えて、結果についての予期が与えられる。この判断は、「蓋然的なもの」について計算した確率論的判断なのであるが、——ベンタムのいう意味でも——、健全な判断なのではないだろうか。

それでは、結果がひとつであって原因が多数あるような事例ではどうであろうか。ヒュームが挙げているのは時計が故障したという例である。時計が壊れるのは偶然であるとみなし、因果性を一切見出だそうとしないひともいるが、その故障に対して、時計が作動する原因とは別の、それに反対の原因が働いていると考えるひともいる。機械工は、たとえば埃が入り込んでいるといった原因を想定して、時計を修理することができるであろう。

この事例についてはヒュームは、習慣がただちにそのひとの判断を惹き起こすのではなく、ひとは「空想」を含みつつ思考していると考える。すなわち、ひとは反対の結果が生じる可能性を想像し、どの程度の割合で予期する結果が生じるかを判定しているのである。たとえば二〇隻の船が出港して一九隻帰港するという経験をくり返すとき、ひとは船が必然的に帰港するという信念を弱めるのではなく、二〇隻中の一九隻が戻ってくるという、その分割された結果〈確率〉についての信念をもつようになるというのである。

ここにあるのは、「大体の」という意味での蓋然的な判断〈確率的な判断〉ではなく、〈蓋然的なもの〉についての確率論的判断である。もとより〈蓋然的なもの〉は、今日「確率」と呼ばれるおなじプロバビリティの訳語である。必然的でなくとも、精神は、こうした〈蓋然的なもの〉について正しく判断をすることができるし、またそうするであろう。

ベンタムのいう「予期」も、このような種類の判断のことであったろう。ベンタムは、諸個人の幸福計算は、生じ得る快楽と苦痛とをより広範に、より長期的に、傾向として、つまり確率論的に「計算」すべきであると考えていたのだからである——ここに、動物的生と連続した「学問」がある。

53　パスカルの賭け

確率論については、その創始者はパスカルであるということに、研究者のあいだで異論はない。その基本となるテキストは、『パンセ』における、神の存在を信じるかどうかに関する断章であるが、そこでは、驚くべきことに、敬虔なクリスチャンであると知られているパスカルが、それを賭けによって決めようと勧めているのである（四一八―二三三）。

かれは、神の存在と非存在が五分五分であるとして、神の存在を信じるのと信じないのとどちらがよいかについて、確率計算によって考察してみようと提案する。詳しい説明は省くが、そこには期待値という確率論的な考え方が登場する。すなわち、たとえ真偽が五分五分であっても、どちらを真とするかによって得られるものが違うときには、より多くを得られる側を選ぶべきだというのである。神を信じる生活によって現世の快楽が減ったとしても、死んだのちに永遠の生、すなわち無限個の生を授けられるのだとしたら、それに較べると、信じなかった場合の一個の生などとるに足りないであろう……。

それにしても、である。神の存在を賭けの対象とするようなことは、前提において無神論的であるのだから、その結論と矛盾しているとはいえないか。そもそも信仰は、知の断念のもとにある。知性の理解を超えたものを受けいれるということなのである。それに対し、信仰とおなじ語であるが、「信念」は知の停止である。知を求めて思考した結果、それ以上懐疑する必要はないという判断によって生じるものである。パスカルはここで、「信じること」について、神への信仰と確率についての信念とを混ぜあわせてしまっているのではないだろうか。

パスカルが無神論者であったとはいわないが、「信仰のひと」であるというよりは、思考によって神の存在に到達しようとしていた点で、神の存在を生得観念として前提したデカルトよりも過激派なのであったかもしれない。だからこそ、かれは死や、無限の空間の永遠の沈黙を怖れていたのではないだろうか。

ただし、そこからかれは、「確実なことをしかしてはいけないとしたら、宗教のために何もしてはいけない」と述べつつ、多くのひとは事実、航海とか戦争とか不確実なことのために行動する、だから宗教のために何かをしてもいいと主張しはじめる——神を否定する論理もないというわけである。

「ひとが明日のため、そして不確実なことのために働くとき、人は理にかなって振舞っている。なぜなら、ひとは証明された分配の規則によって、不確実なことのために働かなければならないからである。」（五七七-二三四）

ここでの「分配の規則」とは、賭け事をしていて中断する必要が生じたとき、残る掛け金をどのように分配するかを決める規則のことであったという。それは、象徴的には、まさに死のことである。死は寿命のあとに訪れる状態のことではなく、生を中断するものとして姿を現わす。生は、死によってつねに不確かである。それゆえに、パスカルは、「死を忘れることなくどう生きるべきか」と問い質す。その問いは、実存主義的な問いであるともいえるが、それ以前に、確率論的な問いである。それは、明日も太陽が昇るかといったことへの懐疑である。

パスカルは、「われわれは、明日も太陽が昇るというように、つねにおなじように結果が到来するのを見るとき、そこから自然的必然性を結論する」（六六〇‐九一）が、しかし自然はしばしばわれわれの予想を裏切ると述べる。それは、反対の原因が反対の結果をもたらす可能性があるからだという。そして、ヒュームの議論を先取りするかのように、かれは、「われわれの自然的原理とは、われわれの習慣づけられた原理でなくて何であろう」（一二五‐九二）と述べるのである。

ひとは〈蓋然的なもの〉として因果性を前提しながら生きているが、――ヒュームも「明日の太陽」を問題にしながら論じていたように――、習慣によって、昨日起こったことは明日も起こるという信念がおのずから生じているにすぎない。死は重大な出来事ではあるが、パスカルにとって、それはまた、習慣によって因果的と思い込んでいるすべての事象において、その反対のことが起こるという事例のひとつでもあるのである。

恒星の歴史を知るようになった現代のわれわれは、五十億年後には太陽がノヴァとなって地球をのみ込むであろうことを知っている。いつか太陽は、明日は昇らない。その観点からすると、毎日太陽が昇ることは、必然的であるとはいえない。確率論的思考をするひとは、おなじことがくり返すとは前提せず、すべての慣れ親しんだ因果的事象において、つねにその反対の結果にいつ襲われても不思議はないとして捉えなおそうとするひとなのである。

54　オネットム

こうした確率の規則によって判断をするのが、パスカルにとっての「理性」なのであろうか。しかし、パスカルは、さきに挙げた神の存在に関する賭けに対して、「理性は何もすることができない」と明言している。理性はただ確率について教えてくれるだけであり、判断するのは別のものである。それはただし、ヒュームのいう「想像」ではない。パスカルにとって「想像」は、デカルトにとってと同様、小さなことを大きく見せ、飾りたてる働きにすぎず、真も偽も肯定する「誤謬の原理」でしかない。判断させるものは、ヒュームと同様、「習慣」である。

「証拠は精神をしか説得しない。習慣がわれわれの証拠を最も強力で最も信じられるものにする。習慣は精神を、思考することなく牽引する自動機械へと向かわせる。明日は太陽は昇るだろう、われわれは死ぬだろうということをだれが証明したか、それ以上に信じられるものがあるだろうか。そのことをわれわれに説得したのは、したがって、習慣なのである。」（八二一−二五二）

そして、さらにパスカルは、理性は原理が目のまえにないときに迷子になったりするが、直感（サンチマン）はそのようには行動しない、だから信仰は直感のうちにおかなければならないとも述べる。習慣から生じてくる直感こそ、正しい判断をさせてくれるという。

では、直感とは何か。かれの有名な分類において、「繊細の精神」のもとでは、判断にこそ直感が属しているとされる。それは「幾何学的精神」における理性的推論の働きではなく、「きわめて微妙で、きわめてはっきりとした感覚」（五一二−一）であり、要は「ひと目で見ること」だという。

かれはその箇所で、幾何学的精神のひとと繊細の精神のひととを分け、それぞれの利点をあげながら、それらを統合することのむずかしさについて述べる。幾何学的精神は、定義や原理に従って秩序だった証明をすることができるが、眼のまえにある繊細な事物については途方に暮れてしまう。逆に、繊細の精神は、澄んだ目をもって事物の感じを公平に判断することができるが、意味不明な命題のなかに入って定義や原理を経なければならないのに怖気づいてしまう。

今日的にいえば、それは哲学者と詩人の対比であろうか、なるほど、文才のない哲学者と論理の分からない詩人――それらをひとつの人格のうちに統合しているひとは少ない。

とはいえ、むしろ「歪んだ精神」(五一二―一)ないし「びっこの精神」(九八―八〇)とパスカルが呼ぶ、両方とももっていないひとの方が多いのである。精神がびっこであるとは、推論の足取りが悪く、想像によって推定するだけで真偽の区別ができず、幾何学的であれ繊細であれ、「正しい精神」の判断を否定したり、批判したりすることである。そのとき「正しい精神」は、みずからが真なるものを選んでいるという確信を、全力で見ているということ以外に根拠をもっていないのだから、大勢のひとから批判されながら、自分の判断に従うという過酷な状況に陥るのだという。パスカルは、それに耐える「正しい精神」の持主を「オネットム(紳士)」(六四七―三五)と呼んでいる。

オネットムとは、どのような人物なのか。それについては、パスカルは多くを語ってはいない。モンテーニュにもその表現が見出だされるが、やはりはっきりはしない。ただいわれているのは、すべてのことに関心をもっており、それを自然に語ることができるひとだということである。あまりに自然なので、言葉の組みあわせの方がかれに品位を与えるのだという――といって、単に言葉を上手にしゃべるひとではない。「言葉が問題になったときにのみ上手にしゃべると評価されるようなひと」であるという。

少なくともパスカルは、言葉を思考の直接的表現としたりはせず、言葉もまたひとつの精神の営みであって、その手前において精妙化された思考のなかから生まれてくるものであると理解していたように見受けられる。

55　不確実なデカルト

ところで、パスカルがデカルトを「役立たずで不確実」と非難したのはよく知られている。パスカルは「どういう形態や運動であるかをいい、機械を構成してみせるなど滑稽である」（八四-七九）とまでいい切っている。パスカル、そしてヒュームの確率論的思考は、どのような点でデカルト哲学と対立しているのであろうか。

デカルト哲学は、今日なお決定的な影響力をもっている。デカルト的思考とは、知覚のもととなる絵（イデア）ではなく数学的図式的な表象を使うものの、何であれ、ともかくも機械仕掛として、数式を使った図式（回路図）を描くことである。そうやって、天体も、物体も、身体も、化学的対象や量子力学的対象も、生理学的対象や遺伝学的対象も、みな機械仕掛として説明されるようになった。

デカルトがその図式から除外していた精神に関しても、今日、さすがにラ・メトリが『人間機械論』でいうようにバネやゼンマイというわけにはいかないが、「無意識」という語でもいいし、「脳」という語でもいい、機械仕掛として描写され、その部分相互の関係を力動的に説明することで事足れりとされている。

その図式の信憑性はともかく、自然を対象とした多数の回路図によって製作された便利な機械群に取り巻かれて生活している今日のわれわれとしては、デカルトが役立たずであったとは首肯し難い。パスカルの原理は油圧機に、また計算機はコンピュータにと、そちらもまた、きわめて役に立っているのであれば、それはいいすぎのようにも思える。

しかし他方、デカルトが「不確実」であったかどうかについては、――パスカルにいわせると確率計算がなされていない分だけ――、そうはいえるかもしれない。不確実であることが必ずしも欠点であるというわけではないにせよ、デカルトが確実性の基盤とした「わたしの存在」は不要だったのであろうか。

すでに論じたように、デカルトのいう「わたしの存在」は、夢から覚めるものとしての思考を支えるものであり、現実のなかへと覚醒してくる意識のことであった。そして、デカルトは、現実は夢とは判別できないにしても、「わたしの存在」に対して過去と未来が因果的に連鎖していることによって夢とは異なっていると述べていた。

ところが、見てきたように、ヒュームは、まさしくこうした因果性をこそ、想像によって形成された習慣にすぎないとして否定したのだった。それを捉える「思考する存在」としての自己についても、かれは、『人間本性論』の第一巻追補において、知覚されない以上「何ともいえない」と述べる。

「われわれは、ひとつの対象から別の対象へと移行するために、思考の結合や規定を感じるだけである。したがって、思考だけが、過去の諸知覚の痕跡について反省するときに、自己同一性を見出だすことになる。それらの知覚が心を構成し、その諸観念がともに結合されると感じられて、自然的に相互に導きあうのである。この結論がどんなに異常に思われようとも驚く必要はない。」

ヒュームのいいたいことは、思考するときにひとは自己同一性、ロックのいう人格をみずからに見出だすのだが、それがなぜ、どのように存在するか、そもそも真に存在するかどうかはいえないということである。

それが正しいとすれば、デカルトのいうようには、現実は夢とは異なってはいないことになる。睡眠中に見る夢は、現実よりも相対的に因果性が見出だしにくいというにすぎない。われわれは、ヒュームとともに、再び「夢かうつつか」というモンテーニュ的世界へと舞い戻り、思考と想像の差異を見失ってしまうのであろうか。それとも、パスカルやヒュームの思考には、デカルトとは異なったやり方で、夢と現実の差異を与える指標があるのだろうか。

56　想像の論理学

もし空想や夢であっても、夢と現実の差異がないならば、心に生じることは〈わたし〉の自由自在であり、〈わたし〉はその空想や夢に身を委ねていればいい。だが、それでも空想や夢は醒め、現実と呼ばれる経験に引き戻される。そこは〈わたし〉の自由ではなく、〈わたし〉の心のなかに、いずこからか「秩序」が入り込んでくる。

秩序とは、わたしの自由にならないような経験、わたしの自由の気まぐれとは異なった、なにがしか反復する継起があるということである。とすれば、「わたしの存在」が確かではないにしても、それでも、ひとは夢から覚める。ヒューム的に理解するならば、夢から覚めるということもまた自然から与えられるひとつの因果性なのであるに違いない。ひとは夢を見ることをくり返しているにしても、それが覚めるということについては、かなり強力な信念をもつことができるのである。

しかしなお、デカルトならばいうであろう。〈わたし〉は覚醒時には、回想する過去を現在に繋げることができる以上、覚醒していることは明晰であると。ところで、デカルトは、夢のなかでも諸事物の存在は確実であると述べていた。それならば、なぜ夢のなかでは過去と現在が繋がっていないといえるのだろうか。そしてまた、覚醒時にひとりする回想が事実と食い違っているときには、過去と現在が繋がっていないのだから、それは夢とおなじものだということにはならないか。ひとがよくするとりとめもない回想やあてどもない未来の夢を、どのようにしてわれわれは夢から区別することができるのか。

現実は、因果性からだけ成りたっているのではなく、数多くの余白を含んでいる。現実とは、存在する諸事物がそのそれぞれの本質に従って組みたてられた壮大な機械内部の因果関係、ないし動物諸器官の協働作用ではない。同一性によってたえず回帰しつつ、くり返し打ち寄せては砂浜の姿を変えていく海の波のような、実在する膨大な数の微粒子の切れ目なき連続性のもとにあるのではない。それら諸事物の要素ないし物質は、どんなに精密に思考されようとも、生きることの条件として理論的に構成されたものにすぎず、実質的にはただ言葉が指し示しているものにすぎない。

夢と現実の差異よりも、もっと重要なことがある。パスカルは、旅も夢のようなところがあると述べながら、「人生は、定めなさがいくらか少ない夢である」（『パンセ』八〇三-三八六）と記したが、それはしかし、モンテーニュへの回帰、すべては捉えどころがないから夢のようだという意味ではなかった。逆に現実のむなしさ、つまりかれは「分からない何ものか」があることこそ現実の指標であるといいたかったのである――デカルトのいう思考する「何ものか」ではなく、思考されるべき「何ものか」こそが存在する。

というのも、ヒュームによると、現実においては、「分からない何ものか」に対する想像と推理をくり返していくことで、ひとは高い確率で因果的である現実的事象に、十分にふれることができるようになるのだからである。現実とは、それは夢と反対の経験ではなく、想像が活躍する夢の延長のようでありながら、確率論的思考によって、特定の事象の因果性を、確率空間のなかにうまく、ないしそれなりに切り取ることができる経験なのである。遂に「むなしさ」は、それによって夢のなかへと転送され、夢のなかの喜びや怖れはむなしいものと見えてくるようになるものなのだし、現実を捉えそこなっているひとを「夢のなかにいるようだ」と揶揄することもできるようになるのである。

このような意味で、ヒュームは「想像」を、現実を捉える確率論的思考をするものとして捉えたのであった。因果性を捉えようとするのは想像であるが、その想像は夢、未来の空想によって動機づけられてはじめて成りたつという。すなわち「空想が、合致するすべてのイメージからひとつの観念ないしイメージを抽出する」（第一巻第三部第十二節）――だからこそ、理性は情念の奴隷でなければならないといわれていたのである。ひとは、因果性を理性によって必然的なものと錯覚することなく、想像を通じて現実についての確率論的な信念を形成するのでなければならないのだからである。なお、ここでいわれる「想像」は、「他人の気持をおしはかって思いやる」といった日本の伝統的な発想とは異なり、過去の経験を組みあわせて新たな像を作りだすことである。

他方、パスカルは、確率論的思考を理性に帰しており、すでに述べたように、「想像」には、思考の可能性をあまり見ていなかった。デカルトと同様に、それを「誤謬の原理」とみなしていた。とはいえ、つぎのようには述べている。

「想像は、愚かなひとたちを賢くすることはできないが、友人を不幸にしかできない理性と張りあって、かれらを幸福にすることはできる。想像はかれらを栄光で覆い、理性は恥辱で覆う。……なぜなら理性は譲歩するように義務づけられていて、最も賢いひとは、人間の想像がそれぞれの場所で無謀に導入したものを原理とするからである。……想像がすべてのお膳だてをする。想像は、世界のすべてである美と正義と幸福とを作りだす。」（四四-八二）

ひとが理性的推論をせず、想像をしかしないにしても、それはそれで人生の幸福が享受できるという点では、否定するほどのものではないというのである。

とはいえ、パスカルはアンビヴァレントである。というのも別の箇所では、ひとびとの幸福は、死と不幸と無知をいやす気晴らしでしかなく（一三三-一六八）、真の幸福ではないとも述べているのだからである。自身は神の存在を賭けの対象にする一方で、かれは、ひとびとが賭け事に夢中になるのは、みずからの惨めさを慰める気晴らしとしてにすぎないといって糾弾する——この矛盾を、どう理解したものか。

「わたしの存在」の確実性から出発するデカルト的思考であれば、そのような自分を失ったひとびとを「夢のなかにとどまろうとする」として断罪するということをしかしないであろうが、因果的連関に含まれないとされるかれの「わたしの存在」もまた、ひとつの妄想であるということはないだろうか。あるいはむしろ、パスカル風にいえば、ひとつの賭けにほかならないのではないだろうか。

なるほど、賭け（ギャンブル）は、その瞬間には夢のなかのようではあるが、それに勝てなかったときに、惨めな状態に突き落とされるのが「現実」というものであろう。ギャンブルをするひとが、儲けた金をさらに賭けにつぎ込むとき、かれらはむしろその、現実の感覚を求めているようにすら見える。神の存在と非存在を賭けたパスカルも、その点ではおなじようなことをしたのではなかったか。

つまり「現実」とは、確率論的な信念としての「現実感覚」のことなのである。夢のなかでほほをつねるようにして、ひとはときに現実を確かめるためにギャンブルをする。原因と結果のはっきりとした結合を経験し、「現実」の感覚をもとうとする。確率空間を捉え損なうひとびとのあいだでは、――覚醒剤はその名まえとはまさに逆のことをするのだが――、ありとあらゆる種類の自傷行為によって、強力な因果性の結末として「血を見る」ようなことをまで出来（しゅったい）させるのだが、それで何とか現実の感覚を確保しようとしているかのようである。

現実は夢が入り混じっていて、現実である。予言者ではないのだから、未来は純然たる予知の主題ではなく、みずからの希望や不安の主題である。未来の予期の正確さを与えるのは、経験の積重ねであり、見出だされる反復が、反対の可能性を想像させる「夢」のもとで、未来に継続されるかどうかについての精緻な想像である。その判断を修正したり補強したりする確率論的思考によって、ひとは「現実的」になるのである――そうした発想が、まさに「経験論」の真骨頂、「経験＝実験に学ぶこと」だったのではないだろうか（勢力尚雅『経験論から言語哲学へ』第一章）。

確率論を最初に説いたのはパスカルであるが、ヒュームになると、そこから「現実的なもの」についての知識を、その限界とともにもつことができることを明確に意識するようになっているように見える。限界は、のちにカントのいうように、理性にあって主題を禁欲するべきようなものなのではない。理性が見出だし得るような種類の知識の主題においてあるのではない。そうではなくて「蓋然的なもの（確率）」、限界があるものとしてもつ知識こそ「真理」である。ただの情念の声ではなく、想像によるこのような思考の営みがあることを、ヒュームは疑ってはいなかったのである。

57　蓋然性の原理

いまでいう確率の概念が出現するのは、ハッキングの『確率の出現』によると、一七世紀なかごろのパスカルの議論から一八世紀初頭のベルヌーイの極限定理によってであるから、ヒュームもこの新しい学問としての確率論については知っていたものと思われる。それゆえ、ヒュームは確率論的思考を確立しつつ因果論批判をおこなったと見ることができる。

それにしても、確率とはそもそも何のことだろうか。その歴史を思想史的に詳細に論じたハッキングの説明を整理しておこう。

今日のわれわれは、蓋然性（確率）を、必然性と偶然性の中間のようなものとして捉えている。偶然は原因がないということであり、必然性は結果が一〇〇％生じるということである。とすれば、蓋然性とは〇から一〇〇のあいだのパーセンテージで結果が生じるということであろう。そのとき、「可能性」という語は、結果が生じる、ないし正しいといえる確率がゼロではないということを意味しているともいえる。とはいえ、そのような理解の仕方は、すでに確率論的な発想によるものである。

しかし、確率論が出現する以前の一七世紀には、必然性と蓋然性は、二つの知識のあり方を示す語にほかならなかった。必然性があるものの方が「知識」と呼ばれ、論証によって否応なく確定されるものであるのに対し、蓋然性があるものは「見識」とでも呼ぶべきもので、病気や道徳など、基本的に漠然としたものに見出だされる記号＝しるしに関して、聖人等の言葉の裏づけという証拠があると示されるもののことであった。

いいかえると、「知ること」と「信じること」とは別のこととされ、知識は「知ること」をもって、見識は「信じること」をもって判断の前提をなすとされてきた。今日では知識の優位性を疑うひとはいないが、一七世紀までは、これらが同等の意義をもって、ひとびとの判断に確実性を与えるとされていたという。なお、「確実性」とは、——デカルトもめざしたわけだが——、神の意志を反映しているという意味であった。

蓋然性における思考は、パラケルススのような医術においては、たとえば尿を調べることによって病気の進行度を特定するように、因果的ではないが、ひとつの出来事の展開を示す特殊な数多くの記号＝しるしを見出だすことであった。今日でいう状況証拠である。それは、猟師にとっては、猪を発見するための匂いや折れた枝や足跡や糞のような類（たぐい）のものであった。それとおなじ「蓋然性」において、占星術も、星の運行と各人の運命に関係があるとみなされていたのであった。

それにしても、単なる記号＝しるしは多岐にわたり、恣意的にいくらでも取りあげられる。はたして、たとえば聖人等の言葉の裏づけによってだけで、何かを確実であるとしてよいであろうか。聖人の数も言葉も多く、それらはいろんな場面にあてはまる。そこで、やがて蓋然性に関して、いわば「自然の証言」としての事物のしるし＝徴候が必要とされるようになり、——最近よく使われる語だが——、それが「証拠（エビデンス）」と呼ばれるようになっていき、その他方で、「記号」は言語を代表とするようになり、単なる「しるし」といった意味から離れていったという。そして、ルルスによる観念の組みあわせ法から普遍言語構想へと向かう道と、その自然的起源を求め、理性の発生を説明する言語起源論の道とに別れていったのであった。

今日でも、「知識」と称しながら、権威のあるひとが述べたことを引用するひとは多いし、また、地震予知をするために、マントルの移動という原因についての「知識」に対し、雲の形や、動物の異常な行動や、地面を流れる電流といった状況証拠、「しるし」を探しているひとも多い。血液型性格判断なども同様である。これら世間に多量に流布している言説は、今日では臆見にすぎないとされるのであるが、一七世紀までは「見識」として、公然と知識と同様に受けとられていたのである。

とすれば、デカルト哲学の意義も明白になるであろう。一七世紀、デカルトが、必然性の論証に数学を導入し、神の意志によるとされる確実性が機械仕掛の回路図によって保証されるとしたのは、同時に「蓋然的でしかないすべての認識を排除する」(『精神指導の規則』第二規則)という趣旨でもあったわけである。

ヒュームが因果論を批判したのは、以上のような哲学史的文脈のもとにおいてであった。蓋然性の原理に回帰したわけではない。旧い意味での蓋然性について、ヒュームはつぎのように書いている。

「蓋然性はわれわれが経験した諸対象間の類似の推定に基づいているが、われわれが経験していないものについて、蓋然性によってこの推定が起こり得るのは不可能である。おなじ原理が他の原理の原因でかつ結果であるということはあり得ない。」(『人間本性論』第一巻第三部第六節)

したがって、ヒュームが因果論を批判したのは、蓋然性の原理によってではなかった。かれは、第一に、因果性が必然性を伴うような「知識」ではないとしたのであり、そして、因果性は「蓋然的なもの(確率)」の判断に伴うにしても、第二に、蓋然性は「知識」の一種ではないとしたのであった。ある意味、蓋然性の原理を批判するデカルトとおなじ方向を向いていたのであるが、ヒュームは「信念」という概念に確率論的な内包を与えることで、この原理にとって代わることのできる「蓋然的なもの(確率)」についての、認識の新たな理論を模索していたのであった。

58　必然と偶然

以上、パスカルやヒュームによって見出だされた確率論的思考が、その後の歴史的文脈において、どのように展開していったのかを見ておくことにしよう。

デカルトが宇宙の原因を神と置き、運動の伝達をしか認めなかったのに対し、自然のなかに「力」という原因が探し求められ、ニュートンがそれを「万有引力」と呼んで公式を与えたというのは、周知の事実である。ニュートンの説に対しては、当時、ライプニッツなどから、中世の「隠れた性質（オカルト）」説の復刻版ではないかとの疑義が出されていた。今日でも力がさまざまな出来事を引き起こすとされているが、——デカルトもヒュームも明確に述べていたことだが——、われわれは力それ自体を経験することはできない。衝突であれ瀑発であれ、その結果とされる経験をしか知らない。力は仮定された原因にすぎず、それが出来事を引き起こすといわれるのは、それに類似した多様な出来事が、それぞれに数的に比例したものとして起こるからにすぎないのである。

ニュートンの説は、自然のなかに見出だされた蓋然的な事象に関する仮説と証拠（エビデンス）にすぎなかった。それにもかかわらず、自然科学は、そのような発想をも含みつつ、一九世紀に向けて発展していった。それというのも、デカルトが追究した必然性にも、少し問題があったからである。因果性という概念を「必然性」によって、つまり、原因から結果が一義的に決定されているという意味で理解するとしたら、そうした現象を客観的に挙げるのは、実はむずかしい。

そもそも二つの出来事があって、一方が他方の原因であるように見えることは多々あるが、原因に相当する出来事と結果に相当する出来事が相互に独立していて、かつ前者から後者が一〇〇%引き続くということが、実際に見出だされ得るのであろうか。後者が前者に影響を与えるとか、両者がおなじひとつの出来事の二つの要因にすぎないとかいうことはないであろうか。また、一〇〇％ではなく、かぎりなく一〇〇％に近いにすぎないということではないのだろうか。

ある現象の因果論的必然性を証明するには、――デュエムが論じたことであったが――、数式を作るために概念を実際の出来事よりも抽象化し、出来事をその単一的な事象に限定して、実験室のような場所で、他の要因についてはすべてが法則的に規定されていると仮定して、それで出来事を反復させてみて、ようやく仮説としてたてられた数式がほぼ正しいと、つまり確率論的に正しいといえる範囲であるとするしかできない。

したがって、因果論的必然性は、出来事という経験的な現象について想定されるものであるが、必然的な法則として確立されている事例においても、確率論的にしか証明され得ないのである。まして、眼にも見えない分子的現象については、熱力学が示したとおり、理論自体も確率論的である。そしていずれにせよ、ひとびとは、一旦確立され、数式で表現された因果的関係を活用してさまざまな機械を作ることができるのだが、ただし、その機械を機能させるのにも、因果論的必然性だけでない工学的なセンスとでもいうべき確率論的思考と、生産現場での歩留まりに関する確率論的思考が必要なのである。

この曖昧さを嫌って、それとは違うタイプの必然性によって科学が基礎づけられるのではないかと探求されもしたが、数学的必然性も、論理的必然性も、幾何学的必然性も、それらは古代におけるような「宇宙の原理」という位置づけを得ることはできなかった。これらの必然性は、今日なお学問の領域では有効であるが、それらもまた、世界の出来事、人間の経験のなかでどのように位置づけられるべきかが、あらためて問われざるを得ない。

では他方、「偶然性」についてはどうなのか。ジャック・モノーは、『偶然と必然』という書物において、進化の過程はみな必然だが、生命の誕生、すなわちＤＮＡとそれを取り囲む細胞壁の出現は偶然としかいいようがないと述べている。とはいえ、もとより偶然とは、モノーが示唆していたような、決して確率がかぎりなく小さいという意味ではなかった。

たとえばビルのしたを通りかかったひとが、うえから落ちてきた看板にあたってケガをするといった事例があったとする。そのひとがそこを通る確率もあれば、看板が何らかの原因で落ちる確率もあるが、そのおなじ空間的位置に両者が居合わせるということの確率は、きわめて小さいというよりは、求められ得ないのである。それで、そのようなものが「運命」と呼ばれてきた——ひとはまさにそういうニュースに関心を抱くのである。

ここで「偶然」とは、相互に関係のない複数の因果系列がおなじ空間的位置を占めることによって起こるという意味である。二つの出来事が、まったくどんな因果性にも関わっていない、ただそのときその場所で遭遇したということである。それは、ニーチェやマラルメのいう「純然たる偶然」、すなわち原因のない出来事なのであろうか。少なくとも、サイコロを振るように、いずれの結果になるかについての原因がないという事態がある。

とはいえ、実際には、どの面も等しい確率で出現するような完全なサイコロは存在しない。重心の位置や表面やテーブルの状態によって、完全には面は等しく出現しないし、そもそも重心が中心にある完全な立方体などは存在しない。逆に、確率の差異が重心の位置を調べるのに役立つほどである。

とすれば、むしろ原因が知られていない、知られようがないだけであって、すべての出来事は決定されているということなのではないだろうか。しばしば宗教が語ってきたように、星の運行をはじめとして、この宇宙のどんな些細な出来事も、どこかでわれわれの未来に関わってこないではないということではないのか。

結局、「運命」といわれても、原因なき純然たる偶然であるということなのか、人生の意味を与える必然の指令であるということなのかは、どちらともいえないのである。むしろ、偶然か必然かよりも、占いやギャンブルにおいてもっと重要であることは、原因がないことではなく、原因が知られていないということなのである。

偶然としての運命であれ必然としての運命であれ、そのような語が意味をもっていたのは、宇宙において生起する諸現象の論理としてではなく、——戦（いくさ）をする将がくじや占いを使用したように——、機械を作ったり政治的決定をしたりする「行動の指針」としてでしかなかった。必然や偶然は、対象に備わる性質ではなく、対象の実在性とは無関係に、現象の論理として、経験される出来事について主題となる性質なのである。

この意味でこそ、ヒュームのいう「習慣」という観点において、出来事を分解して最小要素にしたときには、すべては確率論的に捉えられるようになるのである。現代では、その非常に高い場合が必然であり、非常に低い場合が偶然であると呼びかえられているにほかならない。必然も偶然もなき蓋然性の論理として、一〇〇%の必然と〇%の偶然の場合を除き、——そのような場合は主題とされるかぎりにおいてはあり得ないことなのであって——、すべては確率論的である。いいかえると、結果が予測できればできるほど必然的であり、結果がひとつに予測できなければできないほど偶然的である。そのどちらがよいかということは、そうした思考をする主題となる出来事の事情によって決まるのである。

したがって、今日では、事実として原因があるかないかは重要なことではない。ものが落ちてきてひとがケガをする事例は一回かぎりのことではないのだから、統計をとれば、そこにも確率が見出だされる。だれかが看板のしたを通りかかるときに看板が落ちるのは確率論的なことであって、そこにいたのがだれだったかは、どうでもよいと捉えることができるからである。ポアソンの大数の法則によると、そのひとがそこを歩く頻度や看板の落下の頻度だけではなく、多数の人間の歩行と多数の看板の落下についても、何ら理由や原因を想定することなく、確率を見出だすことができる。

こうした事態についての確率論的思考は、状況を計算して現実の成りゆきを予期するような思考である。古来ひとびとは〈蓋然的なもの〉を知ってはいたわけであるが、一八世紀、それを自覚して、とりわけ数という言語を使って確率論的に思考する仕方が見出だされた。しかし、そのとき、それは身のまわりで遭遇する出来事についての「蓋然的なもの（確率）」の思考にとどまってはおらず、――もはやオネットムであろうとする人間の徳や性格の主題ですらなくなり――、ひとびとはあらゆる現象に確率を見出だそうとしはじめ、まもなく「統計学的思考」へと移行していったのであった。

社会のありとあらゆる現象の統計を取るならば、その要素間における具体的因果性も、そのそれぞれが起こる確率も知らなくても、どこにでもその分布を見出だすことができる。一回一回の現象がいかに独自であり、一人ひとりの行動がいかに独自であっても、平均があって偏差がある。

恋人にプロポーズするひとにとっては人生に特別の重大な出来事なのであるが、それは大多数のひとにとって起こる出来事なのであり、その振舞も、――何ということか――、統計学的には似たり寄ったりなのである。アランが指摘しているのだが、市役所を訪れた若いカップルが婚姻届を出す感激を受け止めて「おめでとう」という窓口の担当者にとって、それはつぎからつぎへと起こっているありふれた出来事にすぎないのである（『幸福論』）。

59　確率の確率

それでは、どのようないきさつで、確率論が統計学に移行していったのであろうか。ハッキングによると、もとより確率は、二つの本性的に異なる観点から成っていた。それは、「頻度」と「信念の度合い」である（『確率の出現』第二章）。その違いから理解しておく必要がある。

頻度という観点は、太古から、骨などを使って卜占がなされてきたからよく知られている。結果が二通り以上となる道具を使って、神意が尋ねられたのである。そうした特殊な道具として、サイコロも製作されてきた。サイコロはギャンブルの道具でもあったが、ある意味では賭けるひとに備わるとされる「運」を試すものでもあった。

サイコロには六面あるが、それを投げたときにどの面がうえになるかは、いずれの面も他の面よりも出やすいという理由がないがゆえに、六分の一の確率となることは、いつか知られていた。だが、二つのサイコロを振って総和が十二になる場合と十一になる場合とでは、おなじ確率とはならない。十一になる場合が、五と六、六と五というように、十二になる場合よりも多いからである。それも経験的に知られていたが、その理由を理解するには、順列として、すべての場合を挙げてみるという確率論的な思考が必要であった。

これが頻度としての確率であるが、他方、確率は信念の度合いのことでもある。ハッキングによると、一七世紀になるまでは、そのことが気づかれていなかったという。

概して信念をもつことは懐疑を停止することであるが、何を基準にして懐疑を停止すべきなのであろうか。デカルトのいうように「私は存在する」のような絶対的に確実な信念（一〇〇％の確率の信念）にいたるまで、懐疑を停止すべきではないのであろうか。「信念の度合い」とは、ある事象が、原因として結果の出来事を惹き起こすという判断について、それを未来の予測の根拠に使ってよいかどうか、一般化していつでもそうなるという命題にしてよいかどうかということについての確率のことである。というのも、まさしくヒュームが指摘したように、個別的経験が必然的にくり返されるという斉一性を、ひとは「知って」いるわけでもないし、――サイコロのような特殊に発明された道具以外については――、つねに「信じて」よい理由もないからである。それは、「くり返され得ない」ということでもないのだが、どこかでくり返される程度が決められているわけでもない。その確率を、ひとは経験的にある程度は知ってはいるが、決して決定的なものとして知ることもできないであろう。

それに対して、ベルヌーイがしたことは、まさにそうした「確率についての確率」をあきらかにするということであった。つまり、どのくらい経験をくり返したらそこに見出だされた確率が一般的な確率であると信じていいのかという確率である。幾何学的平面が実在しないのと同様、世界に完全なサイコロは存在しない。サイコロにも偏心があったり歪みがあったりするのだから、すべての面の出方が六分の一とはかぎらない。サイコロは何回くらい振ってみれば、そのサイコロのそれぞれの面の出る事実上の確率が分かるのであろうか。

何のためにそれを検討する必要があるかというと、その「確率の確率」によって、検査やテストや実験から得られる判断の確かさを客観的に示すことができるようになるからである。たとえばそれで、ＢＳＥに感染している可能性のある牛の輸入に関して、どのくらいのサンプルを取って調べればよいかが分かる。それ以上に検査しても結果が変わらないとすれば、残りの検査は無駄である。というのも、検査それ自体も、その結果が正しく検出されるかどうかが確率的なのだから、残りのすべてを検査してパスしたものが、必ずしも安全ということにはならないのだからである。

このようにして、確率論的思考は、単なる〈蓋然的なもの〉についての思考ではなく、確率（蓋然性）を意識することを通じて、「健全な」判断をもたらし、快適な生活を可能にする実践的な思考となったのである。ヒュームは、中世のように蓋然性を根拠として捉えて、状況にさまざまな記号＝しるしを探すようなことはやめるべきであると、そしてただ状況のなかにいくつもの原因といくつもの結果の可能性を見出だして、みずからの空想ないし夢が求める結果が生起するように準備し、また努力すべきであると主張していた。それが人間のもつ「賢さ」であるという。それに加えて、ベルヌーイのいうように、因果性についての信念の生じ方を「確率の確率」として見出だし、他の機会における状況と比較して自分の判断を修正することができるのであるならば、それはさらに賢い思考であるということになるであろう――信念をもつために懐疑を停止してよい合理的な理由がそこにある。

しかしながら、この確率論的思考には、それ自身は知識を求める学問でありながら、カントが糾弾したように、従来の学問に期待されていた「必然性」を毀損し、学問としての成立を脅かすという傾向もあった。ヒューム自身、帰納法は言語による一般化の錯誤であって、知識の発見法としては成立しないと考えた。帰納法はアブダクションないしシミュレーションであり、確率の確率を必要とする。

『人間本性論』の少しあと、一七五二年にフランクリンが、雷が電磁気であることを証明する。こうした電磁気の「力」を、知覚できない対象の存在を認めないヒュームは、おそらくは、原因とは認定しなかったことであろう。稲光が先立って雷鳴が到来するなら、稲光が原因で雷が結果であるとみなしていたかもしれない。その意味では、ヒュームの思想は、その後の自然科学の発展にはあまり寄与しなかったかもしれない。

とはいえ一九世紀、本屋の店員だったファラデーが電磁誘導を発見して自然科学者の代表とされるようになったのは、師のデービーが必然性を理論的に探求していたのに対し、実験のなかでの試行錯誤を優先していたからであったといわれている。自然科学もまた、確率論と親和的な方向へと舵を切っていったのである。

他方、ヒュームのいう蓋然的な因果性は、知覚されるもの相互における関係として、――ヒューム自身がのちに歴史家になるように――、歴史事象において、自然科学とは異なったタイプの学問を成立させる根拠を与えたともいえる。

ヒュームは、時計が壊れるような複雑な事象に対しては、埃のような反対原因が働いていることを知ることを要請していた。それは、パスカルのいう「クレオパトラの鼻」（一六二三―一六六二）のように、「もし～でなかったら」と仮定することであるが、そのことは、歴史学の禁じ手であるどころか、歴史に起こった出来事を精密に論証しようとする問いでもあった。

すなわち、「～たら」とか「～れば」といった問いがむなしいとは、日常生活においてである。失ったものを嘆き、その思いに囚われるならば、生活を構築していくことはむずかしくなるであろう。しかし、過去を主題とする歴史学の場においては、反対の出来事の可能性を並置することで、当該の出来事の意義がはっきりしてくる。そこでは、「矛盾（ありかつあらぬ）」は、論理的整合性のためにあるのではなく、出来事の確率を決定するためにある。

歴史学的矛盾は、日常的事象からおのずから湧いてくる想像からあえて切り離された空疎な言葉の組みあわせの切断ではなく、日常的事象に開いた裂け目としての出来事の結末を身に被ることを畏れる情動である。「ありかつあらぬ（存在か非存在か）」は論理的な二者択一なのではなく、「あるかあらぬか」とハムレットが嘆息するような、「コインを投げること」なのである。

コインはともあれ、サイコロそれ自体は、人類が発明した極めて特殊な道具である。その意義はといえば、それは、パスカルが述べているように、あるいはそれに反して、人間の「むなしさ」（同箇所）であった。それは、すでに述べたように、現実というものに本質的に伴う「分からない何ものか」である。サイコロは、妄想が跋扈し、夢のようにくり返すばかりの日常のなかに、その現実のむなしさを紛らわせるための気晴らしとして発明されたものでありながら、そこにとり返せない結末という「覚醒」をもたらし、その結果として、厳然たる時の経過による、歴史の耐え難い重さを実感させてくれもするのである。

歴史とは、アリストテレスが『詩学』で讃えた「オイディプス悲劇」のような、必然としての運命が人間の「思いあがり（ヒュブリス）」を罰する舞台ではなく、ましてヘーゲルが唱えた弁証法的文明進歩の必然性の階段でもなく、出現を競いあっているさまざまな結末のアリーナである。そのとき歴史学は、そこにそれぞれの手持ちの掛け金のすべてを張ろうとするギャンブラーたちに授けられる知恵のようなものであるといえるかもしれない。

ヒュームの開始した歴史学的思考は、このようにして、一八世紀、類比（ロゴス）を成立させる古代の幾何学的空間から賭けを成立させる現代の確率論的空間へと、活動の場を移したのであった。実証主義的な近代歴史学を飛び越えて、蓋然性の原理の復活でないとすれば、進化論や宇宙進化論、また量子力学や遺伝子学や地球温暖化論など、今日の歴史学的シミュレーション科学の隆盛のもとがそこにある。

60 デカルトとヒューム

ヒューム哲学の意義は、いまだ正しく評価されてはいないとはいえ、近代哲学を産みだしたモンテーニュ的主観‐客観（ミクロコスモス‐マクロコスモス）の認識論的枠組を脱出し、古代の存在論に戻ることなく、自然一元論的ないし歴史学中心主義的な哲学的エピステーメー（思考の枠組）に到達したところにあった。

それは哲学史における穏やかな「ひと弾じき」であったが、その後の近代哲学に生じた断層の最初の亀裂であった。デカルト的思考の、現代まで続く長くて幅広い射程をもった、すべてを機械の比喩で説明せよとする有無をいわせぬ権威に対し、ヒュームはニュートンから現代シミュレーション科学へと向かう、経験のなかを滑落する思考の「斜行線」を引いてみせたのであった。そのことをふまえ、ヒュームのいう「思考」を、近代哲学者デカルトのいう「思考」に対比しておくことにしよう。

デカルトのいう思考は、最も確実なものとしての「わたしの存在」から出発し、出来事の必然性（因果論的法則性）を数学的に見出だすことであった。それは、現実を夢からきっぱりと分け、蓋然性を肯定する想像と言葉の働きを拒否して、数式で表現される機械仕掛として現実を捉えることであった。

それに対し、ヒュームのいう思考は、因果論における必然性を否定して、出来事の蓋然性を見出だすことであり、その結果として「わたしの存在」を否定するにいたるものであった。それは因果性を、想像によって形成された習慣にすぎないとし、想像を反省することによって現実を確率論的に、つまり数多（あまた）の原因とその場合の数によって捉えようとすることであった。デカルトの求めた必然性は、言語のもたらした錯覚なのであった。

とはいえ、デカルトの主張、「わたしの存在が確かならば出来事は必然的なものとして認識される」ということの対偶は、「出来事が必然的なものとして認識されないならわたしの存在は確かではない」であって、ヒュームの主張がこれにあたる。この意味では、両者の論理は合致していた。

両者が異なっていたのは、デカルトにとっては必然性の反対が偶然性であったのに対し、ヒュームは、必然性の反対として、確率論的な蓋然性を認めた点にあった。ヒュームにとって、〈わたし〉が「知覚の束」にすぎないにしても何も認識されないわけではない。夢のなかでもなにがしかの覚醒があり、なにがしかは認識できるのだが、ただし、それは必然的なものとしてではないのである――だからこそ、認識における「わたしの存在」の確かさは必要ないとされたのであった。

ところで、デカルトのいう思考ではなくて、デカルト自身の思考はどうかといえば、どんなに正しい知識とされていても「欺かれているのではないか」と徹底的に疑いぬくことであった。それが、実はヒュームのいう思考のことでもあったのではないか。反復する現象からただちに必然的なものとして因果論的法則を見出だしてしまうのではなく、反対の原因や例外ないし「異例のもの」を予想し、際限なく捉えなおすように努めることである。それゆえこの二人の思考は、西欧近代哲学史のなかで、水と油のようにまったく相容れないというわけでもなかった。

とはいえ、デカルト自身の思考に反して、デカルトのいう思考は、まさに「方法論的思考（方法さえ知ればあとはそれに従うだけで学問になるという思考）」であり、それを引き受けたひとびとにとっては、――言語起源論者たちにあとから指摘されたように――、思考する必要のない、自然の組みたてに言語の組みたてを対応させるような、言語のある種の算術的操作にほかならなかったのである。

他方、ヒューム自身の思考はといえば、自然がどのようにして認識をもたらすかに関して、こころに起こる諸現象の活動と特性の一般理論を構築することであった。それはそれで、まさしくデカルトのいうように、必然的で確実なものでなければならなかった。根拠は神にではなく、――ホッブズにもスミスにもベンタムにも見られた用語法ではあるが――、「自然」に置かれていたにしてもである。

いずれにせよ、言葉からは独立したものとして精神の能力を想定し、その使用法によって知識と臆見とが分けられるという考えは、近代哲学におけるひとつの共通見解であった。デカルトもヒュームも、思考を言語表現の営為から明確に区別して、経験において欺かれず、賢くあるように何らかの無理をする、つまり「努力」を含む特別の営みがあることを認めていた。「強い心」（デカルト）であれ、「健全な精神」（ベンタム）であれ、「オネットム」（パスカル）であれ、――ヒュームには後述するように「賢者」という概念があるが――、そうした思考の努力は、言葉のうえだけで語ることの誘惑に対抗する、ないし抵抗するためのものでもあった。

逆にいえば、努力のない思考には逸脱が生じるということである。パスカルが「幾何学的精神」と呼んだのだと思うが、概念的言語をパズルのように扱うひとは、自然現象についてしか何も語ることができず、社会と人間のことがらに関しては、見当はずれなことしかいうことができない。他方、パスカルが「繊細の精神」と呼んだのだと思うのだが、概念的言語を無視するひとびとは、それも言葉の効能ではあるが、真偽を問わない図像や言葉によって信念を共有することばかりをめざしてしまう傾向がある。

われわれは、もはや言葉に頼るのはやめ、パスカルやヒュームのいうように、直感や想像によって「蓋然的なもの（確率）」としての因果性を幅広く深く読み取る思考に徹すべきなのであろうか。しかし、それでは単に、――デカルトのいう思考が生活に有用な機械を発明する思考でしかないように――、ピユロン主義者のようにひとびとのあいだで穏やかに生活を営んでいくための思考でしかないようにも思われる。

ヒュームは、ベンタムのいう、言葉なき動物にも共通した「計算」と「予期」が、それほどシンプルな営為ではないことを示唆していた。また、ベンタムは、そうした「思考」が、その後の言語の進歩によって動物に対して決定的な差異をもつものとなったと説明していた。それは間違ってはいないと思うのだが、はたしてそこには何がもたらされたのであろうか。続く章では、言葉なき思考に言葉の営みがどのようにかみ合って、通常いわれる知識や学問が、可能になったり不可能になったりするのかということについて論じることにしよう。

【この章のまとめ】

言葉ばかりがあって、思考がそのなかでの部分的な精神の働きにすぎないとされるようになったとき、思考はどう捉えなおされることになるのだろうか。それはデカルトのいうように観念を直観するようなことではなくて、感覚と想像から、蓋然的であれ判断を引きだしてくるということだとヒュームは考えた。デカルトのいうように夢と現実の二者択一ではなくて、夢のごとき世界から、確かなものを少しずつ掘り出してくるような人間の思考がある。それは出来事を確率論的に捉える思考であり、パスカルが繊細の精神と呼んで、よく思考するひとの特徴としていたものなのであった。

第六章　蓋然性と言語

——言葉以前の経験がどのようにして言語に出会い、言語のもとでしか思考できなくなるのか、言語のもとでどのような経験をすべきなのか。

61　思考と言葉

パスカルとヒュームがしたことは、蓋然性の原理から言語の効力を剝奪し、直感や想像を思考のうちに位置づけなおしつつ、〈蓋然的なもの〉を確率論的な思考の対象にすることだった。それは、「言葉なき思考」の探究であった。デカルトは無自覚的に「言語」を前提していたが、かれらは、言語起源論によって理性が解体されたあとに残るような、思考の新たなかたちについて論じていたのである。

確率論それ自体は、数という、順序を伴う一連の名詞を使用するときには言語が関わっている。だが、数を扱う以前にも、ひとは動物同様に、出来事の蓋然性を推量しながら生きている。ベンタムが「動物は計算する」と述べているが、計算は出来事の比較考量をすることであって、必ずしも数を必要とはしていないのである。計算は言葉なしで、直感や想像によってもなされ得る。

しかしながら、そこに数ばかりではない言葉が参与するときには、思考は単なる〈蓋然的なもの〉の直感や想像から、概念を巻き込んだ別のものへと変質してしまう。われわれは、「言葉なき思考」にとどまるように努めるべきなのであろうか、それとも積極的に言葉を活用するべきなのであろうか——「言葉とは何か」についてあまり語っていないパスカルとヒュームからは、具体的な答えは見つからない。

実際、かつてわたしは、思考を直感と想像だけですましているように見えるひとに出会ったことがある。そのひとは、言葉もすべて自然の記号＝しるしのように捉え、そこに相手の行動の予期をしか看て取らなかった。どんなにいいきさつや自分の意思を説明しても、それもみなわたしのしたい行動を推進しつつある記号＝しるしとしてしか受けとろうとはしないのだった。

他方、それとは逆に、言葉に正確な論証を要求するあまり、それによって非現実的な行動をしたり、他人に苛酷な要求をしたりするひとにも多く出会った。さまざまな要因が絡みあった複雑な事態の推移や、各人のためらいや困惑による行動の一旦停止も、ひとびとが相互に事態を捉えあおうとする間のようなものも、そのようなひとは、紋切り型の正論のなかの単純な語に解消してしまい、出来事の真の解決を遠ざけるような事態の攪拌をしかすることができないのだった。

われわれの生活は、言葉が媒介する社会的人間関係によって条件づけられているので、いずれの場合にも、そのようなひとの周囲ではさまざまなトラブルが起こる。それを「発達障害」などという生命政治用語で片付けるのはたやすい。しかし、もし真正に思考しようとするならば、概念的言語のもつ、自然のしるしとは異なった記号の意義も危険も考慮に入れておかなければならない。お望みならば数学は使わなくてもかまわないが、われわれはなにがしかは言葉を含めて思考するほかはないのである。

したがって、この章では、確率論的思考に言葉を参与させるべきか否かではなく、どのように参与させるのがよく、どのような場合にはさせない方がよいかと問うことにしよう。そのためには、われわれの経験に言葉がどのように働いていて、それに対して「思考する」とはどのようなことかについて考察することからはじめなければならない。

62　蓋然的なものの判断

ヒュームは確率論的思考がうまく働かない場合、つまり確証を与えなかったり、錯誤をもたらす場合について分析している。

確証を与えない場合としては、たとえば、教育などで意図的に与えられた判断、あるいは比喩によって与えられた判断、反対のことが起こる度合いがひどく小さい判断が挙げられている。また、友人が肝硬変になったと聞いて急に飲酒を控えるなど、最新の出来事に過度の因果性の信念を抱く一方で、「喉元過ぎれば熱さを忘れる」というように、反復したことが過去になればなるほど、その因果性の信念が弱まるといったことが起こる。さらには、因果の連鎖があまりに長い場合にも、信念は弱まるという。

この最後の例に対しては、ヒュームは、因果の連鎖が長くても、印刷のようにしてなされた複写があれば、その信念を維持させることができるということをつけ加える。のちにヒュームが尽力する歴史学がその例であるとされるのだが、そこでは、文字による記録として、言語が判断に保証を与えるということが念頭に置かれているのであろう、言語の発展が言語以前の思考を拡充するというのである。

このようなところにわずかに言語についてのかれの論究が現われるのだが、他方、言語は判断に錯誤をもたらす方向でも働くということも指摘されている。それは、ひとが一般的規則を作る場合である。一般的規則は「一般記号」、すなわち言語における一般化によるとされている。

たとえば、ある外国人の行動から、その国のひとが一般にそうした行動様式をとるといった判断が生じる。蓋然的な因果関係に対して、類比的なものや細部にわたるものに信念が及ぶからであるという。あるいは、——モンテーニュが挙げていた例でもあるが——、ひとが籠に入れられて高いところに釣られたとき、落ちる心配はないのに脅えてしまったりする。それは籠が自分を支えるという判断よりも、高いところから落ちたら死ぬという判断を優先してしまうからであるという。

ヒュームは、そうした一般的規則に対抗することができるのは、――規制や弾圧ではなく――、別の一般的規則でしかないと述べる。一般的規則は、経験を超える判断をしたものなのだからいずれにしても錯誤なのではあるが、――ベンタムが「剣ではなくペンで戦うべき」と述べていたのと同様に――、言論に対しては言論で対抗するほかはないということであろうか。

ともあれヒュームは、以上のように、〈蓋然的なもの〉の判断に生じる問題点を列挙したうえで、「賢者はこれを吟味する」と述べている。「賢者」とされる人物は、どのようにそれを吟味し、どのようにして正しい判断と誤った判断とを区別する人物なのであろうか。

ヒュームは、『人間本性論』第一巻第四章第一節で、「対象の自然（本性）に由来する最初の判断を、悟性（理解力）の本性（自然）に由来するもうひとつの判断によって、つねに訂正しなければならない」と述べる。だがすぐそのあとで、しかしその判断も蓋然的であるからには、それをただ続けていくと懐疑論に陥るとつけ加える。そのときヒュームは、自分が懐疑主義者であることを否定して、「絶対的で制御不可能な必然性によって、自然は、われわれが息をし、感じるように、判断することを規定している」と断言する。つまり、ベルヌーイの「確率の確率」のようにして、実際は、ひとはどこかで印象と反省のバランスを取るというのである。賢者、すなわち経験を正しく積んでいくひとにあっては、自分の知性が判断しようとする〈蓋然的なもの〉が、自然が提案している出来事の蓋然性と次第に調和するようになる――「わたしの存在」に到達しなくても、確実な判断は可能になるのである。

カントは、ヒュームを高く評価しながらも、『純粋理性批判』の「緒言」において、ヒュームの懐疑論は「一切の純粋哲学を破壊する」として否定した。カントは、理性の越権を批判することによって、ヒュームの懐疑をのり越えられると考えたが、しかしヒュームもまた、別の方向で自身の懐疑をのり越えようとしていたのではないだろうか。

したがって、ヒューム哲学を、――ヒュームに影響されたベンタムの言語論がヒューム哲学の延長にあると想定して――、言語論的に拡張して解釈しなおすことには意義があるのではないかと思われる。すなわち、まず自然があって、そこで生まれた秩序の効果として精神が生じるわけではないが、かといって、――カントと近代の啓蒙思想が想定するように――、自然のなかに人間が産まれ、さまざまな感覚によって合成された像が見出だされて、知性によってその関係や変化についての正確な知識を獲得するようになるわけでもない。そのような宇宙像は、――カントは宇宙像を論じることを否定していたはずなのであるが――、そのなかで生じたとされる言葉が産出するものなのだからである。

それに対し、すべてを印象から出発して考察するヒューム的観点からすると、人間相互の情動のなかから言葉が生まれ、その情動の変形としてあたかも事物のような言葉の意味の世界が生じ、自然的経験をその意味の世界から改変していくという歴史があったということになるに違いない。

そのなかでは、言葉によって表現される世界は、決して自然の写しとなるようなものではない。世界が言葉どおりであるように思えたにしても、それは言葉が正確に世界に対応しているからではない。一般的規則として、言語によって表象される世界は、それ抜きでは自然もそうした総体として現れてくることのない臆見の蓄積にすぎないのだからである。

われわれは経験し、言葉で表現し、その言葉によって経験がなされ、裏切られ、あるいは確証される。われわれの経験においては、そうした円環的プロセスにおいて、臆見に対して臆見を対置したにすぎないものであろうとも、言葉でそう表象されているかのような知覚を実際にもつことができるように、心が形成されてきたということなのである。

ヒュームが歴史を重視したのは、そこにおける真偽が、――超越的な普遍的知識によるのではなく――、言葉で形成されたこうした歴史に依拠しているからではないだろうか。真偽は、ひとびとが語ったものが集積し、沈殿し、並び替えられた膨大な量の文のなかから切り取られた文を、どの程度のひとがどのような文とともに採用するかにかかっている。文は自然の写しではないのだから、その組みあわせから生じる「習慣」に、――ダーウィンのいう「性淘汰」のようにして――、ひとがどこまで依拠するかにかかっているのであるに違いない。

63　言葉と感覚

それにしても、言葉が自然の写しになると考えるべきではないのは、どうしてであろうか。ロックは単純観念を、感覚がそのまま受けとられたものとして、人類共通に同一のものであると考えていた。であれば、言語は、感覚に名づけられた単純観念を基礎として、多様で複雑なものをその組みあわせとして表現することができるようになる歴史のもとにあったといえる。とすれば、感覚に照合しさえすれば、どんな国語であれ、自然を写したものとして語りあうことができるはずであろう。

しかしながら、歴史が言語を可能にしたのではなく、言語が歴史という思考の仕方を可能にしたのである。だから、「感覚」という語は、すでに言語の存在する世界において、結果から回顧的に構成された最小要素を、いまここにある知覚として指し示している語であるにすぎない。感覚とは、歴史的な捉え方を言語にまで過剰に適用した結果にすぎないのだから、感覚こそ最も抽象的なものなのではないだろうか。むしろ、人間はまず言語の世界に産まれてきて、そこでは言語によって諸感覚がその人間集団のあいだで合致するように経験が整備されており、そうした合致を表現する言葉に対して、それぞれの感覚の整合性や共通性が経験されるようになっているということではないだろうか。

ダーウィンが述べたとされているが、幼児が鏡を見てそこに映る親の声を聴いてふり返って、親の像の視覚と声の方向の聴覚を合致させたという逸話がある。しかし、人間は、生まれながらに視覚があり、他方に聴覚があって、ひとは視覚的対象と聴覚的対象を一個のものとして合致させるというような精神の能力をもって生まれてきたというわけではない。それは逆である。幼児はふり返って驚くのだが、それというのも、まさにそこで対象と像が合致したのだからであり、視覚と聴覚とが別物であることに気づいたからなのである。

言葉についても同様のことがいえる。まず音響があり、他方にその意味となる感覚や印象があって、ひとがそれを合致させるというような精神の能力をもって生まれてきたというわけではない。言葉を解するということが、対象を一個のものとして知覚するということであり、そのあとに、言葉の作るさまざまな文脈において、その知覚を形成したとされるばらばらの感覚を、ひとは言葉でもって、知覚の要素として捉えなおすことができたという次第なのである。

子どもは、すでに言葉が語られている世界に産まれてくる。ヒュームのいい方を使うなら、そこでは自然の一部のようにして、たえず耳に叩き込まれる声の言葉に応じて、どの言葉が何を意味するかについて予期するという果てしないくり返しから、言葉の意味についての信念をもつようになり、やがて自分からその言葉の意味を捉えにいくような、習慣の円環的プロセスがあったに違いない。

思考が言葉のまえのものであるということで、計算や想像や予期といった、まずは動物と同様の、先史時代の自然との対話のなかに思考はあると思われるかもしれないが、しかし、言葉なき思考は、言葉のうえでしか語れない。そこで「思考する」ということは、ハレーションを起こしたような異体験のなかで、言葉にもできず、ただ口をぽかんとあけているというようなことではない。それをあとになって、何とか言葉で表現するというようなことではない——音楽家が美しいメロディを作曲するために麻薬を使用するような経験のことではないのである。

人類にとっての言語の成立は、ルソーによると、歌に由来するということであった。だがそれが、——「個体発生は系統発生をくり返す」（ヘッケル）などというように——、産まれてくる一人ひとりにとっての言語獲得の経験だというわけではない。むしろ、——ここはコンディヤックの分析が役立つが——、まずは子どもは童謡のような単純な音響をしか解することができず、言葉の意味（シニフィエ）を理解するようになったあとになって、そのシニフィエを脱落させることによって音楽の経験が可能になると思われる。だから、聴こえるものが音楽になるまでの、なんという膨大なナンセンスの言葉の列があったことか。ナンセンスとは、無意味なのではなく、ここでは自然にうまく対応しないという意味である——なぜかおかしいもののことである。

それは、思考についてもいえることである。われわれが言葉の語られている世界のなかに産まれてくるのであるからには、子どもは知覚に習慣づけられた言葉のもとで、さしあたっては、歌詞のような紋切り型の言葉で、「オウム返し」ではないとすれば、クイズに対するように応答することしかできない。もし子どもが「思考」をするとしたら、言葉とすでに調和した知覚経験のもとで、——それを構成する感覚どころか——、それとは異なる感覚を発見することによってであるに違いない。発見される感覚を感じさせるような表現をあえて言葉でしないではいられない——そのとき子どもは思考する。モンテーニュは精神が感覚を欺くことがあると述べていたが、それとは逆に、言葉にナンセンスに近い無理強いをすることによって、感覚に何かを発見させるということもあるのである。

言葉のうえでの思考は、言葉以前の思考と行動がそのまま言葉に反映される場合にはみな臆見である。すでに言葉の語られている世界に住まうわれわれは、言葉のうえでも思考するには、いいかえると、言葉のしたの思考に成り代わる思考として新たな感覚を発見するためには、――パスカルのいうオネットムのようにして――、もっと別様の、ナンセンスをも含む語り方をせざるを得ないのである。

64　記号の二重性

それでは思考は、どうやってはじまるのか。仕草や事物や図像とおなじく、声が、息をするようにひとびとの自然の活動であったころは、思考は「流れゆく雲のようなもの」（ベンタム）であったろう。目覚めているときでさえも、ひとは夢のなかでするように直感し、ないし想像するばかり……。それゆえに、自然の事物や図像、ひとの仕草や声は、いたるところで記号＝しるしとして現われる。スキタイ人の王が黙ってカエルを置くように、先史時代のひとが洞窟の壁にウシの絵を描くように、ひとはそのひとの仕草や声から攻撃や友好のサイン（記号）を受けとらないではなかったであろう。

記号＝しるしとは、事物の存在がふまえられるなら、黒雲でもよければ矢印でもよいが、ある感覚によって受けとったものが、別の感覚によって構成されるイメージを産出する作用をもつ対象である。

つまり、ある感覚はただ事物の知覚であるが、記号である場合、それは対応した別のイメージを喚起する「シンボル」として、だれにとっても共通のイメージが産出される対象である。それが共通のイメージでない場合は、部分が全体を意味するような「象徴」であったり、また、特定の他の種の対象を意味するとされる「徴候」や「スティグマ（標）」や「症状」であったりするように、魔術師や医師や秘密結社や、その他さまざまな集団のひとびとにとって見出だされるイメージであったりもするであろう。さきに述べた「蓋然性の原理」とは、ひとびとが事物でしかないと捉えているものに、しるし（記号）を見出だす技法のことなのであった。

それにしても、少なくとも先史時代には、そのものの知覚と、知覚されたものが指し示す別のイメージとが、その対象に二重に現われているわけではなかったに違いない。いわゆる記号としてではなく、対象は二者択一であって、微笑みが顔の表情筋のかすかな伸縮などではなくて微笑みの感情という「想像されたもの」そのものにほかならないように、それが指し示すものかそのもの自体かのいずれかの知覚でしかなかったであろう。

もし、今日のように、事物がまた記号でもあると捉えられるなら、記号は、事物と意味の対応というように、それ自身に加えて他の対象を指し示す二重の作用ないし機能と解される。それが感情的受動的作用であるとみなさるときは、言葉やその他の感覚に伴うイメージが存在すると解され、意志的能動的機能であるとみなされるときは、言葉やその他の感覚を別のイメージに結合すると解される。

その結果、記号＝しるしが事物に含まれるとされた場合は、それは原因と結果のデカルト的機械論的であれ、形相と質料のアリストテレス的目的論的であれ、「因果性」と呼ばれてきたのであった。他方、記号が精神の受動性における作用であるとされた場合は、それは「神の意志」と呼ばれたり、あるいは精神が事物に付与するとされるときには、それは「想像」と呼ばれたりしてきたのであった。そして、同時に精神の受動でもあれば能動でもあって、それでもって事物が仮象とみなされてしまうほどの場合には、プラトンによって「イデア」と呼ばれていたのであった。

記号をそのように、事物についてのただ実存（現実存在）するだけでない二重の作用であると解するなら、あるいはそのような作用を精神が事物に付加して二重化すると解するなら、その説明は、いずれも不十分だといわざるを得ない。なぜそのようなことが起こり得るのかと、――ライプニッツの有名な言葉に倣って――、なぜ何ものかがあるのではなく、何ものかがあって、かつそれがそれ以外のものを指し示すことができるのか、とわれわれは問わねばならない。

記号を二重の作用であると解するやり方は、いずれも、肉体に魂を見出だすように、事物を二重に捉える点で共通している。とはいえ、そうした記号の二重性は、記号そのものにおいて見出だされるのではなく、「事物は実存しかつ知覚される」という別の二重性のドグマに由来する。すでに知覚において、事物それ自体か記号かと区別されているのだからである。

ところが、もし記号が延長に属するものであるならば、それは同時に二箇所を占めるわけであるから物体の本質を損なってしまっているであろうし、もし記号が精神の捉える観念であるならば、同一性があるとされる対象の内部に差異が含まれているというパラドックスになる。それゆえ、記号の二重性について検討することは、その背後において、同一的対象として事物を知覚して、その観念が捉えられるとしてきた近代認識論の根本的なやりなおしを要求するようなことなのである。

たとえば、バークリは『視覚新論』において、表情が感情の記号であるように、視覚は触覚の記号であると述べているが、それは知覚相互の関係のことであって、記号の存在を支える「事物」という観念は受けいれてはいなかった。ヒュームもまた、時間が経って暖炉の火が消えたときに、それ以外の知覚が同一にとどまっているように思われるのは、印象のうちに恒常性や整合性があるというだけのことで、それをもって事物が存在するとしてはならないと論じていた。

ヒュームは、ひとが事物の存在を前提するのは哲学をしないからであると述べるのだが、それに対して、のちのシェーラーのように、事物の世界こそ、動物と共通する環境世界とは異なった人間精神にとっての世界であるという主張もある（『宇宙における人間の地位』）。とはいえ、モンテーニュがすでに述べていたように、たとえ事物の世界があったとしても、それが真の世界であるといえる根拠はない。魚眼や複眼の世界が、事物の世界を「歪んで」捉えたものであると考えることのできる理由はないからである。

環境世界においては、生体は、条件反射のようにして孤立した対象に個々に対応しているのではなく、対象を含む全体に対してのみ反応すると、メルロ＝ポンティは述べている（『行動と構造』）。動物と同等であった人間も、事物として孤立した対象をまず知覚してからその指し示す意味を想像するのではなく、記号は他の対象を指し示すようにしてはじめて対象となっていたのであるに違いない。

始原的な知覚においては、事物という「孤立した対象」は、語義矛盾ということになるであろう。知覚対象は、引き続く対象についての対象でしかない。ヒュームのいい方では、ときとともにつぎつぎと異なった印象が生じてきて、そこには類似や近接や継起の関係があるだけである。むしろ、なぜ個々の印象を、事物という孤立した対象の観念としなければならないのか。記号として、バラから美しさを控除するように、差し向けられた別の対象の印象を捨てて、なぜもとの印象の対象に立ち戻らなければならないのか——夢のなかでは実際、われわれはそのようなことをしたりはしないのである。

要するに、思考は、記号からはじまるというべきである。ただし、世界には事物があって、それが記号として何かを指し示しているというわけではない。世界にはそれ自身であるものとそれ以外であるものの二種類のものがあるだけなのである。同一性と差異性は、——『差異とは何か』で論じたように——、どちらが先立つとはいえないのである。

記号＝しるしとしての声の世界のただなかで、やがて歌をくり返すことから言葉が生まれてくるとするルソーの言語起源論が、数ある言語起源論のなかでは、われわれには一番もっともらしく感じられる。音響を発する道具を作り、自然の音を整えつつ、それをかき鳴らしながらひとは歌い、そのあとでシニフィエをもつ言葉が生じてくるということなのであろう。

ドゥルーズとガタリも述べているが、まずリトルネッロ（反復音）があってそれが歌の一部になるとともに、叫び声から切り離されて、言葉になったり音楽になったりしていく（『千のプラトー』）。声が声に重なりあって、声によって切り取られた声として「語」という記号＝しるしが想像されるときがくるのである。

65　手探りと掛け声

言語の発生を、声が何重にも折りたたまれ、パイのように焼きあげられていく歴史として想像してみるのは、決してむずかしいことではないであろう。そのような歴史のおかげで、言語が精神にとって不可欠なものとして備えられるようになるのだが、とはいえ、そのときわれわれは、言語を操っていると思いながら、言語の迷宮のなかでの語と文の偶然の出会いにすぎないものを、「分かった」という言葉にしたりもするようになる。場合によっては、二項対立や曼荼羅や一覧表や有機体や系統樹や回路図などの、「分かった」とされる公式を、軍隊式の敬礼のように身につけて、いつしかその仕草をするだけで栄光の想いにかられるようになったりもするのである。

そこでは声と語が対照され、語が他の語や文との関係に入るのに対応して、文を指し示す語が、対象としての事物の名まえであると理解されるようになって、事物の世界、抽象的な観念の空間が描きだされるというようになっている。だからこそ、「〜とは何か」と聞かれるとき、ひとは一方で対象を指差すこともできれば、他方では文で答えることもできるようになるのである。
それは、――それ自体は魔術的な仕草でしかないが――、信念なき言葉の相互照合である。否、正確には、その蓋然性の信念ですらなく、語と文の照合について記憶された結合関係の信念であり、そうした信念こそが、語られる言葉を支えている。このようにして確立された概念的言語によって、デカルトの方法による自然の回路図のようなものから有用な機械が作られもするし、ロックが批判する、言葉のうえでだけ成りたつ言葉も、おしゃべりのなかに登場してくることができるのである。

概念的言語における対象とは、知覚されたものではなく、語によって想像される事物のイメージである。そのイメージによって何らかの対象を指差したり、知覚したりすることができるのである。事物のイメージそれ自体は、語と語や文の関係の網の目にすぎないのに、現実の空間の多様な彩(あや)や輪郭を反映しているかのように受けとられる。学校では、新聞記者たちの文章のように、現場の諸事物と出来事とをありのままに記述するような訓練がなされるが、とはいえどんな文章であれ、実際に行って見てきたこととは、いつも大違いなのである。

それに加えて、古代ギリシアでは、語と文の関係が一般化され、さまざまな命題が「存在」という語でもって、想像が織りなす現実の空間に覆い被せられるにいたったという。「存在するもの」は、「それ自身と同一である」というほとんど意味不明の命題で定義されるのだが、それこそが記号の二重性、「なぜ何ものかがあるのではなく、何ものかがあって、かつそれがそれ以外のものを指し示すことができるのか」という問いが抹消された痕跡でなくて何だったであろうか――「存在」とは、それ自身を指し示す特別な対象なのである。

「存在」において抹消されたものは、「それ以外のものを指し示すことによって自身を指し示す」という記号のパラドクシカルな事態である。「存在」という語においてそれが抹消されることによって、パズルのような語の組みあわせ、三段論法であったり、多元連立方程式を解くような語の計算が、現実の諸対象のあいだの対応関係を緻密に操作する道具として使用することができるようになったのであった。そしてまた、存在についての思考は、幾何学および類比（アナロジー）という図像の論理とも結びあっていた。そのように声が図像と関わりあうことができたのは、先立つ思考が声を指揮して言葉にしたのではないのと同様に、図像の側に理由のあることであったに違いない。

幼児心理学が教えているように、ペンを振りまわす仕方の効果にすぎない「定位操作」のなかから、子どもは三歳ころになって、線や円や何かの表象を描きはじめる（齋藤亜矢『ヒトはなぜ絵を描くのか』）。これはチンパンジーにはできないことだというのだが、シンボル機能やカテゴリー機能という概念によって説明しようとするのでは、なぜそのような機能が人間経験において可能になるのかという問いを、答えという形式で棚上げにしてしまう。

絵が描けるための最も重要な条件は、子どもがそこに絵を描く「平面」を見出だすということであろう。子どもたちにクレヨンをもたせると、先史時代に絵が描かれた洞窟の壁のような、手の作動を制限する壁面としての「平面」を見つけだす。手のもつ仕草が任意の平面に線や円を出現させ、それが輪郭として他の対象を想像させるようになり、それで絵が描けるようになるのである。「存在」とは対象化された平面（プラン）であり、——ミシンとこうもり傘が出会う手術台（ロートレアモン）のようにして——、そのうえで図像と文字と音声とが出会うことができるのである。

それにしても、である。他の動物たちとは異なって、ひとはなぜ絵を描こうとするのであろうか。先史時代の絵を、芸術や宗教といった概念で説明しようとするのは、あとから生じたものによってそれ以前のものを説明しようとするありふれた読み込みにすぎない。むしろ洞窟画は、ルロワ＝グーランが『身振りと声』において詳述しているように、狩るべき動物たちの足跡や糞や匂いと同様にして、ひとやものといった対象を想像させる、ただの記号＝しるしだったにほかならない。

謎に対して、何らかの「目的」をもって答えとするのは間違いである。原初の絵は目的なき「落書き」であるといったとして、どのような学術的問題があるのだろうか、ひとは何かのために描くのではない。パスカルは、「見える世界のすべては、自然の広大な内奥では、知覚し得ない線でしかない」（一九九‐七二）と述べている。ひとは何かを描いたわけではなく、また、人間がいて絵を描くのではなく、ある意味ひとは、――印象派以降の画家たちもそうだと思うが――、知覚し得ない線を現実のなかに見ることを通じて、ただ人間に成ったのではないだろうか。


「もはやいかなる形態も描かず、いかなる輪郭も形成しない線、もはや風景を配分しない色彩での、自動誘導弾頭のための顔と風景の脱土地化（これは絵的な記号論であり、顔と風景を逃走させることである）。」（ドゥルーズ／ガタリ『千のプラトー』第十章）

絵を描くことは「脱土地化」、土地（環境世界）からみずからを切り離し、顔や風景のような、人間と相関し対峙する線に出会うことであり、ただその行動が重要である。

すでに言語があって、絵や歌を考察する場合には、そこにさまざまな目的を見出だすことができるであろう。だが、ここで重要なのは、言語なき世界においてひとびとがする手探りであり、掛け声なのである。

絵や歌は、放っておいても身体に叩き込まれていく記憶と予期の計算とは別に、どんな意義があるともつかない過去を回想させる。回想は、経験がたえず〈いま〉であって流れていくものであるのに対し、それが「流れていく」ということ自体を理解させる。すなわち、過去と現在と未来があって、〈いま〉はそのなかの一コマであると理解させる。

対象が声からなる語との関係に入って分節言語となるときには、声は対象についての絵とも必然的に交換される。絵や歌は、——精神が言葉に組みたてるのではなく——、みずから言葉へと変じるのであって、押し寄せる未来に対して距離を取り、時間を占拠して配置換えをさせることのできる新たな計算を可能にする。それと同時に絵や歌も、従来のものから変質して、図像や音楽となるのである。齋藤が「三歳児は記号的な絵を描く」と紹介しているのだが、それこそ言語獲得と並行して、立って歩くべき平面を幼児が発見するのだからであるに違いない。

落書きと鼻歌とが出会い、その結果、その対象が「意味」として、それが意味する絵や歌の知覚とともに、語から想像される「孤立した対象」となる。言葉が事物を想定させるようになるのも、過去、現在、未来を貫いて存在する、——消えゆく図像の残影や変わりゆく声の反復によってしか支えられないにしてもであるが——、無時間的な言葉と、時間を定着する過去形と未来形とによってであるに違いない。そこに**人間的**思考というものが生まれるのであろう——とはいえ最初の意味は遥かなる記憶、いまもその下層は消えることなく、語は夢のような対象や絵のような想像へとひとを差し向け続けるのではあるが。

66　始原的声と記号

先史時代の図像は、エジプトや中国やメソポタミアで縮約されてアイコンのようなものとなり、さらにヒエログリフにおいても漢字においても、音声をのみ指し示す部分が生じたという。図像がそのとき、声そのものを想像させる表音文字へと成り代わった。それで声と線とが繋がって、語としての声が、線であるようなものとしての「文」に翻訳され得るようになったのである。

そこで、言葉について大いに勘違いした思考としての哲学が生まれたと論じたのは、デリダであった（『グラマトロジーについて』）。文字が声の写しであるのと類比的に、プラトンからデカルトにいたるまで、声が思考の写しであると錯覚され、「写し」の原本を求めることが思考であり、その原本をもって真理とする「イデア論」のイデオロギーが生じたのだというのである。確かに、事物と記号の二重性、ひいては事物の実存と知覚の二重性は、知覚それ自身においてではなく、言葉のうえで思考されるようになったものである。

哲学の伝統には、――ホワイトヘッドによってプラトンの脚注であると看破されたように――、否応なくイデア論が含まれている。イデア論は、世界を幻想と見ることによって彼岸に実在の世界を想定する理論であった。デカルトのいう思考も、知覚された世界の諸対象の向こうに数学的本質をもつ事物の永遠の世界を見抜こうとすることでもあった。

そうした真理の世界を、実際にはだれも経験したことがないのだから、それは想像によって作られた認識の習慣であるとしたのがヒュームであり、それは現実の諸対象としての「シミュラークル」（ルクレーティウス）を、善と悪とに分類する理論にすぎないとしたのがドゥルーズであった。哲学とは、どのようにしてイデア論に対決するかという歴史でもあった。とはいえ、デリダのように、自分で自分の声を聴く哲学の言葉を批判して文字の思考を追究するのではなく、イデア論から解放された真の言葉へと探究を進めていくという道もあるのではないだろうか。

しかし、問題を通り過ぎないようにしよう。われわれが知りたいのは、事物と知覚の二重性を生みだした「言葉のうえの思考」とそれを準備した「言葉のしたの思考」の関係である。想像のなかの思考から文字のなかの思考へと、思考の媒体が交替したというのは本当だが、完全にそれへと成り代わってしまったわけではなく、いつも想像は文を、いわばハイジャックすることが可能である。言語の起源が、言葉のなかにあたりまえのように出現する。

パスカルやヒュームがあきらかにしようとしていたことは、この、言葉のしたで働いている、そうしたかすかな思考の営みであった。それをかれらは、言葉のうえで「分かった」と称する精神の営みと混同されないように注意しつつ、ひとびとのリアルな思考として取りあげなおそうとしていたのである。だが、「言葉のしたの思考」を対比して見させるばかりでなく、言語で溢れた世界においてなお、いかにしてそれがなお生息しているのかについて探究すべきである。

すなわち、言葉は、ぼんやりしているときや、知らない他国語を聞いたときには単なる音響であって、身振りや叫びと入り混じった現象であり、他の記号＝しるしと同様の記号＝しるしである。ところが、その音響でもあるものが、言語としては、語を構成する記号としても聞き手にその音響とは無縁なイメージを産出する。

声としては、安心させる母の鼓動のようなものであったり、不安にさせる動物的怒りの吠え声であったりしたものが、成立した言語のもとでは、声によって想像されるものが出現する。意味を知らずに外国語の歌を歌う情念の声が、その言葉を知っているひとには声が蒸発して、しっかりと意味が届いているようにである。その場合の「意味」とは、他の語の組みあわせで言い換えることができるということである。そこに概念的言語がある。それらの語が、聞いたひとを、それぞれに他の語や文やイメージへと差し向ける、すなわちそれらを想像させるのである。

いずれも記号なのではあるが、内容においても働きにおいても、——それが「記号の恣意性」といわれるものの重大な意義なのであるが——、両者は何の関係もない。こうなると、記号の二重性ばかりではない、言葉には、何重にも畳重された二重性があるということである。

「ああ」という一語を例に挙げるだけで十分だと思うが、（1）声はそれ自身ひとつの聴覚対象であり、（2）記号＝しるしとして、声を発した本人や、他の音響や対象や出来事や、驚きや危険な未来を指示ないし想像させるだけではなく、（3）さらにそれを含む音素の連なった塊としての語を知覚させ、（4）図像や他のアイコンにも対照させられ、（5）文字に対応させられ、（6）そのうえで言語の要素としての語と文とを照合させるようなものとなる。それに加えて翻訳として、各国語相互の対照すらなされるとしたら、このもろもろの関係のすべてを、「記号」というたった一語で表現し、ただひとつの機能に還元してきたのは、何と粗雑なことだったのだろうか。

これまでは、記号＝しるしとしての声から概念的言語までが、渾然一体としたまま議論されてきた。ソシュールが「言語は記号である」と述べたとき、記号を記憶によって照合される語と対象の関係としていたロックの場合とは、まったく違うことを意味していた。

ソシュールの場合は、それは言語が、記号であるような対象の典型であるという意味であり、どんな記号も差異の体系を条件として成立しているという意味であった。その差異で識別されるようになっている語を聞いたひとびとが想像して、そこにイメージが産出されるのは、記憶によって語が、それを説明する文の表現するものに結びつけられているのとは別の作用なのである。
それに対して、ロックの想定していた「記憶による結合」では、――テストに出された設問に答えるのが典型であるような――、概念的言語の一部についてしか説明できないし、それは言語を説明しているのではなく、コンディヤックが述べていたように、そもそも言語によって可能になっている機能なのである。それらを明確に区別したうえで、言葉における概念的言語記号の機能が、記号＝しるしとしての声と言葉から、どのようにして可能になっているのかを理解しなければならない。

いいかえると、――ひとびとはそれが言葉の最も標準的な「機能」だと思い込んでいるのだが――、語を聞いたひとが、事物のイメージの空間において、どのようにして語によって想像される対象を指差すことができるのか、どのようにして語が対象のイメージを受けとり、ひとが文の意味を事物の世界に照合することができるのかについて考えてみなければならない。

杉田玄白が、オランダ語の辞書を作るにあたって、「顔の中央の盛り上がった部分」としての「鼻」という語を理解するのに大変な苦労をする（『蘭学事始』）。われわれ自身も、たとえば「テーブルのうえの鍵を取ってきてくれ」といわれたときに、知らない部屋に入って見たこともない鍵をやっと見つけだそうとするときのような、不安やあせりのようなものを感じてみなければならないであろう――この経験は魔術的であり、言葉のあたりまえの働きですらないのである。

67　概念としての言葉

たとえば、煙を見たひとが「火事だ！」と叫んだときのことを考えてみよう。
ひとは煙を見て、ただちに火事という事態に差し向けられる。ところが、それを説明する「煙を見たから火事だと思った」という文においては、「煙」という語と「火事」という語のあいだに、両方とも概念であるのにもかかわらず、事物と意味という関係が見出だされる。「煙」という語から想像される事物のイメージと実際の煙の知覚が同一化され、その知覚が「火事」という語によって示される概念を指し示していると理解されるのである。

ここでは、語と語ないし文との文法的および論理的関係が、——言語が時間を横領して時間を越えた「存在」という概念に結びつけられることによって——、知覚と想像ないし思考の関係に置き換えられてしまっている。そのあげく、「火のないところに煙はたたない」といった因果論的前提まで、言葉のうえで発見されてしまう——それが概念的言語というものなのである。

語から想像される事物のイメージが新たな知覚を可能にするところから、主題にしているのは知覚なのか語なのかという混乱がしばしば生じるが、しかし言葉の組み換えや計算によって、状況に対する対応が改善されたり、可能な知覚が発明されたりすることもある。そのことがまず、言語以前の知覚や想像や思考があることを忘れさせてしまうという難点をもたらすのである。

しかも、言語が言葉自体に適用されるにいたっては、とても場違いなことが起こってしまう。すなわち、「ケムリ」という語は事物としては音声であり、その語から想像される事物のイメージとしての煙の知覚を指し示していると捉えられてしまう。そればかりではない。言葉を記号の代表とみなす結果、本来はみずからを隠して別のものを指しているすべての記号が、事物とそれが指し示すもの成りたつ二重のものであるという一般化までなされてしまう。

「みずからを隠して」という表現もすでに事後的な説明なのであるが、他のすべての知覚について、言葉相互にいい換えあっているだけなのに、それが存在する事物の知覚であって、思考がそこから何かを想像する、推論するというように捉えられてしまう。言葉の起源としての「声」こそがその言語を可能にしたものであったのに、言語の効果によって、声は何かを「表現」しているとされてしまうのである。

しかしながら、「火事だ！」というのが典型なのであるが、火の手を実際に見たかどうかはどうでもいい、それはそれ自身で直接的に恐怖や逃走といった情念だったのであり、それにもかかわらず、表現したとされるものに置き換えられてしまうことによって、いまも働いているこうした始原的な声が「痕跡抹消」（ベンタム）されてしまうのである。

もとより言葉はバークリのいうようにイメージの産出であり、物語ることは回想を呼び起こすことである。その回想が物語りの全体に対応し、そうしたなかでの一語一語が、その部分に対応しているように感じられるのであるが、その対応は文によって規定されているのではなく、出来事の展開のなかで、実地に試されるほかはないものなのである。

わが国の古代においては、しばしば事（こと）と言（こと）とが混同され、「言霊」が尊重されていたとされている（豊田国夫『日本人の言霊思想』）。とはいえ事実と言葉を正確に分離することは、近代歴史学とその概念的言語の要請によるにほかならない。名まえを知られることによって退散する悪魔のように、言葉が出来事に効力をもつのは、ロック的人格性のない人間にとってはかえって自然なことなのである。出来事を思考しつつ行動するときに、それを言葉がなしているのか、自分がなしているのかの区別がない。そこでは、言葉とは、出来事という樹木の細部に繁れる無数の葉のようなものなのである。

だから、「火事だ」という言葉が発せられたときに、パニックになって逃走するひともいれば、消防署に電話するひともいれば、火を消す道具を探すひともいれば、何もしないひともいる。つまり、「火事」という言葉で、燃え盛る火や切迫する炎や煙を回想するひとのイメージの総体が火事なのであって、火事に対応する客観的出来事の細部の記述は、新聞記事や裁判においてしか主題とならないことなのである。

とりわけ日本語の「だ」の音調は、何にも対応せず、ひとびとの行動を巻き込むところに意義をもつ。そしてのちに、悲劇であったり喜劇であったりするように、その光景とひとびとの行動が語られるのだが、それぞれが自分の位置からして捉えた「火事」を回想しながら、それをひとつのもの、よそであった凡百の火事ではないあの火事であるように、ひとびとは産出されたイメージを改変しつつ物語るものなのだ。

68 言葉と感情

かくして伝聞は実態となり、実態は伝聞となる。そうした交換を通じて言葉は整備され、ついにはどこでも起こらなかったフィクションである物語を描きだすこともできるようになるのだが、そのフィクションの体験を支えるのは、第一には各語に対する実感であり、第二にはその実感が伝聞となる経験であり、第三には伝聞から自由に実感を産出する自分の声である。

そのなかでは、言葉は本当にあったことかどうかは分からない——その言葉を使える以上は本当にあったことなのだが、その言葉の経験という意味では本当にあったことではない、そうした幻とも現実ともいえないものを、ひとは体験することができるだろう。そして、感覚と想像のあいだに言葉という、言葉という音響でもあれば、不在の諸感覚であるイメージの産出でもあるような独特の振舞が生まれるのである。その結果、とりわけ出来事のなかの思考と呼ばれる営為が忘れられ、ひとは言語によって構成された事物のイメージの空間に転送されて、そこでの操作が「思考」と呼ばれるようになるのである。デカルトのいうように、言語が理性の道具であって、思考を表現するだけであるとみなされるようになるのである。

ところが、もしそのとおりだとすれば、言葉の表現には真と偽の二通りしかないわけで、とすれば、だれも言葉を聞いて、その言葉に感情を抱いたりはしないはずなのである。実際は、しばしばひとは、言葉自体に対して喜んだり、怒ったり、悲しんだりする。それは言葉が告げるそのひとの意思や事実が、自分に都合がよかったり悪かったりするからかもしれない。あるいは、言語表現の背後に、それを語るひとの打算や軽蔑を感じとるからかもしれない。自分の利害のために言語表現を粉飾するひとはよくいるので、それを不誠実だ、嘘つきだといって怒るのは当然である。本心をあきらかにしていないか、事実を捻じ曲げているかを言葉の裏に読み取って、そうした背信を感じとるからであろう。そこに「ウソ」が生成する。

かくして、概念的言語が成立し、語が事物の名まえであるとされるようになったとき、それ以前には他のもろもろの対象と同様に他の対象のイメージを産出するだけにすぎなかった声は、その結果、自然の音や情動の叫びやオノマトペから切り離され、事物のイメージの空間という舞台のうえでおこなわれる演劇のせりふようなものになってしまうのである。本心から出るまこと（真言）の心を見出だすことを切望するひとも出てくるように、言葉を語るということの、すべては仮面（ペルソナ）をつけた人物の演じる「ふり」なのである。

それで言葉はいつもわざとらしい――本心や事実をいおうとして、本心や事実を隠す空疎な表現となることを強いられるのだからである。語る主体の本心とされるものや語られるべき事実とされるものは、所詮、語と文の関係にすぎないのに、言葉がつねに言葉の裏にあるものを予感させるようになる。本心や事実は、そこに現われているだけのものであるのに、それを語と文にすることによって、言語はそれとは必然的に異なるものを示すほかはなくなる――起源は捏造され、中身がないことが最大の秘密であるような秘密になる。

とすれば、言葉が感情を惹き起こす原因は、言葉の真偽にあるのではない。善意の場合もあるのだから、言葉が偽であること自体に、ひとは怒るわけではない。もし言葉が概念的なものであるなら、それは事物や関係を示すだけで、言葉の真偽それ自体は、もろもろの語と文とが整合性をもっているかどうかに依拠するのであり、それだけでひとの感情を揺さぶるようなものではない。

むしろその言葉によって出来事が違った結果になりそうだと感じ、利益が損なわれるからといって、ひとは怒る。ひとは、真か偽かという以前に、その表現のしたに隠された利害を計算して感情を抱くのである。相手の言語表現が自分とのあいだで、ないしそれを聞くひとびとが圧力を加えることで、自分の利害を損なうということであれば、そのときには感情は生まれてくる。言葉の背後にあるとされる利害損得の感情は、言葉のうえで湧いてくるものなのであるが、というのも、そこでは、自分の行動の成果や生活環境の安定といった、時間をふまえた利害の計算がなされているのだからである。

しかしながら、それとは別の感情もある。言葉を聞いて、面子がつぶれるとか、手続き不十分だとか、挨拶が足りないからとかいって、ひとは怒る。言葉づかいを巡る争いが起き、ただ相手の言語表現に対するだけの感情が生じるとしたら、それは言葉が事実上概念的でないからである。そこでは思考は感情と一体なのであって、表現と利害の双方を混淆させている。それが記号＝しるしとしての言葉の効能なのであって、そのときこそ、言葉の真偽について、それ自体を、喜んだり、怒ったり、悲しんだりすることも起こるのである。

結局は、どんな「声」かが問題なのである。言葉は、どこかで語に対して想像されるイメージが参照されることを前提しているからこそ語られるのだが、語はまた、他の語や文ばかりに対照されるだけではなく、声が自然の叫びであった旧い記憶をもち続けている。そうした呪術的なものが、言語が純然と概念的であることを妨げてもいる。そのとき、理性の使用する概念的なパズルのような言葉からただちに想像を巡らそうとするひとは、だからこそその声を聞いて混沌と困惑とを感じるのだし、そしてまた逆に、概念的な言語表現に慣れておらず、その想像すら困難なひとには、なおさら拒否や怒りの感情が湧き起こってきたりするのである。

言葉自身が感情を聞き手にもたらすことは、理性主義者が困惑するほどには、決して不条理なことではない。感情をもたらすはずのない言葉の真偽それ自体が、感情の対象となることすらもあり、それだからこそ哲学や諸学問の営みも、――真偽を認定される名誉を巡る利害を主題としてではなく――、生のなかで理解できるものとなるのである。

声とその言葉のあいだにあるものは、単なる記号の関係ではなく、ましてや感情と理性の関係ではない。言葉をしゃべるということは、一方で感情や利害とはずれたイメージを産出しながら、その反作用によって暴力的な声を投げかけたり、隠したりするわれわれの振舞なのである。だれが言葉は意思や事実を「表現する」などというだろう、意思や事実が表現されているという幻覚のもとで、声と言葉とは、そのなかに差異を内具している、おなじひとつの振舞なのである。

理性的なひとどうしではあり得ないはずなのだが、言葉づかいを巡る争いが、起こる。というのも、どういう言葉がどのような場面で語られたかが、その言葉が何を表現しているかよりも重大だということがあるからである。

69 言葉の暴力

言葉のうえでは、そのひとの意思や事実についての主題に移行して、それが自分の利害に反したり、礼儀に反したりしていると議論されるのだが、言葉づかいに怒るひとは、——無意識という機械仕掛の概念までもちだして解明するまでもない——、ただその言葉に怒る。言語という記号の二重性は、起源を挟んで、概念と声のあいだにある。

否定すること、侮辱すること、差別すること、無視すること——口げんかにおいて出現するこうした言葉の暴力は、語の概念的意味を用いながらも、真偽に無関係な威力をもつ。だれかから「バカ」といわれたら、自分ははたしてバカであるかどうかとか、相手は自分がバカかどうか判定できる能力や資格をもっているかどうかとか、ひとは考えるまでもなく怒るのである。

概念的言語をもたらす声は、事物を指示すると解されていながらも、記号=しるしとしては、事物とは違うものを想像させる。暴言（ヘイトスピーチ）は、概念的言語を使用しなければ相手を侮辱することもできないわけであるが、しかし事物のイメージの空間には対応しなくてもかまわないのが当然の、奇妙な言葉づかいなのである。だからこそ、それに対して真偽をあきらかにしようとする論理的な反論をしたとしても、まったく役に立たないのである。

ヘイトスピーチ（暴言）の一番の特徴は、何といわれたかという内容よりも、悪意を読み取ることができるという点にある。言葉の内容に悪意が表現されているのではない。声自体が悪意である。悪意のある言葉に対する怒りをもつことができるのは、まさに言葉がその旧い起源をいまなお保持しているからであり、それは概念的意味をしか説明しない言語論には説明できないものなのである。

理性主義者たちは、言葉を理性的に使わないひとを教え導こうとし、あるいは冷笑し、概念が整合的である自分たちの言葉だけが真の言語であると、うかつにも思い込んでいる。だが、言葉の起源を考えるなら、そうした発想は、概念的言語以降に生じてきた言葉づかいの倫理によるにほかならない。かれらはむしろ、なぜ言葉にヘイトスピーチ（暴言）が可能なのかと問うべきであろう――そのひとの知性が乏しいと非難するだけではすまないのである。

スティーブンスンのいうように（『倫理と言語』）、言葉には情緒が伴うと説明するのでも不十分である。伴うのではなく、文の内容と関係なく転換されるのであり、言葉というものが「分析」できるような一通りのものではないからこそ、そうしたことが起こるのだからである。

声は、事物のイメージの空間にではなく、始原的記号の生きている現実の空間に対応している。声の威力のなかに、ひとを脅かす喧嘩の際の顔つきのようにして、ひとを脅えさせたり怒らせたりするものがある。そうした威力を行使するのがヘイトスピーチ（暴言）なのである。概念的に捉えればとるに足らない言葉であっても、ひとを脅えさせたり怒らせたりすることができるのである。

ヒュームは、それを、言語は粗雑であって、過剰に一般化してしまい、対象とは関係ないさまざまな印象を巻き込むからだと説明していた。だが、ヘイトスピーチ（暴言）は、そのように、言語が「誤解」させるから生まれるわけではない。概念的言語のしたに、軽蔑の感情が隠されているからこそ生まれてくる。

ベンタムは、言葉の始原に、欲望と権力とがあると説明していた。とりわけ「権力の欲望」があって、それは、始原的世界における声の美徳の豊穣さを概念的言語が奪い去った残滓なのである。言葉によって欲望が実現されるとき、それを発する側に権力があるわけだが、権力は自分が権力であることを、あるいは自分が支配される側でないことを確かめるためだけにでも言葉を発する。それが、軽蔑の声である。こうした言葉づかいに抵抗しようとするひとは、怒りを感じないではいないだろう。

ヒュームが示唆していたと思うのだが、むしろ、こうしたことを避けるためにこそ、概念的言語が発達したといえなくもない。言葉の過剰な装飾のいいまわしやその精密な順序の手続き——本末転倒といわざるを得ないが、ひとはその手続きがなされていないだけで怒りをもつほどなのである。挨拶したり、穏当ないい方をしたり、面子を尊重する表現を使ったり、そうした言葉の儀式が保証しようとしているのは、言葉から始原の声を祓うことである。それによって、利害が損なわれても、不誠実が感じられても、軽蔑を感じさせられるよりはましであろう。

70　声と言語

理性は言語が概念的であることを必要としているが、それは思考しようとしているひとにとってである。むしろ多くのひとは、声の暴力が好きであり、しばしばそれに酔うことができる。メッセージとしての声。ゲバラのような戦争、ムッソリーニのような雄弁、ジョン・レノンのような歌。今日、思考か暴力かの二者択一になってしまったが、それを相殺するために、ひとびとは歌、もしくは恋人たちのささやきのような意味のない甘美なおしゃべりを待ち望む。それがまた、たとえ他のひとびとに対する差別の叫びへと、突然の変身をしでかすかもしれないにしてもである。

おしゃべりの言葉を繋ぐものは、「それと関連してそれとは別に」という接続詞のようなものであり、まえの言葉のなかの語と、続く言葉の語の類似性や関連性、隠喩や換喩である。言葉は、ひとびとが聞いているなかで語るという振舞の喜びにおいて、連想ゲームのように、みかけは類似した言葉、位置を入れ替えただけの言葉を自己増殖させる。「ホモ・ロカクス」（ベルクソン『思考と動くもの』緒論第二部）、言葉に淫するひとたちが出現する。

歌こそは無垢であり、世界の共通語であるなどとだれがいうだろう。愛と平和を訴えるにしても、それもミサイル発射とおなじひとつの政治、ひとつの暴力ではないだろうか。歌から言葉がはじまると論じたルソーのいう「自然の叫び声」——声の届く範囲とは、槍が届く範囲なのである。性についても同様で、そのあるべき愛の本質があって、ただしそれに迷うひとがいるというわけではなく、愛と暴力の別れ道のもとにあって、そのどちらを進むかは、正しい思考と臆見の別れ道に準拠している。

甘美なおしゃべりのリトルネッロの背後に隠れて、権力は仲間を呼び集め、数の威力によって自分たちの欲望を実現しようとする。それは共通の信念をもつことであり、どんな信念であろうとも、また、確実であろうとなかろうと、共通の信念をもつことが数の威力を増す。だれがしゃべるかが重要ではなく、大勢のなかからだれかが叫び声を上げることが重要なのだから、そこではひとは思考を捨て去ることができるのである。

そのようなことが起こるためには、信念の強さは、知識に基づく命題によってよりも、ひと目で分かる簡略なキャッチコピー、絵で描かれたような現実のカリカチュアを語る声によって裏打ちされていなければならないであろう——そう、スローガンは図像的なのである。ルネサンス期に流行した「エンブレムブック」というものがあるそうだが（伊藤博明『綺想の表象学』）、ひとびとは印象的な図像の傍らに警句が書かれた印刷物に見入ってきた。概念的言語における一般的規則ばかりでなく、それと同時に、文字のもととなった図像こそすぐれて信念の強度を高めると、ヒュームは指摘しておくべきであったろう。だれにでもすぐ看て取れる図像的な言葉が、概念について語ろうとする声を、いきなりハイジャックして語りはじめる——直感や想像が言葉に結びつくと、だからこうなのである。

ネットでは、いまや写真と動画が言葉にとって代わりつつあるが、それらは、「事実」をただ示すものであるどころか、洞窟の壁に描かれた絵のようなものとしての、膨大な量の落書きの列にすぎない。「ひとびとが公平に分有する」良識（デカルト）によって、平等に自分の意見を公開できるネットの時代が到来した——慎重で緻密な言葉づかいだけが忘れられている。

ひとには真実を正しく語ることを要求するが、自分は思い通りに語りたいと、ひとびとは望んでいる。ひとの言葉が真実であると前提され、それを表現すべく国語規範に従われなければならないとされるのは、単にその裏返しであって、真実であるわけがないと経験され、思いつく通りに語りたいと欲望されているからである。

言語にこうしたパラドックスが生じるのは、概念的言語の成りたちと、その起源である声とのたえざる転換の効果である。多くのひとにとって、言葉の経験においては、いずれの水準であれ、その水準を維持すること自体、むずかしい。とりとめもなく、言葉のしたの直感や想像をあてにしたり、理路整然とした概念的言語表現の統一性をめざしていたりするのである——カッとしてしまったり他人事のようであったり、という意味であるが。

現実的であるためには、概念的言語と声のあいだを行ったり来たりしながら、出来事がよき解決へと向かう適切な言葉の水準を求めるべきであろう。だが、自分がどのように言葉をしゃべっているかを知っているひとは少なくて、語の方が要求する水準へと無自覚的に進んでいくのが普通である。こう見てくると、言葉のしたの思考がどのように言葉に関わるかについて、四つの態度を挙げることができるのではないだろうか。

まずは、言葉のうえへと移行してしまい、パズルのようにして概念的言語の描きだした事物のイメージの空間で遊ぶひとびとの態度、それはパスカルのいう「幾何学的精神」のことであろう。つぎに、言葉のしたでのみ思考し、言葉を排除して経験を具に見つめようとするひとびとの態度、それが「繊細の精神」であろう。たとえば豪華な食事をするときに、食材や料理法についての薀蓄をかたむけながら、味覚がその知識にどう対応するかをチェックするひともいれば、一口ごとに口内で起こる出来事にどのような驚きが生じるか、黙して吟味するひともいるといったようなものである。そこには狂信者（特定の命題を不可疑の前提とするひとたち）と直感主義者（最初に思いついたことを吟味せずに主張するひとたち）とがいるが、かれらとは論争することもできないだろう。

それに対し、そのそれぞれについて、パスカルのいう「びっこの精神」があるように思われる。前者については、言葉を知識の獲得としてではなく、——何のために語るのか——、その背後に利害損得を意識して自分の利益を増大させようと努めるひとびとの態度である。薀蓄によって他のひとびとから尊敬されようとしたり、自分が多くを得るための言葉を考えたりするひとたちの態度である。他方、後者については、言葉を記号＝しるしとしてのみ扱って、——すべては啓示や暗示なのであって——、提示される情報を鵜呑みにしたり、あるいは評価語を連発することによって自分の経験を紛らわしてしまうひとたちの態度である。いずれにせよ、そこに言葉の感情が生じ、その分だけ、思考は消え去ることだろう。言語と言語の論争、直感と直感の論争からは、どんな知見も得ることはできないだろう。

こうしたおしゃべりから抜け出すひと、パスカルのいうオネットム、思考するひとは、みずからの経験を具に見つめ、よいものはよいといい、悪いものは悪いといえるように、記号＝しるしとしての言葉の声を、概念的言語に逆らいつつ精密に工夫するひとのことであろうか——思考する言葉にみずから成ることが重要である。確かにパスカルはそのようなことを述べていたのである。

71　言葉を改変する思考

真に思考する言葉とはどのようなことか。それは声としてよい言葉を語ること——それが思考することである。では、「よい言葉」とはどのような言葉か。それは耳に心地よい言葉ではなく、——「言葉を大切にしよう」ではすまない——、何ごとかを発見させてくれる言葉である。ひとは、その言葉を発することで、自分が知らなかったことを発見する、そのような言葉を探して生きているから思考する。とはいえ、しばしば思考は言語表現と混同されてしまう。ひとは思考の煩わしさを避け、言語表現を暗記することに努め、パズルのようにして問いに対する答えを差しだそうとする。ところが、そうした振舞こそ、「それは思考ではない」といわれ、思考と呼ぶべきものが別にあることを気づかせてくれる。真に問い、そして思考した結果を求めるひとびとにとっては、その差異は容易に気づき得るものである。だが、本当にそのような意味での思考があり得るのか、それが言語表現から区別できるのか、あるいは言語表現の差異として区別できるのか。

現代の哲学者、メルロ＝ポンティは、——フンボルトやチョムスキーの用語法とはまったく異なるが——、言語の経験的用法と創造的用法とを区別して、前者は後者の結果でしかないと論じていた。

「言語が意味作用をもつのは、思考をコピーする代わりに、思考によって解体されては作りなおされるときである。それは、足跡が身体の運動と努力を意味するようにして、そのサンス（意味）をもたらす。言語の、すでに作られている経験的用法と創造的用法とを区別せよ。前者は他方の結果でしかあり得ない。経験的言語——つまり設定済みの記号の適宜喚問——という意味での言葉こそ、真正の言語からすると言葉ではない。それは、マラルメが述べていたように、わたしの手に黙って置かれる使用済みの貨幣である。」（『シーニュ』「間接的言語と沈黙の声」）

言語は一般に、設定済みの記号の体系であって、ひとは思考を意味させるように、そこから語や文を構成するとみなされる。数式や暗号や法律は、確かにそのように使用される。しかし、それらは言語によって可能にされている仕組であって、言語そのものを可能にしている仕組ではない。ソシュールが「通時態」という概念で示したように、言語はたえず変遷しつつあって、どの語や文も例外的な使用をされるのが常であるのだから、それではどうやって意味作用が成りたつか理解できなくなってしまう。言葉のうえでの真偽は、二義的なことである。言葉が語られるということは、主体が存在して思考して、それが記号の体系を使用して文を構成することであるという発想を変えなければならない。

もし語るということが、言語の体系を使用することであるとしたら、言葉が語られるその都度にその正しい使用かどうかがチェックされていることになるが、だれもその正しさの真の基準をもってはいない。言葉が通じたと思われただけで合格とされる。とすれば、全体的に見れば、実態としては、言葉が語られている社会のいずこにおいても、それぞれに基準は、語られるごとに、たえず作りなおされているのである。

むしろ、こういうべきであろう。言語が存続するのは、ひとびとが語ることで、——それを維持するからではなく——、それを改変し続けるからなのである。波打ち際の浜辺の砂の紋様のように、たえず作りなおされているかぎりにおいて、時間を超えた恒常的な言語の体系があたかも存在しているかのように見えるのであるが、その恒常性を調べることのできる権限と能力をもつひとは、だれひとりとして存在しない。恒常性のようなものがあるとするのは、便宜にすぎない。辞書や文法書はあるにしても、語られる以前に存在する「言語の体系」なるものは存在しない。

　言語は、現に一定数のひとびとが語りあい続けているというかぎりでしか存在しないものなのである。だから、正確には、記号の体系が「存在」するのではなく、その言葉の一つひとつにおいて、——自転車が倒れず進んでいくように——、言語が「解体されては作りなおされている」というべきであろうし、「基準に合致する」ではなくて、語るという具体的な行動をよく見れば、「基準からはずれる」という現象こそが「意味している」という現象なのである。

　デカルトが普遍言語論に対して言葉の破格的使用の必要性を指摘していたが、哲学者たちはこのことを、みなひそかに知っていた。さもなくば、プラトンのイデア（観念）はずっともとの意味のままであったことだろう。哲学がプラトンの脚注にすぎないとしても、言語の改変を通じて、哲学者たちはプラトンを超えて、さまざまな「観念（イデア）」について思考してきたのである。

　では、どのようにして言語は改変されるのか。一方では、それはおしゃべりのなかで省略や新奇さのように安楽な、ないしは刺激的な用語法が普及していくからであるが、——それは現代の国語イデオロギーとマジョリティの用語法への世代的ないし集団的反発でもあり——、他方では、語るべきことがあるのに、既存の言語がその表現を供給できないからである。

　語るべきこととは、「思考された何ものか」（パスカル）のことである。語るとは、従来の言語によって動かし難い事物の一般名詞として規定されている意味（サンス）を、新しい出来事のために解放し、新しい世界の見方をもたらそうとすることである。それが、メルロ＝ポンティのいう「創造的用法」である。

「逆に、本当の言葉は、ついには「どの花束にもないもの」を現前させ、事物のなかに囚われているサンスを解放するという意味作用をするものであって、その言葉は普通名詞にはならないのだから、経験的用法からすると沈黙でしかないのである。」（同箇所）

メルロ＝ポンティは、そうした言葉を「沈黙の声」と呼んだ。それが声であるということは、つまり、かれはデカルトやヒュームとは異なって、その声を発するものが、直感や想像のような言語以前の思考であるとはみなしてはいなかったということである。言葉以前の思考があったとしても、そしてそれがいまなお言葉のしたで働いているとしても、言葉のあとで思考は変質し、言葉を語る実践のなかで特別な思考に生まれかわる。かれは「わたしの内面も言葉でざわめいている」と述べているが、声として言葉の方が先立っており、人間と成ったものには言葉抜きの思考はもはや不可能である。

「語ることと分かることとは、思考を前提していないというばかりではなく、もっと本質的な資格において、思考の基礎として、現実の一人の他人や可能な多くの他人、また推定的な形ではすべての他人によって自分が解体されたり作りなおされたりするという能力を前提している。」（『世界の散文』「表現の科学と表現の経験」）

思考が出発する理由が、むしろ言葉のなかに存在する。わたしの思考があって言語とどう関わるかが問題なのではない。解体されたり作りなおされたりするのは、言語ばかりではなく、〈わたし〉自身もなのである。思考は、そのような「現場」で起こる。

概念的言語のうちに浸潤していたり突出していたりする始原的な言葉、「思考し語ろうとする声」が、言語を作りなおすようにして発せられ、その反作用によって〈わたし〉が作りなおされるのだが、そのときにこそ思考が出現するとメルロ＝ポンティはいいたいのである。

72　言葉における超越

ＡＩ機械（人工知能）にでもできるような「思考」をするひとは、動物と同様にしか言葉を語らないというべきであろう。言葉のあいだから染みだす超越を求めることなど気にしない「計算高い」ひとびとは、せいぜい言葉の暴力を活用して、口げんかすることしかできないだろう。あるいはまた、そういう人間たちが概念的言語を使用するときに、「言葉のうえでだけの思考」をするのだろう。

単語の意味を合成して文の意味とすること、いいかえれば文を分析して、その要素と結合によって文を理解することこそ、言葉のうえで語ることであり、臆見の源泉である。しかし、文は総合である。つまり、ひとつの何ごとかをいわんとするために語られる。その総合ないし発見のために既得の単語を繋げて文が作られようとするのだが、重要なのは、そのときどうしてそう繋げられ、他のようではなかったかである。

それは、コンディヤックのいうように、代数の操作のようなものではない。だからといって、デカルトのいうように、総合してから文を作るというわけでもない。文を作ってその文の意味を知ることが発見である。それがなされるには、思考にも言葉にも寄与分があるが、それらの組みあわせにおいてしか、「発見する」という意味での思考はない。

とすれば、思考するとは、文を操作することではないと同時に、文と無関係にすることでもない。文を作ろうとしてあれこれ単語を取り替えているときに、その操作によって、はからずも自分のいわんとしたこと以上のことをいってしまうということがある。それに気づくことができるのは、知らない鍵を探しているときのように、まさにそれをめざしていたが、それが何かがはっきりはしていなかったからなのである。

たとえば「火事だ！」というような、だれの言葉ともいえない、その状況でだれかが発する匿名の声。言葉を語る真の主体は、社会状況や人間関係なのであり、場合によっては自然なのであって、〈わたし〉なのではない。〈わたし〉とされるものは、「王様は裸だ」といった子どものように、いわばしゃべる役割をたまたま果たすこともあるというだけである。

他方、もしその主語を〈わたし〉にして、「わたしは〜と考える」とするならば、それは言語によって形成される共同体において社会的責任を引き受けようとすることである。そのような声が〈わたし〉において聞かれるとき、それをもってひとは「思考している」とみなされる。そのように、「声のこだま」としての、「コギト（わたしは考える）」がある。

その意味では、デカルトが述べていたように、「思考するあいだだけわたしは存在する」というのは本当である。まず言葉があって、そのあとで〈わたし〉が存在するのだからである。それは、モンテーニュが疑うこと自体を疑ったときの、あるいはベーコンが「タタール人の弓」と表現した、言語による「思考する〈わたし〉」の消滅と紙一重のことであって、しかしそこから言葉を紡ぎなおすことによって、新たな〈わたし〉が不死鳥のように甦ってくる。そのとき、そこに本物の思考が到来する。
言葉にどうしてそのような権能があるといえるのか。それは、言語を構成するのが自分であるのに対し、言葉を発する声が自分ではないからである。言語表現に向かおうとしたときに、言葉がいずこからかやってくる。

「ソクラテス的弁証法」などと説明してしまっては、まだ思考はその手前にとどまる。いま語られたことに交替しつつ、つぎに何といわれるかが待ち構えられている、そのつぎに語られるべき言葉が生まれようとしている沈黙こそが、思考の瞬間であるといっていい。思考が言葉に解消されないひととき、相手であれ自分であれ、言葉と言葉のあいだのちょっとしたあいだのためらいやいきおいのあいだに、偶然であれ必然であれ、つぎの言葉が、語る主体にとって無理をして、あるいは語る主体に対してとどめることもできないほどに溢れだす。メルロ＝ポンティのいう「語る言葉」——そうして語った瞬間に、「そういうべきではなかったのだ」とか、「やっとこれがいえたのだ」とか、そうした語ることの情動が押し寄せてくる、それ以外にはいい替えようのない言葉がそこにある。沈黙の言間で起こることこそ思考である。

さきに思考は破格の言葉を必要とすると述べたが、舌足らずの言葉、思い込みのある言葉、くせの強い言葉のことではない。破格の言葉がつねに思考の結果であるというわけではない。それゆえにこそ、——澱みない言葉より朴訥にこそ徳があると孔子は述べていたが——、破格の言葉が発せられるときには、あるいは一瞬の沈黙があったときには、むしろわれわれの方こそが、そこに思考が産まれているのではないかと、しばらくのあいだ、黙して耳を澄まさなければならないであろう。

言葉のなかで生まれてくる思考——それはどのようなものなのか。言葉は、音楽ではないように、思考でもない。だが、言葉の意味が消えてしまうとき、チェシャ猫の笑いのようにして、そこに音楽か思考かが残る。音楽とは、シニフィエが消えて、残るシニフィアンがもはやシニフィアンでもシーニュでもない、言葉の直接的内容としての情動を帯びた音響になったものである。それに対し、言葉によって指し示されるとみなされてきた観念は、シニフィアンが消えて、残るシニフィエがもはやシニフィエでもシーニュでもない、言葉の引き続く表現としての思考を帯びた言葉になろうとするものである。

そうした言葉がやってくるのはどこからか。整備されつつある表現のあいだに一瞬開かれた裂け目を通って、〈わたし〉のものではない言葉が、言語の向こうからやってくる。パスカルのいう「意味が言葉からその偉大さを受けとる」（七八九‐五〇）瞬間が、言葉をしゃべろうとするときに訪れる。それを横領することによってはじめて、「わたしは考える（それゆえにわたしはある）」とひとはいうこともできるようになるのである。

メルロ＝ポンティは、画家が絵筆を取って風景を描くのではない、風景が画家の絵筆をとってみずからの表現をキャンバスのうえに作りだすのだと述べていた（『眼と精神』）。それとおなじことが言語においても起こるといわなければならない。

すなわち、ひとが声を使って言葉を発するのではない、言葉を語ろうとしている瞬間に、新しい知識がわたしの声を使ってみずからの表現を言葉にもたらすということが起こる。その声を聞いて、――カントのいう「総合判断」やヘーゲルのいう「止揚（アウフヘーベン）」の秘密であろうか――、わたしはわたしが新しい知識を得たことを知るのだが、それは、そのことに気づいている新しい〈わたし〉になったともいえるのである。というのも、その新しい知識とは、それを得ることのできない習慣をもつ旧い〈わたし〉が妨げていたものなのだからである。

その意味では、「わたしが思考して発見したことを言葉にする」という、はたから見た説明は、誤解させやすいものである。そうではなくて、「新しい知識がわたしのもとに到来して、みずからを言葉にした」というべきである。そうでないとすれば、わたしは推論したか、想像したかのいずれかであり、それはわたしの旧い知識を加工したことにほかならず、それによってもたらされるものは、真には新しい知識ではないのだからである。

〈わたし〉が存在し、みずからを思考しているとみなしているかぎり、わたしは新しい知識を発見することができないだろう。わたしが何ものかに襲われて、わたしの存在を奪われそうになっているまさにそのときに、成り代わった〈わたし〉とともに、新たな知識は到来する。それは、わたしが「自己否定」したのですらない。新しい知識によって、わたしは打ちのめされたというべきである。本書もまた、それはわたしの打ちのめされる体験を追思考していただくようにと書かれた叙事詩のようなものなのである。

わたしが打ちのめされないような知識は、知識ではない。それによって生まれかわるようでなければ、わたしは存在しない。わたしが存在し、思考しているとみなしているかぎり、わたしは機械のように反復するものにすぎないが、そうした〈わたし〉は、わたしではない。それは「権利」が帰属すると主張される、習慣となった既得権益（私物）の別名にほかならない。

わたしが打ちのめされるようなところには、〈わたし〉が思考する必要もなく、その思考を音声に代替させる必要もなく、おのずから客観的な知識として、超越的な思考としてその言葉を聞いている、あるひとりの〈わたし〉の経験がもたらされる。それが古来「ダイモーンの声」（ソクラテス）と呼ばれてきたものであるかもしれないが、ただしそれがポピュリズムや新宗教やファシズムのスローガンではないかと見極めるように努めることが残されている。とはいえ、現実と夢のあいだと同様に、指標は見つからないであろうにしても、思考するひとにとってみれば、これほどくっきりとした差異はないのである。

【この章のまとめ】

確率論的思考が言葉とかかわるときに、言葉が一様なものではないがゆえに、思考と呼ばれる活動には、錯綜した様相が現われる。言葉は概念的言語として統合され得るようなものではなく、自然の諸対象や他人の仕草と同様な記号としての声でもあり、概念的言語と自在にないし気紛れに転換されるからである。言葉がデカルトの期待する「思考の表現」にならないのは、その声が始原的情念の発露でもあるからであり、真に思考するためには、みずからの言葉の水準を一定になるよう意識しつつ、言葉から到来するものを待ち受けるほかはない。真の思考は、メルロ＝ポンティのいうように、言語自体を変遷させつつあるそのときに、そのなかに自分が生まれなおすようにして起こるのである。

あとがき

「アフター・トゥルース（脱真理）」とか、「オルターナティヴ・ファクト（代替的事実）」という言葉が、国際情勢に関する雑多なニュースのなかから洩れ聞こえてくる。「真理かどうか、事実かどうかはどうでもいい」という意味である。これらの語が定着するかどうかは分からないが、気づけばこの一年、わたしはずっとそのようなことについて考えてきた。

これは新しいこと、突然こうなったことなのか。それとも数十年まえに世間を賑わした、あの「ポストモダン」の補遺のようなものなのか――本書で論じたことは、それが一八世紀にはすでにはじまっていて、必然性を旨とするデカルト主義の背後でじわじわと進行し、一九世紀末にはすでに圧倒的になったエピステーメー（庶民の思考様式）だったということである。ルネサンス期の「蓋然性の原理」の復活である。

むしろ真理や事実といった「必然性」を要請する諸概念が、たてまえやいいわけのようなものとして、長いこと議論を歪ませてきたといった方がいいかもしれない。近代西欧のイデオロギーとして、人間が理性的主体であって、真理や事実を、あるいは権利や義務を正確に認識し得るという前提で論じられた世界の秩序からは、現実はいつもずれたもの、ぐずぐずしたもの、ちぐはぐなものとしてしか理解されず、たえずひとびとを苛立たせてきたように思う。「真理や事実などどうでもいい」という発言は、現代版の「王様は裸だ」であろうか――みんなが感じていたことを、子どもがずばりと指摘したというアンデルセン物語である。

このことを感じながらであったのか、逆に、一九世紀末から二〇世紀末までの一〇〇年間は、偉大な実験の世紀であったように思う。なかには人類の悲惨へと導いた恐るべき偶発事もあったが、ひとびとが素の自分となって、思いつくありとあらゆることを思い切ってやってみようとしていたように見える。才気煥発の奇矯さが、何の衒いでもなかった時代だった。

しかし、いまや実験の世紀は終わった。いまひとびとが何ごとかにとりかかろうとするどんな仕草も、すべて過去になされたことの剽窃でしかないように見える。出来事自体が、過去の出来事を模倣して起こる。絵空事の道具立てとしてではなく、いたるところでタイムスリップが起こる。いくつもの時代の感性のひとびとがひとつのおなじ世界に暮らしていて、出会いのちぐはぐさがあまりにあたりまえなので、以前だったら風景であれ社交であれ、もっと首尾一貫したものだったろうにと、思いつきさえしないのである。

どの時代でもひとの関わりはちぐはぐなものであって、いまもそのひとつにすぎないと考えるべきなのであろうか。否、いまのひとびとは、深い思索や広い知識に敬意を払うことをやめ、自分の思いつきの判断をそのまま表明してかまわないと考えているように見える。それが政治的局面にどんな影響を及ぼそうと、それはそれで世界は十分に安定してやっていけると前提しているかのようである。そのような思考によってでは、核兵器や温暖化ばかりではない、安定した世界がどのような条件のもとで可能になっているかについてまでは、思いも及ばないのではないだろうか。

とはいえ、ひとびとの思考について、それは論理的におかしいとか、それは空想にすぎないとか、それはイデオロギーだとか、いろいろと指摘することはできるにしても、一人ひとりが自分は正しく思考していると思っているであろうから、相撲や将棋のようにはっきりとした決着がつかないのは仕方ない。思考の誤りが見つかる以上は、正しい思考というものがあるはずだが、それはそのそれぞれの思考内容に即してしか、なかなかいえることではない。それにしても、思考が真に対峙する世界、真に思考することを含む世界――そこでは、一人ひとりの直感と想像の戯れが、言葉を介する以前の経験を呼び覚ましながら、〈わたし〉が存在するよりもまえの自然の側から〈わたし〉のもとへと言葉が届けられるようにして、だれのものでもない思考の声を産みだしてくれる、そうしたことは起こらないのであろうか。

そのためには、主知主義の、「真理」や「事実」をまず共通理解として認識してから出発するのではない、出来事の「真実」を知るためのもっと実践的な別の努力が必要であると思う。というのも、われわれが徹頭徹尾出来事のなかにいるということは、行動によって、あるいは言葉によって、することもしないことも、その出来事に影響を及ぼすということである。そうである以上、だれもその瞬間に真実を捉えることはできないのであって、真実に対してできることがあるとすれば、それは自分が真実を産みだすということくらいしかない。真実を見抜く眼、真実を語る技のようなものが必要なのではないかと思う。(二〇一六年十二月)

【ナ行】

【ハ行】

人名索引

著者略歴

1952年東京都生まれ。東京大博士（文学）。東京大学大学院人文科学研究科（倫理学専攻）博士課程修了。専修大学文学部哲学科教授、放送大学客員教授。専攻はフランス現代哲学、18世紀哲学。著書は、『現代思想史入門』ちくま新書（2016年）、『差異とは何か――〈分かること〉の哲学』世界思想社（2014年）、『現代哲学への挑戦』放送大学教育振興会（2011年）、『進化論の5つの謎――いかにして人間になるか』ちくまプリマー新書（2008年）、『デジタルメディア時代の《方法序説》――機械と人間のかかわりについて』ナカニシヤ出版（2005年）、『〈見ること〉の哲学――鏡像と奥行』世界思想社（2001年）、『メルロ＝ポンティ入門』ちくま新書（2000年）、『ランド・オブ・フィクション――ベンタムにおける功利性と合理性』木鐸社（1998年）、『ドゥルーズ』〈人と思想シリーズ〉清水書院（1994年）。その他、論文多数。

いかにして思考するべきか？
――言葉と確率の思想史

2017年7月20日　第1版第1刷発行

著　者　船（ふな）木（き）　亨（とおる）

発行者　井村寿人

発行所　株式会社　勁（けい）草（そう）書房

112-0005 東京都文京区水道2-1-1　振替　00150-2-175253
（編集）電話　03-3815-5277／FAX 03-3814-6968
（営業）電話　03-3814-6861／FAX 03-3814-6854
大日本法令印刷・松岳社

ISBN978-4-326-15446-3　　Printed in Japan